© 2021, Jean-Philippe DESCAT
Édition : BoD – Books on Demand,
12/14 rond-point des Champs-Élysées, 75008 Paris
Impression : BoD - Books on Demand, Norderstedt, Allemagne
ISBN: 9782322387489
Dépôt légal : Novembre 2021

SOMMAIRE

PREAMBULE   4

Le plan de l'Etat pour la sortie de crise sanitaire   5

Les aides financières directes de l'État et organismes rattachés   11

Les aides financières directes des collectivités locales   96

fonds de solidarité et prise en charge des coûts fixes   189

les délais de paiement des créances fiscales et sociales   235

les remises gracieuses des créances fiscales   243

les crédits d'impots   250

le report des déficits des sociétés soumises à l'impôt sur les sociétés   264

l'accompagnement économique et social des entreprises en difficulté   271

les procédures de prévention pour les entreprises en difficulté et les procédures collectives   298

EPILOGUE   305

PREAMBULE

Dans le contexte de crise sanitaire actuel qui sévit depuis le début de l'année 2020, de très nombreux soutiens publics ont été mis en place pour les entreprises en difficulté, celles qui ont du mal à faire face à leurs échéances financières, ou dont les perspectives de développement sont incertaines.

Activité partielle, fonds de solidarité, prêt garanti par l'État, report des échéances sociales et fiscales, subventions et aides, des dispositifs d'urgence ont été imaginés et mis en œuvre par l'État, ses organismes sous tutelle, les collectivités locales, les établissements consulaires et des associations, de façon à permettre aux entreprises en difficulté de garder la tête hors de l'eau.

D'un volume massif au début de la pandémie, les aides ont peu à peu diminué tout en restant significatives. Au total, ils représentent à ce jour la distribution d'un volume de 200 millards d'euros d'aides publiques.

Depuis deux ans ces dispositifs ont beaucoup évolué. Ainsi, la mesure emblématique mise en place au premier trimestre 2020, le Fonds de Solidarité, a été supprimée et remplacée le 1er octobre 2021 par le dispositif de « prise en charge des coûts fixes » par l'Etat.

Il n'en demeure pas moins que la liste des mesures et dispositifs d'urgence en faveur des entreprises en difficulté est encore importante, diversifiée et il est parfois difficile de s'y retrouver.

L'objet du présent ouvrage est donc de mieux se repérer au sein de l'arsenal des aides disponibles ne en présentant le détail, de la façon la plus exhaustive et précise possible, et en présentant tous les axes d'actions possibles à la disposition d'une entreprise qui rencontre de réelles difficultés et ainsi mieux « rebondir après la crise ».

CHAPITRE 1
Le plan de l'Etat pour la sortie de crise sanitaire

Soutenir les entreprises en situation de fragilité. C'est l'objectif du plan d'action annoncé par Bruno Le Maire, ministre de l'Économie, des Finances et de la Relance et Éric Dupond-Moretti, garde des Sceaux et ministre de la Justice, à la fin du printemps 2021.

Accompagner, détecter, orienter, soutenir. Ce sont, en substance, les quatre étapes de ce plan d'action pour aider les entreprises en difficultés à sortir de la crise.

Un accompagnement avec un interlocuteur privilégié

Si au niveau national, l'État va s'appuyer sur un conseil national de sortie de crise, au niveau local, un accompagnement sera proposé aux entreprises. Dans chaque département **un conseiller départemental à la sortie de crise** va ainsi être nommé.

Celui-ci sera le point de contact privilégié destiné à accueillir et conseiller les entreprises en situation de fragilité financière. Cet interlocuteur de confiance respectera un strict cadre de confidentialité, notamment vis-à-vis du secret des affaires et du secret fiscal.

Un numéro d'appel unique pour les entreprises : 0 806 000 245

Il est mis en place avec les Urssaf et les services de la DGFiP. Il permet aux chefs d'entreprise d'être orientés vers les solutions les plus adaptées à leurs problématiques : aides d'urgences, procédures, etc.

Une mobilisation pour accompagner les entreprises et identifier leurs difficultés

Afin d'identifier les entreprises fragiles, l'État va renforcer sa capacité de détection des « signaux faibles ». Il s'appuiera notamment sur les services fiscaux, les tribunaux de commerce, des réseaux d'experts-comptables ou les commissaires aux comptes :

- Les **experts-comptables et les commissaires aux comptes** se sont ainsi engagés à proposer sans surcoût aux entreprises un diagnostic de sortie de crise simple et rapide d'ici la fin de l'année 2021.
- Les **chambres de commerce et d'industrie et les chambres des métiers et de l'artisanat** vont sensibiliser 25 000 entreprises aux différents dispositifs de soutien. Elles pourront en accompagner 5 000 dans les activités les plus impactées par la crise sanitaire.
- Les **greffiers des tribunaux de commerce** mettent quant à eux à disposition des entreprises différents outils d'autodiagnostic des difficultés et d'alerte précoce, disponibles à la fois dans les greffes des tribunaux de commerce et directement en ligne.
- Les **administrateurs et mandataires judiciaires** s'engagent à établir un diagnostic gratuit pour tous les chefs d'entreprises et indépendants qui le souhaitent sur leur situation économique et financière et à proposer des pistes de traitement des difficultés, qu'elles soient amiables ou judiciaires.

Des aides financières prolongées

Pour les entreprises qui font face à des difficultés qui nécessitent un soutien financier, une palette d'aides peut être saisie :

* L'État prolonge dans ce cadre la disponibilité des prêts garantis par l'Etat (PGE), de la garantie sur le financement de commandes jusqu'à la fin de l'année 2021.

* Afin de faciliter le retour des entreprises françaises, en particulier les PME et les ETI, sur les marchés à l'export, l'État prolonge jusqu'au 31 décembre 2021 le relèvement des quotités maximales des garanties publiques de cautions et de préfinancements à l'export.

* Les prêts exceptionnels aux petites entreprises sont également prolongés en 2021. Ils sont destinés aux entreprises de moins de 50 salariés dont l'activité a été fragilisée par la crise de la Covid-19 et qui n'ont pu bénéficier d'un prêt garanti par l'État. Ce prêt doit permettre de soutenir leur trésorerie, tout en améliorant leur structure de bilan.

*Les petites et moyennes entreprises et les entreprises de taille intermédiaire fragilisées par la crise peuvent solliciter l'octroi d'une avance remboursable ou d'un prêt à taux bonifié. Ces aides disponibles depuis la mi-2020, sont prolongées en 2021.

* Pour les entreprises de taille intermédiaire et les grandes entreprises, **un fonds de transition**, doté de 3 milliards d'euros, est créé. Celui-ci permet d'intervenir sous forme de prêts, quasi-fonds propres et fonds propres. Le fonds est géré au sein du ministère de l'économie, des finances et de la relance, qui instruit les demandes de financement, qui peuvent être transmises par courrier électronique à l'adresse suivante : fonds.transition[@]dgtresor.gouv.fr.

* Afin de renforcer la liquidité des entreprises et de les accompagner dans leur restructuration, l'État et les Urssaf proposent des **plans d'apurement**

permettant d'allonger la durée de paiement de leurs dettes fiscales et sociales.

Des procédures judiciaires qui évoluent

Le plan d'action prévoit une évolution de l'intervention judiciaire. Celle-ci doit être **plus précoce et privilégier les procédures préventives**. En effet, plus les procédures amiables sont engagées rapidement, plus l'entreprise a des chances de se redresser.

Afin de faciliter davantage l'accès des plus petites entreprises aux différentes procédures, le Conseil national des administrateurs judiciaires et mandataires judiciaires s'engage à proposer une procédure amiable simplifiée, sous la forme d'un mandat ad hoc de sortie de crise.

Ce mandat est destiné aux entreprises employant au plus dix salariés et qui rencontrent des difficultés financières en raison de la crise sanitaire et de ses conséquences. Son coût est plafonné à 1 500 euros HT pour les entreprises de moins de 5 salariés et à 3 000 euros HT pour les entreprises de 5 à 10 salariés.

Une procédure collective simplifiée pour les petites entreprises

Une nouvelle procédure judiciaire simplifiée de « traitement de sortie de crise sanitaire » vient d'être instaurée, à titre temporaire, pour permettre aux petites entreprises de régler rapidement leurs difficultés et de faciliter ainsi leur rebond.

Les pouvoirs publics craignent qu'avec la sortie de crise sanitaire, la fin progressive des mesures de soutien aux entreprises entraîne une forte augmentation des procédures collectives. C'est la raison pour laquelle ils viennent d'instaurer, à titre temporaire, une nouvelle procédure judiciaire de traitement des difficultés des entreprises visant à permettre l'adoption rapide d'un plan d'apurement de leurs dettes.

Précision : cette procédure est applicable pendant 2 ans, et plus précisément aux demandes formées à compter du 2 juin 2021 (un décret étant toutefois attendu pour préciser ses conditions de mise en œuvre) et jusqu'au 2 juin 2023.

Une procédure pour les petites entreprises

Cette procédure, dite de « traitement de sortie de crise », s'adresse aux petites entreprises – a priori celles de moins de 20 salariés et qui ont moins de 3M€ de passif déclaré (seuils à confirmer par décret) – qui :

- exercent une activité commerciale, artisanale, agricole ou libérale ;

- se retrouvent en situation de cessation des paiements à l'issue de la crise, mais disposent néanmoins des fonds disponibles pour payer leurs salariés ;

- sont en mesure d'élaborer, dans un délai maximal de 3 mois, un projet de plan tendant à assurer leur pérennité.

Rappel : une entreprise est en cessation des paiements lorsqu'elle est dans l'impossibilité de faire face à son passif exigible avec son actif disponible.

Une procédure courte et simple

Cette procédure ne peut être ouverte qu'à la demande du chef d'entreprise, et pas de ses créanciers ni du ministère public.

Une fois la procédure ouverte, le tribunal va désigner un mandataire chargé de surveiller la gestion de l'entreprise et de représenter les créanciers. Débute alors une période d'observation de 3 mois au cours de laquelle un plan de continuation de l'activité devra être élaboré par le chef d'entreprise avec l'assistance du mandataire. Pendant cette période, c'est l'entreprise qui devra dresser et déposer au greffe du tribunal la liste des créances de chacun de ses créanciers. Ces derniers, auxquels cette liste sera communiquée, pourront alors présenter au mandataire leurs observations et leurs éventuelles contestations sur le montant et l'existence des créances.

Précision : au bout de 2 mois, le tribunal n'ordonnera la poursuite de la procédure que s'il apparaît que l'entreprise dispose de capacités de financement suffisantes.

De leur côté, à tout moment de la procédure, le mandataire, le ministère public ou le chef d'entreprise pourront demander au tribunal d'y mettre fin si l'élaboration d'un plan de continuation ne semble pas envisageable dans le délai de 3 mois.

Dès lors que les créances ne seront pas contestées, les engagements de l'entreprise pour le règlement de ses dettes seront pris sur la base de la liste des créances qu'elle aura déposée.

Le plan élaboré dans le délai de trois mois pourra prévoir un échelonnement du paiement des dettes de l'entreprise sur plusieurs années. Il ne concernera que les créances mentionnées dans la liste déposée par l'entreprise et nées avant l'ouverture de la procédure.

À l'inverse, si à l'issue des 3 mois, un plan crédible n'aura pas pu être arrêté, le tribunal pourra convertir la procédure en redressement voire en liquidation judiciaire.

CHAPITRE 2

Les aides financières directes de l'Etat et organismes apparentés

En situation d'urgence, il est dans un premier temps essentiel de sécuriser sa trésorerie. La trésorerie, c'est le nerf de la guerre, un élément nécessaire au fonctionnement quotidien de l'entreprise. A ce titre, les dispositifs d'aides directes, comme le Fonds de Solidarité ou les subventions exceptionnelles des collectivités locales et organismes sociaux (Urssaf, Sécurité sociale des indépendants), permettent de donner un peu d'air lorsque la trésorerie est asphyxiée,.

Pour pallier les limitations bancaires, l'Etat et les collectivités proposent aussi des dispositifs d'aide aux PME, des systèmes alternatifs de crédits à moindre coût. Les solutions publiques de financement pour les petites entreprises en difficulté sont nombreuses, mais spécifiques et complexes. Elles sont en général exigeantes en conditions.

Par ailleurs les collectivités territoriales, les organismes nationaux et européens prévoient un panel de **subventions pour soutenir les entreprises en création et en développement**. Elles sont là aussi nombreuses et complexes, et les critères varient d'une subvention à l'autre : la création d'emploi est un critère systématique, mais aussi la promotion du circuit court, le regroupement d'entreprises...

Enfin, pour faire face aux charges et aux frais fixes de l'entreprise qui continuent de courir, cette dernière peut recourir au **prêt garanti par l'État** (PGE), aux prêts Covid-19 à taux zéro et aux reports d'échéances sociales et fiscales. Le PGE, prêt bancaire d'un an qui peut représenter jusqu'à 25 % du chiffre d'affaires du dernier exercice clos, est accessible aux entreprises placées en sauvegarde, redressement judiciaire ou liquidation depuis le 1er janvier 2020. Les procédures collectives sont également adaptées : la durée maximale de la procédure de conciliation est portée de cinq à dix mois et ce, jusqu'au 31 décembre 2021.

Les solutions de financements et aides de l'Etat pour les entreprises

Tous les dispositifs mis en place par l'État et décrits en détail ci-après ont des objectifs simples et clairs : d'abord préserver l'emploi et par ailleurs soutenir le financement des entreprises.

1. Les mesures spécifiques en faveur de l'emploi

- *Aide au conseil en ressources humaines*

Objectifs

Soutenir les PME dans leurs besoins en gestion des RH et plus particulièrement dans le cadre de la crise sanitaire.

Les prestations réalisées en 2020 peuvent faire l'objet d'un financement jusqu'au 31 décembre 2021.

Opérations éligibles :

Accompagnement à la gestion RH pour :
• participer au développement économique et à la stratégie de l'entreprise ;
• permettre de préparer les transitions (passage des seuls sociaux, anticipation des départs en retraite, transmission des compétences) ;
• identifier le potentiel de création d'emploi et guider pour la préparation de la ou des futures embauches ;

- assurer aux salariés des compétences professionnelles de qualité et participer à l'attractivité de l'entreprise.

L'accompagnement est réalisé en fonction des besoins exprimés par l'entreprise sur toute question RH par un prestataire spécialisé dans ce domaine. Cet accompagnement peut être réalisé de façon individuelle ou par session collective avec plusieurs entreprises issues d'une même filière, d'un même territoire ou partageant des préoccupations RH communes.

La prestation peut être courte (de 1 à 10 jours d'intervention) ou longue (de 10 à 20 jours) sur une durée de 12 mois, ne dépassant pas un maximum total de 30 jours d'intervention. Le nombre de jours est fixé en lien avec la Direction Régionale de l'Economie, de l'Emploi, du Travail et des Solidarités (DREETS) sur proposition du consultant.

Bénéficiaires :

Entreprises de moins de 250 salariés n'appartenant pas à un groupe de plus de 250 salariés, et en priorité PME de moins de 50 salariés et TPE de moins de 10 salariés non dotées d'un service ressources humaines (RH).

Montant :

Subvention de 15 000 € HT maximum par entreprise ou pour un collectif d'entreprises quel que soit le nombre d'entreprises concernées.

Si d'autres acteurs (OPCO par exemple) interviennent en cofinancement, le montant global de l'aide peut être supérieur. Le montant global des aides publiques est plafonné à 50 % du coût total de la prestation. Pour les conventions individuelles ou collectives conclues jusqu'au 31 décembre 2021, ainsi que pour les avenants aux conventions en cours signés avant le 31 décembre 2021, ce taux pourra être supérieur.

Conditions :

La réalisation de l'accompagnement doit être réalisée dans les 12 mois qui suivent la signature de la convention avec la DREETS.

- *Le versement d'allocations de chômage partiel*

L'activité partielle est un outil de prévention des licenciements économiques qui permet de maintenir les salariés dans l'emploi afin de conserver des compétences, voire de les renforcer lorsque leur entreprise fait face à des difficultés économiques.

Le versement par l'Etat d'allocations de chômage partiel permet de compenser la perte de revenu occasionnée pour les salariés, du fait de la réduction de leur temps de travail en deçà de la durée légale, conventionnelle ou contractuelle (dans la limite de 1 000 heures par an et par salarié, contingent fixé par arrêté), tout en aidant les employeurs à financer cette compensation.

Le taux de l'allocation et de l'indemnité d'activité partielle est variable en fonction des secteurs d'activité et des caractéristiques des entreprises.

Cette aide est applicable jusqu'au 31 décembre 2021.

Elle peut être demandée par les entreprises quand la réduction ou la suspension temporaire d'activité est imputable à l'une des causes suivantes :
- la conjoncture économique,
- des difficultés d'approvisionnement,
- un sinistre ou des intempéries de caractère exceptionnel,
- la transformation, restructuration ou modernisation de l'entreprise,
- ou toute autre circonstance de caractère exceptionnel.

Elle est attribuée aux entreprises qui subissent :

- soit une réduction de la durée habituelle de temps de travail de l'établissement,
- soit une fermeture temporaire de tout ou partie de l'établissement.

Quel est le montant de l'aide ?

Depuis le 1er juillet (sous réserve de l'évolution de la situation sanitaire) une allocation est versée à l'employeur représentant 36 % de la rémunération antérieure brute du salarié, dans la limite de 4,5 SMIC.

Pour l'employeur qui emploie des salariés de droit privé vulnérables ou parents d'un enfant de moins de seize ans ou une personne en situation de handicap faisant l'objet d'une mesure d'isolement, d'éviction ou de maintien à domicile et se trouvant dans l'impossibilité de continuer à travailler, l'allocation représente 70 % de la rémunération horaire brute, limitée à 4,5 fois le taux horaire du salaire minimum interprofessionnel de croissance.

Quelles sont les démarches à réaliser ?

L'entreprise, avant de pouvoir placer ses salariés en activité partielle, effectue une demande d'autorisation auprès de l'Unité Territoriale de la DIRECCTE dont relève géographiquement son établissement. Cette demande fait l'objet d'une décision favorable ou défavorable dans un délai de 15 jours. Sans réponse dans ce délai, l'autorisation est tacitement accordée.

Par exception, en cas de force majeure (sinistre ou intempérie de caractère exceptionnel), la demande d'autorisation n'intervient qu'a posteriori dans un délai de 30 jours. Si l'entreprise a redemandé à bénéficier de l'activité partielle dans les 36 mois suivant sa précédente demande, elle est susceptible de devoir souscrire des engagements. Ceux-ci seront définis par l'autorité administrative, en concertation avec l'entreprise, en tenant compte de sa situation économique et de ses perspectives à court et moyen terme ainsi que d'un éventuel accord d'entreprise sur l'activité partielle s'il existe et de l'avis des instances représentatives du personnel.

Un outil d'aide permettant de connaître les montants estimatifs d'indemnisation en cas de recours à l'activité partielle est disponible sur le portail des politiques publiques de l'emploi et de la formation professionnelle.

Les demandes d'activité partielles sont faites sur :

activitepartielle.emploi.gouv.fr

- *activité partielle de longue durée (APLD)*

L'activité partielle de longue durée a pour objectif d'aider les entreprises à faire face à l'impact de la crise sanitaire COVID-19 pour préserver les emplois et sauvegarder les compétences des salariés. Il s'agit d'un dispositif temporaire jusqu'au 30 juin 2022.

Elle est destinée à toutes les entreprises qui connaissent une réduction durable de leur activité.

Avec ce dispositif l'entreprise peut diminuer l'horaire de travail d'un ou plusieurs salariés dans la limite de 40 % de l'horaire légal. Il est peut être mis en place durant 24 mois consécutifs s'écoulant sur une période de 3 ans.

En contrepartie d'engagements en matière de maintien de l'emploi l'entreprise peut percevoir une allocation pouvant représenter jusqu'aà 70 % de la rémunération brute du salarié.

La mise en place du dispositif nécessite un accord collectif d'entreprise puis adresser la demande à l'Etat, par voie dématérialisée à :

activitepartielle.emploi.gouv.fr

- ***aide exceptionnelle aux employeurs d'apprentis***

Dans le cadre du plan « jeune », le gouvernement met en place une aide exceptionnelle au recrutement des apprentis, jusqu'au niveau master et pour toutes les entreprises.

Sont concernés les contrats d'apprentissage signés entre le 1er juillet 2020 et le 31 décembre 2021, préparant à un diplôme jusqu'au master (bac + 5 – niveau 7 du RNCP).

En Guadeloupe, en Guyane, en Martinique, à Mayotte, à La Réunion, à Saint-Barthélemy, à Saint-Martin et à Saint-Pierre-et-Miquelon, l'aide peut bénéficier aux employeurs qui embauchent des apprentis pour la préparation d'un diplôme ou d'un titre à finalité professionnelle équivalant au moins au niveau 6 du cadre national des certifications professionnelles.

Peuvent en bénéficier :
- les entreprises de moins de 250 salariés ;

- les entreprises de plus 250 salariés à la condition qu'elles s'engagent à atteindre le seuil de contrats d'apprentissage dans leur effectif en 2021, selon des modalités définies par le décret n° 2020-1085 du 24 août 2020.

Quel est le montant de l'aide ? A l'issue de la première année d'exécution du contrat, les entreprises éligibles à l'aide unique pourront bénéficier de l'aide exceptionnelle jusqu'à la fin du contrat à savoir une subvention de :

- 5 000 € pour un apprenti de moins de 18 ans ;
- 8 000 € pour un apprenti majeur.

- *aide exceptionnelle aux employeurs de jeunes en contrat professionnalisation*

Dans le cadre du plan « jeune », le gouvernement met en place une aide exceptionnelle au recrutement des jeunes en contrat de professionnalisation.

Quel est le montant de l'aide exceptionnelle ?

L'aide financière est de 5000 euros, pour un alternant de moins de 18 ans, ou 8000 euros pour un alternant majeur (jusque 29 ans révolus) pour la première année d'exécution de chaque contrat de professionnalisation conclu avec un jeune de moins de 30 ans entre le 1er juillet 2020 et le 31 décembre 2021 préparant :

- à un diplôme ou un titre à finalité professionnelle de niveau équivalant au plus au niveau 7 de la nomenclature nationale des certifications professionnelles (master, diplôme d'ingénieur, etc.)
- à un certificat de qualification professionnelle
- ainsi que pour les contrats expérimentaux conclus en application du VI de l'article 28 de la loi n° 2018-771 du 5 septembre 2018.

A quels employeurs s'adresse l'aide exceptionnelle ?

Pour les contrats signés à compter du 1er juillet 2020 et jusqu'au 31 décembre 2021, pour les salariés en contrat de professionnalisation de moins de 30 ans, cette aide sera versée :

- aux entreprises de moins de 250 salariés, sans condition

- et aux entreprises de 250 salariés et plus à la condition qu'elles s'engagent à atteindre un seuil de contrats d'alternance ou de contrats favorisant l'insertion professionnelle dans leur effectif :

*au 31 décembre 2021 pour les contrats conclus entre le 1er juillet 2020 et le 31 mars 2021
* au 31 décembre 2022, pour les contrats conclus entre le 1er avril et le 31 décembre 2021

Les modalités d'atteinte de ce seuil sont les suivantes, définies par décret (faute de quoi il faudra rembourser les sommes perçues)
- avoir atteint le taux de 5% de contrats favorisant l'insertion
professionnelle (contrat d'apprentissage, contrat de professionnalisation, CIFRE - convention industrielle de formation par la recherche et VIE - volontariat international en entreprise -) dans l'effectif salarié total annuel, au 31 décembre de l'année de référence, selon la date de conclusion du contrat.Ce taux (de 5%) est égal au rapport entre les effectifs relevant des contrats favorisant l'insertion professionnelle et l'effectif salarié total annuel de l'entreprise.

Ou

- avoir atteint au moins 3% d'alternants (contrats d'apprentissage et contrats de professionnalisation) dans l'effectif salarié total annuel au 31 décembre de l'année de référence, selon la date de conclusion du contrat et avoir connu une progression d'au moins 10% d'alternants (ou dans les proportions prévues par l'accord de branche le cas échéant) au 31 décembre de l'année de référence, comparativement à l'effectif salarié annuel relevant de ces catégories (contrats d'apprentissage et contrats de professionnalisation) au 31 décembre de l'année précédente.

Si l'entreprise n'a pas respecté l'engagement qu'elle a pris, elle devra rembourser les sommes indues à l'ASP.

Pour les entreprises, l'aide couvre près de la moitié de la rémunération du salarié en contrat de professionnalisation de moins de 18 ans, plus de 65 % du salaire pour un jeune de 18 à 20 révolus, et environ la moitié de la rémunération du jeune de 21 à 29 ans révolus.

Quelles sont les modalités de versement ?

La gestion et le suivi de l'aide est confiée à l'Agence de services et de paiement (ASP). Elle sera versée mensuellement, avant le paiement du salaire du jeune en contrat de professionnalisation.

Quelles sont les démarches à effectuer ?

L'employeur doit transmettre les contrats de professionnalisation qu'il a conclus avec des jeunes de moins de 30 ans à l'Opérateur de Compétences (OPCO) compétent dans son domaine/secteur d'activité pour instruction, prise en charge financière et dépôt de ces contrats auprès des services du ministère en charge de la formation professionnelle, dans la base nationale de données Extrapro. Chaque semaine, le ministère assure la transmission des contrats de professionnalisation éligibles à l'ASP en charge de la gestion du dispositif et du versement de l'aide à l'entreprise.

Pour les entreprises de moins de 250 salariés, la transmission du contrat par le ministère à l'ASP vaut décision d'attribution ; une notification est alors adressée à l'employeur par l'ASP.

Pour les entreprises de 250 salariés et plus, le versement de l'aide est soumis à l'acte d'engagement de l'entreprise au respect des conditions indiquées ci-dessus. Concrètement l'ASP met à disposition un formulaire d'engagement sur son site à compléter par l'entreprise. Celle-ci devra le renvoyer à l'ASP dans un délai de 8 mois à compter de la date de conclusion du contrat. La réception de ce formulaire permettra à l'ASP d'enclencher les paiements.

Lors du 1er semestre 2022, pour les contrats conclus entre le 1er juillet 2020 et le 31 mars 2021, lors du 1ersemestre 2023 pour les contrats conclus entre le 1er avril et le 31 décembre 2021, l'ASP transmettra à l'entreprise une « attestation sur l'honneur » à remplir afin qu'elle puisse déclarer avoir atteint ou pas ses objectifs.

Les bases de calculs, qui seront à rappeler dans le modèle d'attestation sur l'honneur, permettant de vérifier l'atteinte d'un de ces taux reposent sur :
- les effectifs moyens annuels,
- les effectifs de VIE et CIFRE,
- les effectifs d'alternants (contrats d'apprentissage et de professionnalisation).

Les évolutions seront calculées à partir des éléments ci-dessus au 31.12.2020 et au 31.12.2021, pour les contrats conclus entre le 1er juillet 2020 et le 31 mars 2021. Pour les contrats conclus entre le 11er avril et le 31 décembre 2021, les évolutions seront calculées entre le 31.12.2021 et le 31.12.2022.

L'ASP procédera par la suite au contrôle en s'appuyant sur les données présentes en déclaration sociale nominative (DSN) , celles qui pourront être fournies par les services du Ministère du Travail en charge de la formation professionnelle et de l'apprentissage, ainsi que sur des informations complémentaires qui pourront être demandées si nécessaires.

Chaque mois d'exécution du contrat, l'employeur doit transmettre le bulletin de paie du salarié du mois concerné à l'ASP afin de justifier du versement d'une rémunération au salarié et de la présence du salarié dans les effectifs de l'entreprise.

- *<u>adaptation de l'aide à l'accueil, à l'intégration et à l'évolution professionnelle</u>*

L'objet est de prendre en charge des besoins nouveaux qui peuvent apparaître dans le cadre de la prise de poste ou suite à une évolution du poste de travail consécutive à la crise sanitaire et aux conditions de reprise de l'activité.

Sont concernées les actions de maintien d'un travailleur handicapé dans l'entreprise, en CDI ou CDD de 6 mois et plus, dont le poste de travail évolue du fait de la crise sanitaire et des conditions de la reprise d'activité.

L'aide peut être mobilisée dans les six mois qui suivent la prise de poste. Une tolérance de 3 mois supplémentaires est accordée pour le dépôt de la demande.

L'aide est mobilisable :

- dans le cadre d'une évolution du poste de travail d'un salarié handicapé consécutive à la crise pour permettre à l'entreprise de supporter l'accompagnement de cette évolution professionnelle ;
- pour permettre la montée en compétence à coût zéro pour l'entreprise (prise en charge dans ce cadre de la rémunération du salarié pendant les périodes de formation nécessaires interne ou externe), voire en opportunité afin d'être le plus réactif possible sans passer par une demande auprès de l'OPCO (opérateur de compétence – ministère du travail-)

En bénéficie tout employeur d'un salarié en situation de handicap, bénéficiaire de l'obligation d'emploi au titre de l'article L5212-13 du Code du Travail ou ayant déposé une demande de reconnaissance.

L'aide est de 3 000 € maximum.

Elle est renouvelable en fonction du besoin, pour un même salarié et elle est cumulable avec les autres aides de l'Agefiph (association de gestion du fonds pour l'insertion professionnelle des personnes handicapées) et les aides de droit commun.

Pour les entreprises adaptées et les IAE (insertion par l'activité économique), l'aide à l'accueil à l'intégration et à l'évolution professionnelle des personnes handicapées ne se cumule pas avec l'aide au poste de l'Etat.

L'aide est accordée sur la base d'un plan d'actions précisant les mesures que l'employeur met en place pour sécuriser la prise de fonctions ou l'évolution professionnelle du salarié.

- aide à l'embauche des jeunes de moins de 26 ans

Il s'agit de soutenir l'embauche des jeunes dans un contexte de crise liée au COVID 19. Une aide de 4000 euros maximum est instaurée pour l'embauche d'un jeune de moins de 26 ans. Le contrat, s'il s'agit d'un CDD, doit être d'une durée minimale de trois mois. Le dispositif concerne les contrats conclus entre août 2020 et mai 2021. La rémunération du salarié doit être inférieure à 1,6 fois ou 2 fois le SMIC selon la date d'embauche. L'aide peut être demandée jusqu'à 4 mois après la signature du contrat, la date limite étant le 30 septembre 2021.

Tous les employeurs du secteur privé, les entreprises et les associations sont concernés par cette aide mais un particulier employeur n'y a pas droit.

Le jeune ne doit être dans l'entreprise depuis le 1er août 2020 sur un contrat qui ne donne pas droit à cette aide à l'embauche

L'employeur ne doit pas percevoir d'autre aide de l'État pour ce salarié. Par exemple, l'employeur n'a pas droit à l'aide à l'embauche des moins de 26 ans pour un contrat d'alternance (apprentissage ou contrat de professionnalisation). En revanche, elle pourra être versée si le jeune est embauché après son alternance.

Le poste concerné par l'embauche ne doit pas avoir fait l'objet en 2020 d'un licenciement économique.

L'aide devra être remboursée dans le cas où l'employeur a licencié un autre salarié sur le poste concerné.

Le montant de l'aide est calculé proportionnellement au temps de travail et à la durée du contrat. Il ne prend pas en compte les périodes d'activité partielle ni les absences non rémunérées. L'aide est versée par tranche de 1000 euros maximum chaque trimestre pendant un an maximum.

Dans le cas où l'employeur licencie le jeune entre le 3 ème et le 4 ème mois après son embauche, il recevra une aide proportionnelle au temps de travail effectué.

- *__aide volontariat territorial en entreprise vert (VTE)__*

Il s'agit d'accompagner le recrutement de 1 000 jeunes dans des TPE, PME et ETI sur des métiers de la transition écologique.

L'aide concerne les embauches à partir du 1er septembre 2020.

De quoi s'agit-il ?

La transition écologique est aujourd'hui un vecteur de croissance pour créer de nouvelles activités, de l'emploi et de la richesse. Les chefs d'entreprise, impliqués au quotidien dans des multiples tâches de gestion de la trésorerie, de leur carnet de commande, et de leurs ressources humaines, ont besoin de soutien pour s'engager dans la transition écologique.

Le VTE, lancé en 2018, est un programme opéré par Bpifrance qui donne la possibilité à des étudiants en alternance ou récemment diplômés d'études supérieures (à partir de bac+2, jusqu'à 2 ans en sortie d'études) d'accéder à des postes à responsabilités dans des PME et ETI françaises.

Le VTE Vert sera une occasion pour eux :

- d'acquérir des compétences fortes et une expérience professionnelle différenciante
- d'avoir une vision complète et transverse de l'entreprise ainsi que de ses défis futurs liés à la transition écologique
- d'être en proximité étroite avec un dirigeant d'entreprise
- de participer au rebond économique de la France.

Une aide d'un montant maximum de 8000 € financée par le ministère du Travail, de l'Emploi et de l'Insertion et l'ADEME, sera versée par Bpifrance pour le recrutement de 1000 jeunes en alternance ou jeunes diplômés embauchés pour une mission ou un projet de développement structurant pour la transition énergétique et écologique de l'entreprise, tels que :

- mise en place d'un approvisionnement et d'une chaîne logistique vertes
- adaptation des process industriels pour une production plus sobre
- création de nouveaux produits/service à faible impact environnemental
- réduction de l'impact environnemental d'un produit/service.

L'Aide VTE Vert est destinée à contribuer au financement de frais internes (rémunération) et/ou de frais externes (frais de scolarité, achat de matériel ou logiciel, etc.) directement liés à la mission du VTE Vert.

Qui peut en bénéficier ?

Les entreprises éligibles peuvent être des TPE, PME ou ETI. Elles doivent embaucher, pour une mission d'au moins un an, à partir du 1er septembre 2020 :

- en contrat de travail, un jeune de niveau bac+3 minimum, diplômé depuis moins de 2 ans
- en contrat d'apprentissage (le cas échéant, durée de 10 mois minimum) ou de professionnalisation, un jeune déjà diplômé de niveau bac+2 et en cours de formation pour un niveau bac+3 ou plus.

La mission confiée, dédié aux thématiques environnementales listées supra, doit comporter des responsabilités. Touchant au cœur de l'activité de l'entreprise, elle s'effectue en lien direct avec l'équipe dirigeante de l'entreprise.

Une seule Aide VTE Vert est octroyée par établissement (SIRET), dans la limite de 5 établissements par entreprise (SIREN).

Conditions de cumul :

L'Aide VTE Vert n'est pas cumulable avec l'aide emploi franc ni avec l'aide à l'embauche des jeunes de moins de 26 ans instituée par le décret n°2020-982 du 5 août 2020.

L'aide VTE Vert est partiellement cumulable avec l'aide exceptionnelle à l'alternance prévue pour les contrats d'apprentissage et de professionnalisation conclus entre le 1er juillet 2020 et le 31 décembre 2021. Lorsqu'une entreprise bénéficie déjà de cette aide, le montant de l'Aide VTE Vert est plafonné à 4 000 €.

Les entreprises localisées dans les Territoires d'Industrie bénéficiant déjà de l'Aide VTE TI peuvent aussi bénéficier de l'Aide VTE Vert. Les deux aides sont cumulables pour un même poste.

Comment en bénéficier ?

Les entreprises doivent déposer leur demande d'aide auprès de Bpifrance.

Financement :

La dotation de l'État confiée à l'EPIC Bpifrance pour gestion de compte de tiers est fixée à un montant de 4 000 000 € HT, frais de gestion inclus. L'ADEME verse également à l'EPIC Bpifrance 4 000 000 €.

Pilotage et modalités de suivi :

Un comité de pilotage réunissant l'État et Bpifrance se réunira à minima une fois par an et en tant que de besoin, pour s'assurer de l'adéquation entre la mise en œuvre de l'action et les objectifs initialement définis, discuter les orientations du programme et suivre son déploiement.

À cette occasion, le reporting d'activité et de suivi de la consommation de l'enveloppe confiée par l'État sera préparé par Bpifrance.

Reporting trimestriel :

- des entreprises qui bénéficient de l'Aide VTE Vert (raison sociale, SIREN, typologie de l'entreprise – TPE, PME ou ETI)
- des types de mission « vertes »
- des jeunes Talents bénéficiaires (statut, type de contrat, niveau de formation)
- du niveau de consommation de la dotation gérée par Bpifrance.

Sur le site aidevte[@]bpifrance.fr

- <u>**aide à l'embauche d'un jeune en contrat initiative emploi**</u>

L'objectif est de soutenir les employeurs du secteur marchand lorsqu'ils recrutent un jeune âgé de moins de 26 ans ou un jeune reconnu travailleur handicapé (jusqu'à 30 ans inclus) en Contrat Initiative Emploi Jeunes (CIE Jeunes).

De quoi s'agit-il ?

L'aide à l'insertion professionnelle, attribuée à l'employeur qui recrute en Contrat Initiative Emploi (CIE) un jeune de moins de 26 ans ou un jeune reconnu travailleur handicapé jusqu'à l'âge de 30 ans inclus, s'élève pour 2020, à 47 % du SMIC.

Dans le cadre du CIE Jeunes, le contrat de travail doit remplir les critères suivants :

- un CDD ou un CDI,
- une durée minimale de 6 mois renouvelables dans la limite de 24 mois,
- un minimum hebdomadaire de 20 heures.

Ce contrat permet à des personnes sans emploi rencontrant des difficultés sociales et professionnelles de s'engager dans une expérience professionnelle tout en étant suivi par un référent chargé de son insertion.

Qui peut en bénéficier ?

Le CIE jeunes concerne les employeurs du secteur marchand qui s'engagent à accompagner le bénéficiaire et sont sélectionnés par le service public de l'emploi en fonction de la capacité à proposer un parcours insérant. Un tuteur ou encore une formation obligatoire devront être mis en place.

Comment en bénéficier ?

En s'adressant à Pôle emploi, à la mission locale ou au Cap emploi du secteur territorial.

Calendrier de mise en œuvre :

L'aide est mise en place pour l'année 2020 et 2021.

Afin de ne laisser aucun jeune sans solution, le plan « 1 jeune,1 solution » prévoit :

- dès 2020 : 10 000 CIE Jeunes,
- en 2021 : 50 000 CIE Jeunes.

- *exonération et aide au paiement des cotisations et des contributions sociales des entreprises*

La loi de financement de la Sécurité sociale pour 2021 prévoit la reconduction des dispositifs d'aide et d'exonérations de cotisations pour accompagner les entreprises et les associations directement impactées par les conséquences économiques.

Bon à savoir :

L'aide au paiement pourra être affectée au paiement des cotisations et contributions sociales dues au titre des années 2020 et 2021. Il en va de même pour l'aide au paiement issue de la loi de finances rectificative n° 3 et calculée au titre des périodes courant depuis février 2020.

Entreprises ou associations de moins de 250 salariés :

Les entreprises et les associations de moins de 250 salariés pourront bénéficier d'une exonération d'une partie des cotisations et contributions patronales et d'une aide au paiement à compter de la période d'emploi de septembre 2020.

Sont éligibles les employeurs qui ont :

- soit subi une interdiction d'accueil du public (les activités de livraison, de retrait de commande ou de vente à emporter ne remettent pas en cause le droit à l'exonération ou l'aide) ;
- soit subi une perte de chiffre d'affaires d'au moins 50 % par rapport à la même période de l'année précédente.

L'exonération bénéficie aux employeurs qui, au cours du mois suivant celui au titre duquel elle est applicable, remplissent la condition d'interdiction d'accueil du public, ou de baisse du chiffre d'affaire d'au moins 50 %.

Entreprises ou associations de moins de 50 salariés :

Les entreprises et les associations de moins de 50 salariés qui ont subi une interdiction d'accueil du public et qui ne relèvent pas des secteurs S1 ou S1bis (liste en annexe 2 ci-après) peuvent bénéficier d'une exonération d'une partie des cotisations et contributions patronales et de l'aide au paiement au titre des périodes d'emploi courant à compter du 1er octobre 2020.

Les activités de livraison, de retrait de commande ou de vente à emporter ne remettent pas en cause le droit à l'exonération ou l'aide.

L'exonération bénéficie aux employeurs qui, au cours du mois suivant celui au titre duquel elle est applicable, remplissent la condition d'interdiction d'accueil du public.

Ainsi, par exemple, dans le cas d'une librairie de moins de 50 salariés :

- le dispositif s'applique au titre de la période d'octobre 2020, la condition d'interdiction d'accueil du public étant remplie en novembre 2020 ;
- le dispositif ne s'applique pas au titre de la période de novembre 2020, la condition d'interdiction d'accueil du public n'étant plus remplie en décembre 2020.

- dispositif emplois francs

Il a pour objectif d'aider à lutter contre le chômage dans les quartiers prioritaires de la politique de la ville et contre les phénomènes de discriminations à l'embauche.

Quels employeurs peuvent bénéficier de l'aide ?

Toutes les entreprises et toutes les associations, mentionnées à l'article L. 5134-66 du Code du travail, peuvent recourir aux emplois francs.

Ne peuvent pas recourir aux emplois francs :

- les particuliers employeurs ;
- tous les employeurs publics, notamment les établissements publics administratifs (EPA) et les établissements publics industriels et commerciaux (EPIC).

A noter : la logique des emplois francs est attachée à la personne recrutée. C'est donc l'adresse de la personne recrutée qui compte et pas l'adresse de l'entreprise.

Quel est le montant de l'aide ?

Pour un temps plein :

- 15 000 euros sur 3 ans pour une embauche en CDI (5 000 euros par an) ;

- 5 000 euros sur 2 ans pour une embauche en CDD d'au moins 6 mois (2 500 euros par an).

  Ces montants sont proratisés en fonction du temps de travail et de la durée du contrat.

Quelles sont les conditions à remplir pour prétendre à l'aide ?

- embaucher un demandeur d'emploi, inscrit à Pôle emploi en catégorie 1, 2, 3, 6, 7, 8, un adhérent à un contrat de sécurisation professionnelle (CSP) ou un jeune suivi par une mission locale, qui réside un quartier prioritaire de la politique de la ville ;
- embaucher cette personne en CDI ou en CDD d'au moins 6 mois ;
- ne pas embaucher une personne ayant fait partie de l'entreprise dans les 6 mois précédent sa date d'embauche ;
- ne pas avoir procédé, dans les 6 mois précédant l'embauche, à un licenciement pour motif économique sur le poste à pourvoir.
- ne pas bénéficier d'une autre aide de l'Etat à l'insertion, à l'accès ou au retour à l'emploi versée au titre du salarié recruté en emploi franc. Par dérogation, le cumul de l'aide emploi franc est autorisé avec les autres aides financières mobilisables dans le cadre d'un recrutement en contrat de professionnalisation dont la durée est au moins égale à six mois, à l'exception de l'aide exceptionnelle à l'embauche d'un jeune en contrat de professionnalisation.

Si ces conditions sont remplies, une personne en emploi franc peut être recrutée :

- quel que soit son âge ;
- quel que soit son niveau de diplôme ;
- quel que soit son temps de travail au moment de l'embauche ;
- quelle que soit sa rémunération au moment de l'embauche.

Comment bénéficier de l'aide ?

La demande est rédigée sur un formulaire spécifique adressé à Pôle emploi au plus tard 3 mois après la signature du contrat de travail. Ce service procède chaque semestre au versement de l'aide après justification de présence du salarié.

2. Les aides et les subventions

- *aide aux loyers*

Un crédit d'impôt pour inciter les bailleurs à abandonner des loyers au profit des locataires de locaux professionnels

Le gouvernement a proposé que soit introduit dans le projet de loi de finances pour 2021 un **crédit d'impôt** pour inciter les bailleurs à annuler une partie des loyers dus par leurs entreprises locataires qui sont administrativement fermées ou particulièrement affectées par les restrictions sanitaires mises en œuvre.

Ce dispositif évitera au bailleur de se retrouver confronté à un défaut de paiement ou à des impayés du locataire et permettra aux entreprises de bénéficier de loyers considérablement réduits. Le gouvernement a obtenu de la part des principaux représentants de bailleurs un engagement d'annulation portant sur le mois de **novembre 2020.**

Qui peut bénéficier du crédit d'impôt bailleur ?

Tout bailleur peut bénéficier du crédit d'impôt, quel que soit son statut juridique. Le dispositif fiscal est ouvert :

- aux bailleurs personnes physiques, à condition qu'elles soient domiciliées fiscalement en France.
- aux personnes morales de droit privé (entreprises, associations etc.) et de droit public (établissements publics par exemple).

Un dispositif particulier de prélèvement sur recettes est prévu pour les collectivités territoriales et leurs groupements qui procèderaient à des abandons de loyers dans les mêmes conditions.

Conditions relatives à l'entreprise locataire pour l'éligibilité du bailleur au crédit d'impôt :

L'entreprise locataire doit louer des locaux faisant l'objet d'une interdiction d'accueil du public pendant le mois de novembre 2020 ou exercer son activité principale dans un secteur mentionné à l'annexe 1 du décret n°2020-371 du 30 mars 2020 relatif au fonds de solidarité (secteur hôtellerie- restauration-café par exemple).

Les locaux professionnels pour lesquels des abandons de loyers sont consentis doivent être situés en France.

Parmi les entreprises éligibles, celles qui ont pratiqué du drive-in ou du click and collect pendant le mois de novembre restent éligibles.

En outre, l'entreprise locataire doit :

- avoir un effectif de moins de 5 000 salariés,
- ne pas avoir été en difficulté au 31 décembre 2019, à l'exception des micro et petites entreprises pour autant qu'elles ne fassent pas l'objet d'une procédure de sauvegarde, d'une procédure de redressement ou de liquidation judiciaire,
- ne pas avoir été en liquidation judiciaire au 1er mars 2020.

Quel est le montant du crédit d'impôt bailleur ?

Pour les bailleurs d'entreprises de moins de 250 salariés, ils bénéficieront d'un crédit d'impôt de 50 % des sommes abandonnées. Par exemple : un bailleur qui renonce à un loyer de 600 € percevra une aide de 300 € de l'État sous la forme d'un crédit d'impôt. Il prend à sa charge 300 €, l'entreprise économise 600 €.

Pour les bailleurs d'entreprises de 250 à 5000 salariés, ils bénéficieront d'un crédit d'impôt de 50 % des sommes abandonnées, dans la limite des 2/3 du montant du loyer. Par exemple, un bailleur qui renonce à un loyer de 12 000 € d'une entreprise de 400 salariés recevra une aide de 4 000 € de l'État sous la forme d'un crédit d'impôt. Il prend à sa charge 4 000 € et l'entreprise 4 000 €.

Comment calculer les effectifs du locataire pour l'éligibilité du bailleur au crédit d'impôt ?

Les seuils de 250 et 5 000 salariés prévus dans le cadre du crédit d'impôt sont calculés selon les modalités du code de la sécurité sociale. Il s'agit donc du mode de calcul qui s'applique dans le cadre des relations avec l'URSSAF et de la déclaration sociale nominative (DSN). Il est déterminé au 1er janvier de l'année N en calculant la moyenne des effectifs de chaque mois de l'année civile précédente (année N-1). Il est valable toute l'année N.

Que se passe-t-il si le bailleur décide d'abandonner le loyer de novembre après le 31/12/2020 ?

Les bailleurs seront éligibles au crédit d'impôt pour des abandons de loyers consentis **jusqu'au 31 décembre 2021**.

Ainsi, un bailleur qui abandonne un loyer afférent au mois de novembre 2020 après le 31/12/2020 sera éligible au crédit d'impôt **dès lors qu'il consent cet abandon au plus tard le 31/12/2021**. Le bénéfice du crédit d'impôt devra être demandé dans le cadre de la déclaration d'impôt sur le revenu ou les sociétés suivante.

L'année au titre de laquelle le bailleur bénéficie du crédit d'impôt dépend de la date à laquelle l'abandon de loyer est consenti :

- les abandons consentis avant le 31/12/2020 seront pris en compte dans le calcul de l'impôt sur le revenu ou les bénéfices 2020 (ou de l'exercice en cours à la date de l'abandon),
- les abandons consentis à compter du 01/01/2021 seront pris en compte dans le calcul de l'impôt sur les revenus ou les bénéfices de 2021 (ou de l'exercice en cours à la date de l'abandon).

Le crédit d'impôt est-il applicable aux entreprises qui sont fermées après le 1er décembre 2020 ?

Non. Le crédit d'impôt n'est applicable que pour les abandons consentis au titre du mois de novembre 2020.

L'État a en effet mis en place d'autres mesures permettant d'aider les entreprises encore fermées à couvrir leurs charges fixes. Outre les reports ou exonérations de charges sociales et le dispositif du chômage partiel les aides versées au titre du fonds de solidarité ont été renforcées depuis le 1er décembre 2020, pour soutenir les secteurs les plus exposés à la crise.

Ainsi, pour le mois de décembre, les entreprises des secteurs faisant l'objet d'une interdiction d'accueil du public, tels que les restaurants, les cafés, les discothèques ou les salles de sport, ont pu bénéficier :

- d'une aide allant jusqu'à **10 000 €**
- ou d'une indemnisation de **20 %** du chiffre d'affaires mensuel dans la limite de **200 000 €** par mois.

- *chèques relance vie*

Il s'agit de soutenir les PME françaises dans le cadre de leur internationalisation ainsi que les grandes entreprises mobilisant en VIE (Volontariat International en Entreprise) de jeunes talents de formation courte ou issus de quartiers prioritaires de la ville (QPV).

Le Chèque relance V.I.E permet aux entreprises françaises de bénéficier d'une aide pour recruter un jeune talent en Volontariat International et prolongée jusqu'au 30 juin 2022. Son montant est par ailleurs doublé et passe de 5 000 à 10 000 euros, pour le recrutement de jeunes issus des quartiers prioritaires de la politique de la ville et de jeunes issus d'une formation courte.

Le dispositif de déploiement du volontariat international en entreprise est par ailleurs adapté pour faciliter, fluidifier et sécuriser les prises de fonctions à l'étranger des jeunes volontaires compte tenu des impératifs et risques liés à la crise sanitaire.

Opérations éligibles :

Nouvelle mission VIE d'une durée de 12 mois minimum ou prolongation de 12 mois minimum d'une mission VIE en cours, avec début entre le 01/12/2020 et le 01/12/2021.

La mission doit s'inscrire dans au moins l'une des trois catégories suivantes :

- internationalisation des TPE, PME, ETI (entreprise de taille intermédiaire)
- recrutement de jeunes talents issus des formations courtes (jusqu'à Bac+3) ;
- recrutement de jeunes talents issus des quartiers prioritaires de la politique de la ville (QPV).

Bénéficiaires :

PME (incluant les TPE), ETI ou Grande Entreprise française possédant l'agrément VIE.

Les Grandes Entreprises et les filiales françaises d'entreprises étrangères sont éligibles au Chèque Relance VIE uniquement pour les missions VIE réalisées par de jeunes talents issus d'une formation courte (jusqu'à BAC+3) et/ou de quartiers prioritaires de la politique de la ville (QPV).

Est exclu le secteur du négoce (hors produits agroalimentaires).

Montant :

Il s'agit d'une subvention de 5 000 €.

Les PME/ETI, peuvent être éligibles à un maximum de deux Chèques Relance VIE quelle que soit la catégorie de mission choisie.

Les Grandes Entreprises Françaises et filiales françaises d'entreprises étrangères, peuvent être éligibles à un maximum de deux Chèques Relance VIE uniquement pour les catégories « formation courte » ou « QPV ».

Une entreprise (identifiée selon son n° SIREN) ne peut formuler la demande que d'un seul Chèque Relance VIE par mission VIE, quelle que soit la catégorie de mission concernée ; dans le cas où plusieurs entreprises décident de mettre en place un VIE à temps et coûts partagés, un seul Chèque Relance VIE pourra être délivré pour la mission.

Le Chèque Relance VIE est cumulable avec les aides régionales applicables dans le cadre du dispositif VIE, dans la limite des 100 % du coût annuel d'un VIE.

Ce dispositif est accordé dans le respect du régime européen d'exemption par catégorie « de minimis » qui limite à 200 000 € sur 3 exercices consécutifs le montant total d'aides publiques accordé par entreprise.

- *<u>chèques relance export</u>*

Première nouveauté, le dispositif de chèque relance export (CRE) est **prolongé jusqu'au 30 juin 2022** dans la limite des crédits prévus pour l'accompagnement à l'export.

En plus des opérations qu'il couvre actuellement, le chèque relance export pourra désormais :

- contribuer à financer des formations courtes (un à deux jours) à destination des chefs d'entreprise et directeurs export des PME sur des thématiques export ciblées ;
- prendre en charge 50 % des coûts de prestations de traduction de supports de communication dans la langue des pays prospectés pour un montant maximum de 800 euros ;
- prendre en charge des opérations collectives de prospection à l'export inscrites aux programmes régionaux

Par ailleurs, un assouplissement des règles de cumul du nombre de chèques relance export avait déjà été mis en place cet été. Le plafond a ainsi été élargi à quatre CRE par entreprise, pour tous types de prestations confondus, individuelle ou collective.

3. Le Prêt garanti par l'État

Pour faire face au choc économique lié à la crise du coronavirus, le Gouvernement a mis en oeuvre dispositif exceptionnel de garanties permettant de soutenir le financement bancaire des entreprises, à hauteur de 300 milliards d'euros.

Il est ouvert à toutes les entreprises jusqu'au 31 décembre 2021, prolongé sans doute jusque juin 2022, partout sur le territoire et ce quelles que soient leur taille et leur forme juridique (PME, ETI, agriculteurs, artisans, commerçants, professions libérales, entreprise innovante, micro-entrepreneur, association, fondation,...). Certaines SCI, les établissements de crédits et sociétés de financement sont exclus.

Les entreprises peuvent souscrire un prêt garanti par l'État auprès de leur établissement bancaire habituel ou depuis le 6 mai 2020 auprès de plateformes de prêt ayant le statut d'intermédiaire en financement participatif. Pour l'essentiel dans ce cas, le PGE est régi par les mêmes règles que lorsqu'il est souscrit auprès d'une banque.

Le montant du prêt peut atteindre jusqu'à **3 mois de chiffre d'affaires 2019** ou **2 années de masse salariale** pour les entreprises innovantes ou créées depuis le 1er janvier 2019. Aucun remboursement n'est exigé la 1ère année, 2 à 4 mois avant la date anniversaire du PGE, le chef d'entreprise prendra la décision sur le remboursement : il pourra décider de rembourser immédiatement son prêt, de l'amortir sur 1 à 5 ans supplémentaires (4 ans maximum en cas de décalage d'un an supplémentaire de l'amortissement du capital), ou de mixer les 2.

Dans le cadre du dialogue approfondi et régulier auquel les banques invitent leurs clients avant qu'ils ne prennent cette décision, les banques s'engagent à proposer de façon personnalisée les modalités d'amortissement qui correspondent le mieux à la situation du client et à ses besoins.

Ainsi, il sera possible d'intégrer dans la phase d'amortissement une nouvelle période d'un an où seuls les intérêts et le coût de la garantie d'État seront payés, en restant dans une durée totale de prêt de 6 ans (durée maximale voulue par la Commission Européenne).

S'agissant des taux, les petites et moyennes entreprises qui souhaitent étaler le remboursement de leurs PGE pourront bénéficier de taux bancaires compris entre 1 % et 2,5 % en fonction du nombre d'années de remboursement. Dans les conditions actuelles de taux, les banques se sont engagées à proposer une tarification maximale de :

- 1 à 1,5 % pour des prêts remboursés d'ici 2022 ou 2023,

- 2 à 2,5 % pour des prêts remboursés d'ici 2024 à 2026, coût de la garantie de l'État compris.

La garantie de l'État couvre un pourcentage du montant du capital, intérêts et accessoires restant dus de la créance jusqu'à la déchéance de son terme, sauf à ce qu'elle soit appelée avant lors d'un événement de crédit. Ce pourcentage est fixé à :

- 90 % pour les entreprises qui, lors du dernier exercice clos, ou si elles n'ont jamais clôturé d'exercice, au 16 mars 2019, emploient en France moins de 5 000 salariés et réalisent un chiffre d'affaires inférieur à 1,5 milliard €,
- 80 % pour les autres entreprises qui, lors du dernier exercice clos, réalisent un chiffre d'affaires supérieur à 1,5 milliard € et inférieur à 5 milliards €,
- 70 % pour les autres entreprises.

Les banques se sont engagées à distribuer massivement, à prix coûtant, les prêts garantis par l'État pour soulager sans délai la trésorerie des entreprises et des professionnels. Elles examineront toutes les demandes qui leur seront adressées et leur apporteront une réponse rapide.

Néanmoins, toutes les entreprises, en particulier les plus grandes, qui ne respecteraient pas leurs obligations en termes de délais de paiement, n'auront pas accès à cette garantie de l'État pour leurs crédits bancaires.

Une grande entreprise demandant un prêt garanti par l'État s'engage également à :

- ne pas verser de dividendes en 2020 à ses actionnaires en France ou à l'étranger
- ne pas procéder à des rachats d'actions au cours de l'année 2020.

Qui peut bénéficier des prêts garantis par l'Etat ?

Jusqu'au 31 décembre 2021, sont concernées par le Prêt Garanti par l'État, toutes les entreprises et les professionnels, quelle que soit leur taille, leur forme juridique ou leur activité, à l'exception, des établissements de crédit et des sociétés de financement :

- PME,
- ETI,
- commerçants,
- artisans,
- agriculteurs,
- professions libérales,
- entreprises innovantes,
- micro-entrepreneurs,
- associations et fondations ayant une activité économique.

Un arrêté du 6 mai 2020 du ministère de l'Économie et des finances a permis d'élargir les bénéficiaires de ce dispositif. Le PGE est désormais ouvert à certaines sociétés civiles immobilières :

- les sociétés civiles immobilières de construction-vente ;
- les sociétés civiles immobilières dont le patrimoine est majoritairement constitué de monuments historiques classés ou inscrits comme tels, et qui collectent des recettes liées à l'accueil du public pour ces sociétés ; la condition liée au chiffre d'affaires est appréciée au regard des seules recettes liées à l'accueil du public ;
- les sociétés civiles immobilières dont le capital est intégralement détenu par des organismes de placement immobilier, par certaines sociétés civiles de placement immobilier ou par des organismes de placement collectif immobilier.

Le PGE est désormais ouvert aux entreprises en difficulté depuis le 1er janvier 2020 (sauvegarde, redressement judiciaire ou liquidation).

Le PGE reste ouvert aux entreprises qui ont déjà bénéficié d'une première tranche de PGE ou aux entreprises qui n'ont pas encore fait de demande de crédit.

Le PGE est désormais ouvert aux « jeunes entreprises innovantes ». Il s'agit d'un statut fiscal correspondant aux entreprises répondant aux critères suivants :

- être une PME
- avoir moins de 8 ans d'existence
- être indépendante
- réaliser des dépenses de R&D à hauteur de 15 % minimum des charges fiscalement déductibles au titre de cet exercice.

Comment bénéficier d'un prêt de trésorerie garanti par l'État ?

Pour les entreprises employant moins de 5000 salariés et réalisant un chiffre d'affaires inférieur à 1,5 milliard d'euros en France, l'entreprise se rapproche d'un partenaire bancaire pour faire une demande de prêt

Il est possible de faire une demande regroupant plusieurs prêts. Le montant cumulé de ces prêts ne doit pas dépasser **25 %** du chiffre d'affaires ou **2 ans** de masse salariale pour les entreprises en création ou innovantes.

1. Après examen de la situation de l'entreprise (critères d'éligibilité notamment), la banque donne un pré-accord pour un prêt
2. L'entreprise se connecte sur la plateforme attestation-pge.bpifrance.fr pour obtenir un identifant unique qu'elle communique à sa banque.

L'entreprise fournit à cet effet son SIREN, le montant du prêt et le nom de l'agence bancaire. Pendant le premier mois du dispositif, l'entreprise ne pourra obtenir qu'un seul numéro unique, elle ne le demande donc qu'après avoir obtenu un pré-accord de la banque

Sur confirmation du numéro unique par Bpifrance, la banque accorde le prêt

En cas de difficulté ou de refus, l'entreprise peut contacter Bpifrance à l'adresse suivante : supportentreprise-attestation-pge[@]bpifrance.fr

- Pour les entreprises employant au moins 5 000 salariés ou réalisant un chiffre d'affaires supérieur à 1,5 milliard € en France :

1. L'entreprise se rapproche de ses partenaires bancaires pour faire une demande de prêt, et obtient leur pré-accord
2. L'entreprise transmet sa demande à l'adresse : garantie.Etat.grandesentreprises[@]bpifrance.fr
3. Le dossier est instruit dès réception pour l'État par la Direction générale du Trésor appuyée par Bpifrance Financement SA
4. La garantie de l'État est accordée par arrêté individuel du ministre de l'Economie et des Finances
5. Les banques peuvent alors octroyer le prêt à l'entreprise.

Les prêts garantis par l'État octroyés par l'intermédiaire d'une plateforme crowdfunding/financement participatif sont régis, pour l'essentiel, par les mêmes règles que dans le cas d'un prêt garanti par l'État souscrit auprès d'une banque.

4 . Les autres dispositifs de financement

Les entreprises qui n'ont pas pu obtenir un prêt garanti par l'État auprès de leur banque peuvent contacter le médiateur du crédit de leur département. En cas d'échec de la médiation, elles peuvent saisir les comités départementaux d'examen des problèmes de financement des entreprises (CODEFI) pour solliciter d'autres dispositifs de financement.

- Le Fonds de Développement Economique et Social (FDES)

Le FDES est un dispositif d'intervention activé par les CODEFI doté de 1 milliard € ayant vocation à accompagner les restructurations financières et opérationnelles d'entreprises en difficulté aux côtés de financeurs privés, principalement pour les entreprises de plus de 250 salariés.

- Les prêts bonifiés et les avances remboursables

Les prêts bonifiés et les avances remboursables sont un dispositif discrétionnaire d'intervention destiné aux petites et moyennes entreprises ainsi qu'aux entreprises de taille intermédiaire. Il est activé à l'initiative des CODEFI. Il a vocation à être utilisé lorsque le recours au PGE est impossible et que les plans d'apurement du passif fiscal et social sont insuffisants pour permettre le retournement. L'éligibilité au dispositif est soumise à certaines conditions.

Pour les PME hors microentreprises et ETI s'étant vu refuser un PGE ou s'étant vu octroyer un PGE insuffisant au retournement de l'exploitation de la société, le Gouvernement a mis en place ce dispositif subsidiaire aux mesures générales. Il s'agit d'avances remboursables pour les montants inférieurs à 800 k€ (3 ans de franchise, maturité de 10 ans, taux de 1%) et de prêts à taux bonifié (1 an de franchise, maturité maximale de 6 ans, taux fixe dépendant de la maturité choisie).

L'instruction de ces prêts se fait par le CODEFI compétent et plus particulièrement, en son sein, le Commissaire aux Restructurations et à la Prévention des difficultés des entreprises (CRP).

- Les prêts exceptionnels pour les petites entreprises

Ces prêts sont destinés aux très petites entreprises (moins de 50 salariés) ayant des difficultés à obtenir un PGE, afin de leur permettre à la fois de reconstituer un volant de trésorerie et améliorer leur structure de bilan (prêts « junior », à rembourser en 7 ans). Depuis le 14 octobre, une plateforme numérique sécurisée permet aux chefs d'entreprise orientés par la médiation du crédit et le CODEFI de déposer plus facilement leur demande de prêt.

Dans le détail, sont éligibles au dispositif les très petites et petites entreprises qui répondent aux critères cumulatifs suivants :

- Ne pas avoir obtenu un prêt garanti par l'État pour financer leur exploitation, le cas échéant après l'intervention du médiateur du crédit ;
- Justifier de perspectives réelles de redressement de l'exploitation ;
- Ne pas faire l'objet de l'une des procédures collectives d'insolvabilité prévues aux titres II, III, et IV du livre VI du code de commerce au 31 décembre 2019. Toutefois, les entreprises redevenues in bonis par l'arrêté d'un plan de sauvegarde ou de redressement sont éligibles au dispositif ;
- Être à jour de leurs obligations fiscales et sociales, ou s'il y a lieu, avoir obtenu un plan d'apurement du passif fiscal et social constitué ;

- Ne pas être une société civile immobilière.

Quels sont les plafonds ?

- Pour les entreprises de 0 à 10 salariés : 20 000 €
- Pour les entreprises actives dans le secteur de l'agriculture, employant de 0 à 49 salariés : 20 000 €
- Pour les entreprises actives dans le secteur de la pêche et de l'aquaculture, employant de 0 à 49 salariés : 30 000 €
- Pour les entreprises employant de 11 à 49 salariés et n'étant pas actives dans les secteurs de l'agriculture, la pêche et l'aquaculture : 50 000 € (des dérogations sont possibles au cas par cas)

- Le Prêt Garanti par l'État "Saison" (PGE Saison)

Dans le cadre du Plan Relance Tourisme, le Gouvernement a mis en place le PGE "saison". Ce dispositif s'adresse aux entreprises des secteurs du tourisme, de l'hôtellerie, de la restauration, de l'événementiel, du sport, du loisir et de la culture, durement touchées par la crise sanitaire de la Covid-19.

L'entreprise ou le professionnel bénéficie de conditions plus favorables qui permettent de mieux répondre aux besoins de ceux dont l'activité est plus saisonnière. Le PGE Saison est mise en œuvre par les réseaux bancaires depuis le 5 août 2020.

Les entreprises concernées et leurs banques gagneront ainsi en marges de manœuvre pour dimensionner au mieux l'apport de financement qui permettra de faire face aux besoins de trésorerie liés au recul d'activité.

Pour une même entreprise, il permet :

- De substituer au plafond s'appliquant normalement aux PGE (dans le cas général fixé à 25% de son chiffre d'affaires du dernier exercice clos ou 2 ans de masse salariale lorsqu'il s'agit d'une entreprise innovante ou de moins d'un an), un plafond calculé comme la somme des 3 meilleurs mois de chiffre d'affaires du dernier exercice clos

- Ainsi, le plafond maximum du PGE pour une entreprise très saisonnière qui réalise 80% de son chiffre d'affaires sur 3 mois, passera de 25% à 80% de son chiffre d'affaires du dernier exercice clos. Concrètement, le plafond maximum applicable peut passer de 25% pour le "PGE classique" à 80 % dans le cadre du "PGE saison".

La procédure de demande du prêt est la même que pour un PGE classique, à savoir l'entreprise doit dans un premier temps déposer une demande de prêt auprès de sa banque.

Après obtention d'un pré-accord, l'entreprise doit ensuite se rendre sur le site attestation-pge-.bpifrance.fr pour obtenir un identifiant unique qu'il conviendra de communiquer à la banque afin qu'elle accorde définitivement le prêt.

- prêt participatif exceptionnel accordé aux très petites et petites entreprises en difficulté financière

Présentation du dispositif :

Dans le cadre des mesures exceptionnelles, le Gouvernement a mis en place des prêts participatifs pour soutenir les entreprises en difficulté qui n'ont pas obtenu une solution de financement satisfaisante auprès des réseaux bancaires, notamment par un PGE.

Ces prêts exceptionnels ont pour objectif d'apporter des quasi-fonds propres qui viendront renforcer à la fois la trésorerie et la structure financière de ces entreprises.

Suite à la communication d'un plan d'action qui a été dévoilé le 1er juin 2021, le dispositif initialement mobilisable jusqu'au 30 juin 2021 est prolongé jusqu'au 31 décembre 2021.

Conditions d'attributions :

Les prêts participatifs exceptionnels sont destinés aux entreprises de moins de 50 salariés.

Les entreprises doivent répondre aux critères cumulatifs suivants :

- leur capital est détenu directement par une ou plusieurs personnes physiques,
- ne pas avoir obtenu un prêt garanti par l'État pour financer son exploitation,
- justifier de perspectives réelles de redressement de l'exploitation,
- ne pas faire l'objet de l'une des procédures collectives d'insolvabilité au 31 décembre 2019. Toutefois, les entreprises redevenues in bonis par l'arrêté d'un plan de sauvegarde ou de redressement sont éligibles au dispositif,
- être à jour de ses obligations fiscales et sociales, ou s'il y a lieu, avoir obtenu un plan d'apurement du passif fiscal et social constitué.

Quelles sont les particularités ?

Ne peuvent pas bénéficier des prêts participatifs les sociétés civiles immobilières (SCI).

Montant de l'aide :

C'est un prêt participatif direct de l'Etat, il est accordé à un taux annuel de 3,5% qui peut couvrir des besoins en investissements et des besoins en fonds de roulement à hauteur de :

- 20 000 € pour les entreprises de 0 à 10 salariés,
- 20 000 € pour les entreprises actives dans le secteur de l'agriculture, employant de 0 à 49 salariés,
- 30 000 € pour les entreprises actives dans le secteur de la pêche et de l'aquaculture, employant de 0 à 49,
- 50 000 € pour les entreprises employant de 11 à 49 salariés et n'étant pas actives dans les secteurs de l'agriculture, la pêche et l'aquaculture.

Il est d'une durée de 7 ans avec un différé d'amortissement total de 12 mois à partir du décaissement.

Informations pratiques :

Pour formuler sa demande, l'entreprise saisit le comité départemental d'examen des problèmes de financement des entreprises (CODEFI), qui l'oriente vers le service dédié aux demandes d'octrois de prêts, géré par la société Bpifrance Financement.

5. les mesures sectorielles

- *aide aux dépenses exceptionnelles liées à l'interdiction de l'épandage des boues non hygiénisées*

L'arrêté du 30 avril 2020 précise les modalités d'épandage des boues issues du traitement des eaux usées urbaines pendant la période de crise sanitaire liée au Covid-19.
Cet arrêté interdit l'épandage des boues des stations d'épuration produites après le début de l'épidémie lorsqu'elles n'ont pas fait l'objet préalable d'un traitement d'hygiénisation qui inactive les virus.

Opérations éligibles

- Dépenses exceptionnelles de transport des boues non hygiénisées vers une station de traitement des eaux usées équipée d'une filière d'hygiénisation ou vers un site de compostage, de méthanisation ou d'incinération ;
- Coûts de prestations externes relatifs à l'hygiénisation des boues avant épandage (déshydratation, chaulage, compostage).

Montant :

Une subvention représentant 30 % maximum des dépenses éligibles est versée aux entreprises concernées.

- *aide aux travailleurs indépendants*

L'objectif est de soutenir les travailleurs indépendants dont l'activité est impactée par le COVID 19.

Bénéficiaires :

Tous les travailleurs indépendants affiliés, quel que soit leur statut, et qui ne peuvent pas bénéficier du Fonds de solidarité :

- ayant effectué au moins un versement de cotisations depuis leur installation
- ayant étés affiliés avant le 1er janvier 2020 ;
- impactés de manière significative par les mesures de réduction ou de suspension d'activité ;
- à jour de leurs cotisations et contributions sociales personnelles au 31 décembre 2019.

Montant :

Le montant accordé varie en fonction de situation du travailleur indépendant.

- *création d'un fonds d'indemnisation pour interruption, report ou abandon des tournages de programmes de flux liés à l'épidémie de covid-19*

L'objectif est de soutenir les entreprises de production de certains programmes audiovisuels (jeux et magazines, divertissement, documentaires et programmes du réel) dont le tournage sur le territoire national a été interrompu, reporté ou abandonné en raison d'un sinistre lié au virus covid-19 qui rend indisponible une ou plusieurs personnes indispensables au tournage.

Il s'agit, par ce dispositif, d'aider ces entreprises à faire face au coût supplémentaire lié à l'interruption, au report ou à l'abandon du tournage qui n'est pas couvert par le contrat d'assurance souscrit pour le programme audiovisuel concerné au titre de la garantie relative à l'indisponibilité des personnes.

La Direction générale des médias et des industries culturelles est chargée de la gestion du dispositif et de l'instruction des demandes d'aide.

- *aide à l'achat ou à la location de véhicules peu polluants*

Le dispositif d'aide à l'acquisition et à la location de véhicules peu polluants est composé de deux aides : le bonus écologique et la prime à la conversion.

Le bonus écologique est une aide financière pour l'acquisition ou la location d'une durée d'au moins deux ans d'un véhicule neuf appartenant à la catégorie :

- des voitures particulières, des camionnettes ou VASP dont le taux de CO_2 est inférieur ou égal à 20g/km
- des véhicules à moteur à 2 ou 3 roues et quadricycle à moteur au sens de l'article R.311-1 du code de la route n'utilisant pas de batterie au plomb

La prime à la conversion est une aide financière accordée lorsque l'acquisition ou la location du véhicule propre est accompagnée par la mise au rebut d'un véhicule ancien.

Pour bénéficier du bonus écologique, le véhicule doit remplir les conditions suivantes :

- avoir un taux d'émissions de CO_2 de 20 g/km au plus (voiture électrique) ;
- être acheté (ou loué avec option d'achat ou pour une durée d'au moins 2 ans) ;
- être un véhicule neuf ;
- être immatriculé en France dans une série définitive et ne pas être vendu dans les 6 mois suivant son achat, ni avant d'avoir parcouru au moins 6 000 km.

Les véhicules lourds fonctionnant à l'électricité ou à l'hydrogène sont éligibles au bonus jusqu'au 31 décembre 2022.

- mobilisation des fonds européens

Les fonds européens sont également une source possible d'aide dans le contexte de crise, à ne pas négliger, y compris pour les entreprises.

C'est l'Agence nationale de la cohésion des territoires qui coordonne la mise en œuvre des fonds européens structurels et d'investissement en France c'est-à-dire qu'elle travaille avec les autorités en charge des fonds sur toutes les questions relatives à la règlementation européenne. Elle est également une interface et entretient un dialogue constant entre la Commission européenne et les acteurs français.

Dès le début de la crise sanitaire, l'ANCT s'est mobilisée pour apporter des réponses et tenter de minimiser les conséquences pour les autorités en charge de la gestion des fonds et les bénéficiaires :

• Analyse des possibilités règlementaires pour l'utilisation des fonds européens en réponse à la crise

• Accompagnement des autorités de gestion, d'audit et de certification

• Dialogue contant avec la Commission européenne et les autorités françaises pour faire remonter les besoins

• Etude de la mobilisation des fonds européens pour aider les entreprises

- *<u>crédit d'impôt pour la rénovation énergétique des locaux des TPE et des PME</u>*

Le crédit d'impôt concerne certaines dépenses visant l'amélioration de l'efficacité énergétique des locaux à usage tertiaire (bureaux, commerces, entrepôts, etc…) des TPE et PME. Son montant est de 30 % des dépenses éligibles, dans la limite de 25 000 € de crédit d'impôt par entreprise.

Les travaux éligibles sont les suivants :

• isolation de combles ou de toitures (hors combles perdus)

• isolation des murs

• isolation des toitures-terrasses

• chauffe-eau solaire collectif

• pompe à chaleur (PAC) de type air/eau, eau/eau ou sol/eau (y compris PAC hybrides, PAC à absorption et PAC à moteur gaz)

• ventilation mécanique simple flux ou double flux

- raccordement d'un bâtiment tertiaire à un réseau de chaleur ou à un réseau de froid
- chaudière biomasse collective
- systèmes de régulation/programmation du chauffage et de la ventilation
- réduction des apports solaires par la toiture (pour les territoires outre-mer uniquement)
- protections des baies contre le rayonnement solaire (pour les territoires outre-mer uniquement)
- climatiseur performant (pour les territoires outre-mer uniquement).

L'assiette de la dépense éligible intègrera le montant total hors taxe des dépenses (incluant le coût de la main d'œuvre, et d'une éventuelle assistance à maîtrise d'ouvrage).

Qui peut en bénéficier ?

Sont éligibles les TPE et PME tous secteurs d'activité confondus, soumises à l'impôt sur le revenu ou à l'impôt sur les sociétés, propriétaires ou locataires de leurs locaux, qui engagent des travaux d'amélioration d'efficacité énergétique de leurs bâtiments (bureaux, commerces, entrepôts…).

Comment en bénéficier ?

Pour bénéficier de l'aide, doivent être déclarées les dépenses éligibles engagées (devis signé) au cours de l'année concernée sur la déclaration d'impôt (impôt sur le revenu ou impôt sur les sociétés). L'assiette de la dépense éligible intègrera le montant total hors taxe des dépenses (incluant le coût de la main d'œuvre, une éventuelle assistance à maîtrise d'ouvrage).

Il sera nécessaire de faire appel à un professionnel certifié Reconnu Garant de l'Environnement (RGE) pour la réalisation des travaux.

Calendrier de mise en œuvre :

Le dispositif est ouvert pour les dépenses engagées entre le **1er octobre 2020** (devis daté et signé postérieurement au 1eroctobre) et le **31 décembre 2021.**

- ***dispositif transitions collectives***

Transitions Collectives vise à favoriser la mobilité professionnelle, en particulier intersectorielle, et les reconversions à l'échelle d'un territoire. Il permet aux salariés dont l'emploi est fragilisé de se reconvertir dans un cadre sécurisé vers un emploi porteur dans son bassin de vie.

L'État finance tout ou partie du projet de reconversion en fonction de la taille de l'entreprise. La rémunération et la formation des salariés sont prises en charge à hauteur de :

- **100 %** pour les TPE et PME
- **75 %** pour les entreprises de 300 à 1 000 salariés
- **40 %** pour les entreprises de plus de 1 000 salariés.

À l'issue de sa formation, le salarié peut se réorienter dans une entreprise pour exercer un métier en lien avec son parcours de reconversion ou réintégrer son poste de travail (ou un poste équivalent dans l'entreprise).

Des plateformes de transitions professionnelles sont déployées sur le territoire pour faciliter la mise en relation des entreprises ayant des salariés souhaitant se reconvertir avec celles qui recrutent sur des secteurs porteurs.

Qui peut en bénéficier ?

Toute entreprise qui a négocié un accord de type gestion des emplois et des parcours professionnels (GEPP) et que l'emploi a été identifié comme fragilisé.

Le parcours de reconversion devra viser une formation certifiante et sera entièrement pris en charge. Il existe de très nombreuses formations certifiantes. Le conseiller en évolution professionnelle (CEP) est là pour guider si nécessaire

Comment en bénéficier ?

C'est l'entreprise qui initie la démarche de Transitions Collectives. Elle est accompagnée tout au long du parcours par un conseiller en évolution professionnelle en lien avec l'association de Transitions Pro de chaque région.

Calendrier de mise en œuvre :

Le dispositif se déploie **depuis le 15 janvier 2021**. Une enveloppe de 500 millions d'euros est allouée à ce dispositif.

- *appel à manifestation d'intérêt « fabriques de territoires »*

L'AMI (Accord multilatéral sur l'investissement) soutient le développement de 360 fabriques de territoires définies comme des tiers-lieux structurants capables d'augmenter la capacité d'action des autres tiers-lieux du territoire dans lequel ils s'inscrivent. Ces 360 fabriques seront implantées pour moitié en quartier prioritaire de la politique de la ville ou à proximité immédiate, et pour moitié hors des grands centres urbains.

Le budget de l'AMI est établi à 54 M€ suite au Plan de relance. L'État soutient à hauteur de 75 000 à 150 000 €, sur 3 ans, les fabriques de territoire, le temps pour ces structures de conforter leur équilibre économique.

Qui peut en bénéficier ?

L'AMI finance des lieux existants souhaitant élargir leurs services, ainsi que des lieux en projet dans les territoires non-pourvus. Les projets doivent avoir un porteur de projet identifié au cœur de la dynamique territoriale. Les personnes morales autorisées à candidater pour porter un projet sont :

- les entreprises publiques et/ou privées, fondations et associations de droit privé
- les GIP/GIE et autres formes de groupements
- les collectivités territoriales et leurs groupements
- les syndicats mixtes.

Comment en bénéficier ?

La candidature à l'AMI requiert le dépôt d'un dossier présentant le projet de développement de tiers-lieu ainsi qu'un budget prévisionnel de 3 ans.

Calendrier de mise en œuvre :

L'AMI est ouvert jusqu'à fin 2021. 30 tiers lieux sont sélectionnés lors de chaque vague trimestrielle d'appel à manifestation d'intérêt. Les dates limite de dépôt des dossiers pour les différentes vagues de l'AMI « Fabriques de Territoires » sont fixées à chaque fin de trimestre (30 septembre 2020, 30 décembre 2020, 30 mars 2021, 30 juin 2021, 30 septembre 2021).

- *prime vélo*

Elle concerne à la fois les particuliers et les professionnels.

L'achat d'un vélo à assistance électrique, peut, sous conditions, faire bénéficier d'une aide de l'État, appelée bonus vélo à assistance électrique.
Depuis juillet 2021, le bonus vélo concerne aussi l'achat d'un vélo cargo. Le bonus vélo peut couvrir jusqu'à 40 % du coût d'acquisition de ce type de véhicule, en respectant un plafond de 1 000 €.

Sont éligibles à l'aide les personnes remplissant les conditions suivantes :
- être majeur
- être domicilié en France

- avoir un revenu fiscal de référence par part inférieur ou égal à 13 489 €
- avoir bénéficié d'une aide ayant le même objet attribuée par la collectivité territoriale ou le groupement de collectivités territoriales.

Le vélo acquis doit avoir les caractéristiques suivantes :
- être neuf
- ne pas utiliser de batterie au plomb
- être un cycle à pédalage assisté

Le bénéfice du bonus pour l'achat d'un vélo électrique n'est accordé qu'une seule fois.

Le montant de l'aide est plafonné en fonction des critères suivants :
- le montant de l'aide d'État complète l'aide allouée par la collectivité territoriale, ces 2 aides sont cumulatives
- le montant de l'aide d'État ne peut excéder le montant de l'aide accordée par la collectivité locale et ne peut dépasser **200 €**.

En ce qui concerne l'acquisition d'un vélo cargo, le bénéfice du bonus vélo est accordé même si une aide d'une collectivité territoriale n'a pas été accordée.
Par ailleurs, le plafond du bonus vélo dans le cadre de l'achat d'un vélo cargo s'élève à 1 000 €.

La demande d'aide doit être effectuée via le site de l'agence de services et de paiements au plus tard dans les 6 mois suivant la date de facturation du vélo.

Les aides versées par les autres organismes que l'Etat

ADEME (agence de l'environnement et de la maitrise de l'énergie)

- *<u>appel à projets énergie « combustibles solides de récupération »</u>*

L'ADEME lance le 5ème appel à projets « Energie CSR » pour poursuivre le développement d'unités permettant la valorisation de 1,5 million de tonnes de combustibles solides de récupération (CSR) par an d'ici 2025.

Cela représente un potentiel énergétique de 100 MW par an d'ici 2025. Cet appel lancé dans le cadre du Fonds Economie circulaire et renforcé par le Plan de Relance de l'Etat permettra aux projets sélectionnés de structurer une filière de valorisation des déchets non recyclables, dans une logique de substitution aux énergies fossiles et de réduction de l'enfouissement.`
Pour chaque projet retenu, une convention liera l'ADEME et le porteur de projet. Les modalités de versement de l'aide y seront définies sur la base de critères objectifs et contrôlables de réussite technique de l'opération, à savoir notamment la production d'énergie en MWh.

A titre indicatif, sous réserve de changement des modalités définies par l'ADEME, accordée sous forme de subvention sera versée de la façon suivante :
- un premier versement intermédiaire de 20% sur présentation d'un(e) ou plusieurs(e)s ordre(s) de service ou commande(s) supérieur(e)s à 50% des dépenses éligibles.
- un second versement de 70% à la mise en service de l'installation sur présentation d'un état récapitulatif des dépenses réalisées ;
- l'aide restante sera versée 1 ans après la date de déclenchement du comptage de la production d'énergie à partir de CSR avec un maximum de 10% au prorata de la production énergétique réelle relevée au compteur de la (les) chaudière(s) CSR sur 1 année de fonctionnement

- appel à projets : objectif recyclage plastiques (orplast)

Dans le cadre du plan de France relance, l'appel à projets soutient financièrement l'intégration de matières plastiques recyclées par les plasturgistes ou les transformateurs qui effectuent la transformation de la matière première en produits, en prenant en compte les contraintes techniques réelles pour adapter les systèmes productifs à l'intégration des MPR (Matière première de recyclage).

La date limite de dépôt des dossiers est fixée au 15 septembre 2022. Plusieurs dates de dépôt intermédiaire des dossiers :

- 1er décembre 2020, 12h,
- 1er mars 2021, 12h,
- 1er juillet 2021, 12h,
- 1er décembre 2021, 12h,
- 1er avril 2022, 12h,
- 15 septembre 2022, 12h.

Conditions d'attributions :

L'appel à projets ORPLAST s'adresse aux Petites et Moyennes Entreprises ainsi qu'aux Grandes Entreprises implantées sur le territoire français, utilisatrices de matières plastiques (par exemple des plasturgistes ou transformateurs).

Peuvent candidater :

- les entreprises qui n'utilisent pas à l'heure actuelle de matières plastiques recyclées et qui souhaitent étudier cette opportunité, notamment en réalisant des tests,
- les entreprises déjà utilisatrices lorsqu'elles souhaiteraient augmenter le taux de matières plastiques recyclées dans leurs produits et utiliser une matière plastique recyclée de qualité différente (moins additivée, avec un peu plus d'impuretés, avec des caractéristiques moins homogènes…).

Les projets devront porter sur :

- l'utilisation de matières plastiques recyclées en complément ou substitution de plastique vierge,
- la pérennisation d'intégration de matières plastiques recyclées par les entreprises (adaptation de la chaîne de production, approvisionnement de proximité, etc).

Sont éligibles, les dépenses liées aux diagnostics et aux études de faisabilité :

- les expérimentations liées à l'intégration de MPR dans le process de production,
- les premiers tests pour l'utilisation de MPR dans les procédés industriels,
- les expérimentations pour augmenter le taux de MPR dans la production,
- les études ou essais réalisés par des tiers pour l'intégration de MPR dans le process de production ou pour diminuer l'impact environnemental du process,
- les études préalables de faisabilité permettant de valider la compatibilité, avec les contraintes de procédés ou de produits notamment, d'une intégration ou d'une augmentation de la proportion de MPR dans les processus de plasturgie,
- les diagnostics d'optimisation de production : analyse des flux, analyse du coût complet des déchets (méthode MFCA3), performance énergétique, réduction des déchets, éco-conception.

Sont également éligibles, les dépenses liées aux investissements visant à modifier durablement les systèmes de production pour les rendre compatibles avec l'usage de matières plastiques recyclées ou à permettre l'incorporation d'un taux de matières plastiques recyclées plus élevé. La pertinence de l'investissement dans les équipements envisagés, et le fait qu'ils permettront effectivement d'utiliser de la matière première recyclée, sera à justifier sur la base de rapport d'études.

Sont exclus de l'appel à projets :

- les dossiers portant sur le négoce de matières premières plastiques issues du recyclage,
- les dossiers portant sur une activité de recyclage (tri ou transformation d'un plastique postconsommation en MPR commercialisée).
- les chutes (carottes d'injection, purges, pièces non-conformes…) réutilisées en interne à l'entreprise.

Montant de l'aide :

Dans le cadre des dépenses liées aux diagnostics et aux études de faisabilité, le taux de la subvention s'élève à :

- 70% pour les petites entreprises,
- 60% pour les moyennes entreprises,
- 50% pour les grandes entreprises.

Dans le cadre des dépenses liées aux investissements, le taux de la subvention s'élève à :

- 55% pour les petites entreprises,
- 45% pour les moyennes entreprises,
- 35% pour les grandes entreprises.

Possibilité d'une majoration de 15 points de pourcentage pour les investissements effectués dans les DROM-COM et de 5 points de pourcentage en Corse.

- soutien aux entreprises

Face à une crise sanitaire d'envergure inédite, doublée de conséquences économiques qui s'annoncent très lourdes, l'ADEME se met en ordre de bataille pour amortir ces conséquences au maximum de ses possibilités. L'Agence prend ainsi une série de trois mesures pour soutenir l'ensemble des entreprises engagées dans la transition écologique.

Ces mesures sont applicables automatiquement pour les nouvelles aides et achats et sur demande pour les projets en cours.

Une avance de 20% sur les aides aux entreprises et aux associations :

Cette avance vise à répondre aux besoins de trésorerie des petites ou moyennes entreprises, des associations, particulièrement impactées par la crise, et faire face aux premières dépenses des projets engagés. Le taux est fixé à 20% du montant de l'aide totale accordée. Cette avance est accordée pour la durée de l'opération et récupérée sur le dernier versement.

Pour les actions déjà engagées, une avance pourra être accordée à la demande du bénéficiaire, de même qu'un versement intermédiaire à hauteur des dépenses réalisées sur la base de justificatifs allégés.

De plus, à la demande du Premier Ministre, des dispositions spécifiques sont également mises en place pour les entreprises lauréates du programme d'investissements d'avenir (avances, simplifications dans les conditions d'aides et aménagement des modalités des remboursements des avances remboursables).

Une avance sur les achats :

L'ADEME maintient sa programmation d'achats et s'attache à en simplifier la contractualisation de façon dématérialisée.

Une avance à notification de 20% sera également systématiquement versée sur toute commande ou marché engagé auprès d'entreprises petites, moyennes ou de tailles intermédiaires. Les grandes entreprises pourront bénéficier d'une avance sur demande.

- ***prime véhicule propre***

Cette prime est accordée aux particuliers et aux personnes morales (entreprises, collectivités, administrations de l'État…) s'ils mettent au rebut une vieille voiture ou camionnette et qu'ils achètent ou louent une voiture électrique, une camionnette, un scooter, une moto électrique ou un vélo à assistance électrique (VAE).

Le véhicule mis au rebut doit être une voiture ou une camionnette (< 3,5 tonnes) immatriculée avant différentes dates selon la motorisation du véhicule :

- un véhicule diesel immatriculé avant 2011 ;
- un véhicule essence immatriculé avant 2006.

La prime à la conversion concerne également la transformation d'un moteur thermique en un moteur électrique (« retrofit électrique »), sous certaines conditions, activité qui est autorisée depuis le 4 avril 2020.

Le bénéfice d'une surprime est accordée en cas de domicile ou lieu de travail dans une zone à faible émission mobilité. La collectivité territoriale verse une aide pour acheter ou louer un véhicule propre. Le montant de la surprime de l'État est identique à l'aide versée par la collectivité territoriale, dans la limite de 1 000 €.

La prime n'est plus accordée pour l'achat d'un véhicule diesel et d'un véhicule portant la vignette Crit'Air 2.

Si le véhicule est neuf ou immatriculé depuis moins de 6 mois, il devra émettre au maximum 132 g de CO2 par km, sauf exception.

Si le véhicule est d'occasion, il devra émettre au maximum 137 g de CO2 par km, sauf exception.

À compter du 1er janvier 2022, le taux d'émission de CO2 maximal sera abaissé à 127 g/km.

Depuis le 26 juillet 2021, un vélo à assistance électrique est également accepté s'il réunit les caractéristiques suivantes :

- être un cycle à pédalage assisté (moteur d'une puissance maximale de 250 W, dont l'alimentation s'interrompt lorsque le véhicule atteint une vitesse de 25 km/h ou si vous vous arrêtez de pédaler) ;
- ne pas utiliser de batterie au plomb ;
- avoir un identifiant unique inscrit sur le cadre
- être acheté ou loué dans le cadre d'un contrat d'une durée de 2 ans ou plus.

Le véhicule mis au rebut doit être une voiture ou une camionnette (< 3,5 tonnes) immatriculée avant différentes dates selon la motorisation du véhicule :

Le montant de la prime dépend du véhicule acheté et du revenu fiscal de référence par part du ménage.

La prime à la conversion se cumule avec le bonus écologique pour les véhicules et le bonus vélo.

Concrètement, on peut bénéficier jusqu'à 3 000 € pour l'achat d'un véhicule thermique neuf ou d'occasion et jusqu'à 5 000 € pour l'achat d'un véhicule électrique ou hybride rechargeable neuf ou d'occasion.Pour l'achat d'un vélo à assistance électrique, le montant de la prime est de 40 % du prix d'acquisition, dans la limite de 1 500 €.

agence de services et de paiements

*- **prise en charge des frais d'expédition de livres et de supports phonographiques***

Objectif :

Il s'agit d'Inciter les libraires indépendants à poursuivre leur activité à travers la vente en ligne.

Ce dispositif est valable pour toutes les commandes à partir du 5 novembre. Il devait s'achever à la fin du confinement, mais les contraintes sanitaires de réouverture des magasins le 28 novembre ont conduit le Gouvernement à décider de prolonger la période de couverture jusqu'au 31 décembre 2021.
Les dossiers de demande d'aide peuvent être adressés jusqu'au 30 avril 2021.

En quoi consiste l'aide :

en la prise en charge des frais d'expédition des livres et supports phonographiques :

- Dans le cas où l'entreprise déclare que ces envois contiennent exclusivement soit des livres neufs, soit des supports phonographiques, soit des livres neufs et des supports phonographiques, le montant de l'aide est égal à l'assiette des dépenses éligibles.
- Dans le cas où l'entreprise bénéficiaire de type 1 ou 2 déclare que ces envois ne contiennent pas exclusivement des livres neufs, ou exclusivement des livres neufs et des supports phonographiques, il est appliqué un taux de remboursement à l'assiette des dépenses éligibles. Ce taux est le produit de la part du chiffre d'affaires réalisé par la vente de livres imprimés et de supports phonographiques et du nombre de livres neufs imprimés vendus rapporté au nombre de livres imprimés vendus.
- Dans le cas où l'entreprise bénéficiaire de type 3 déclare que ces envois ne contiennent pas exclusivement des supports phonographiques, ou exclusivement des supports phonographiques et des livres neufs, il est appliqué un taux de remboursement à l'assiette des dépenses éligibles. Ce taux correspond à la part du chiffre d'affaires réalisé par la vente à distance de supports phonographiques et de livres imprimés.

Pour qui :

1. Employeurs de moins de 250 salariés au 1er janvier 2020 :

- personnes morales de droit privé résidentes fiscales en France, ainsi que celles résidentes fiscales à Saint-Martin, Saint-Barthélemy et Saint-Pierre-et Miquelon,
- exerçant leur activité principale dans le secteur de la vente au détail de livres en magasin spécialisé et réalisant au moins 50 % du chiffre d'affaires net hors taxes par la vente au détail de livres neufs. Pour les entreprises créées à partir du 5 novembre 2019 et ne disposant pas d'un exercice comptable certifié au 5 novembre 2020, cette condition est considérée comme remplie si la valeur du stock de livres neufs au 5 novembre 2020 est égale à au moins 50 % de la valeur totale du stock ;
- non déclarés en situation de liquidation judiciaire au 5 novembre 2020 ;
- ayant un chiffre d'affaires net hors taxes inférieur à 50 millions d'euros ou un bilan total inférieur à 43 millions d'euros ;
- lorsqu'elles sont constituées sous forme d'association, elles doivent être assujetties aux impôts commerciaux ou employer au moins un salarié ;
- disposant au 30 octobre 2020 d'au moins un établissement physique accueillant le public toute l'année pour la vente à tout public de livres imprimés au détail ;
- ayant fait l'objet d'une interdiction d'accueil du public à partir du 30 octobre 2020 et n'ayant pas accueilli de public.

2. Personnes morales de droit privé résidentes fiscales en France, ainsi que celles résidentes fiscales à Saint-Martin, Saint-Barthélemy et Saint-Pierre-et Miquelon :
- constituant une filiale d'un groupe réalisant au moins 45 % du chiffre d'affaires net hors taxes par la vente au détail de livres neufs s'adressant à tout public et comptant au moins une filiale de ce secteur ;
- réalisant au moins 50 % du chiffre d'affaires net hors taxes par la vente au détail de livres imprimés.

3. Employeurs de moins de 10 salariés au 1er janvier 2020 :
- Personnes morales de droit privé résidentes fiscales en France, ainsi que celles résidentes fiscales à Saint-Martin, Saint-Barthélemy et Saint-Pierre-et Miquelon;
- exerçant leur activité principale dans le secteur de la vente au détail de supports phonographiques en magasin spécialisé et réalisant au moins 50 % du chiffre d'affaires net hors taxes par cette activité. Pour les entreprises créées à partir du 5

novembre 2019 et ne disposant pas d'un exercice comptable certifié au 5 novembre 2020, cette condition est considérée comme remplie si la valeur du stock de supports phonographique au 5 novembre 2020 est égale à au moins 50 % de la valeur totale du stock ;
•non déclarés en situation de liquidation judiciaire au 5 novembre 2020 ;
•ayant un chiffre d'affaires net hors taxes ou un bilan total inférieurs à 2 millions d'euros ;
•lorsqu'elles sont constituées sous forme d'association, elles doivent être assujetties aux impôts commerciaux ou employer au moins un salarié ;
•disposant au 30 octobre 2020 d'au moins un établissement physique accueillant le public toute l'année pour la vente à tout public de supports phonographiques au détail ;
•ayant fait l'objet d'une interdiction d'accueil du public à partir du 30 octobre 2020 et n'ayant pas accueilli de public.

Opérations éligibles :

•Remboursement des coûts d'expédition des commandes de livres et de supports phonographiques, les libraires ne facturant plus à leurs clients que les frais de port au tarif minimum légal, soit 0,01 €. Les dépenses éligibles correspondent à des envois à des clients personnes physiques. Pour les entreprises établies sur le territoire métropolitain, seules les dépenses correspondant à des envois au sein de ce territoire sont éligibles.
Pour rappel, les ventes réalisées en retrait de commande (cliqué & retiré) par les commerces fermés administrativement ne seront pas prises en compte dans le calcul de l'aide au titre du Fonds de solidarité.
Ne sont pas éligibles : dépenses correspondant à des envois d'un poids inférieur à 50 grammes.

AGEFIPF (association de gestion du fonds pour l'insertion professionnelle des personnes handicapées)

- aide exceptionnelle de soutien aux contrats d'apprentissages

Objectifs :

Soutenir le maintien du contrat d'apprentissage jusqu'à son terme, dans le contexte de crise sanitaire liée à l'épidémie de Covid-19.

Cette aide est mobilisable jusqu'au 31 décembre 2021.

Bénéficiaire :

Employeur de droit privé de moins de 250 salariés, ayant embauché au plus tard au 30 juin 2020 une personne en situation de handicap bénéficiaire de l'obligation d'emploi au titre de l'article L5212-13 du code du travail ou ayant déposé une demande de reconnaissance, dont le contrat d'apprentissage est en cours d'exécution à la date du dépôt de la demande et perdure au-delà du 30 août 2020.

Montant :

Subvention de :

- 1 500 € pour un apprenti âgé de moins de 18 et jusqu'à 21 ans ;
- 2 000 € pour un apprenti âgé de plus de 21 et jusqu'à 35 ans ;
- 2 500 € pour un apprenti âgé de plus de 35 ans.

L'aide est mobilisable pour tout employeur, qu'il ait bénéficié ou non de la prime initiale de l'Agefiph lors de la signature du contrat

- ***aide exceptionnelle de soutien – contrat de professionnalisation***

Objectifs :

Soutenir le maintien du contrat de professionnalisation jusqu'à son terme, dans le contexte de crise sanitaire liée à l'épidémie de Covid-19.

Opérations éligibles :

Maintien du contrat de professionnalisation.

Bénéficiaire :

Employeur de droit privé de moins de 250 salariés, ayant embauché avant la crise sanitaire une personne en situation de handicap bénéficiaire de l'obligation d'emploi au titre de l'article L5212-13 du code du travail ou ayant déposé une demande de reconnaissance, dont le contrat de professionnalisation est en cours d'exécution à la date du dépôt de la demande, pour la durée restante du contrat et au-delà du 30 août 2020.

Montant :

Subvention de :

- 1 500 € pour un alternant âgé de moins de 40 ans ;
- 2 000 € pour un alternant âgé de plus de 40 ans et jusqu'à 50 ans ;
- 3 000 € pour un alternant âgé de plus de 51 ans.

L'aide est mobilisable pour tout employeur, qu'il ait bénéficié ou non de la prime initiale de l'Agefiph lors de la signature du contrat.

L'aide est cumulable avec l'aide au contrat de professionnalisation non majorée.

- aide exceptionnelle de soutien à l'exploitation d'une activité

Soutenir les entrepreneurs travailleurs handicapés dans un contexte économique difficile.

Qui peut en bénéficier ?

À partir du 1er mars 2021 pourront bénéficier de cette aide les entrepreneurs ayant créé ou repris une entreprise après le 1er janvier 2017 et les nouveaux créateurs (TPE, indépendants, microentrepreneurs, professions libérales) bénéficiaires de l'obligation d'emploi :

- ayant bénéficié d'un accompagnement à leur projet de création financé par l'Agefiph et/ou d'une aide financière à la création d'activité de l'Agefiph (modalités actuelles);
- dont l'activité principale relève des secteurs d'activité ayant subi des fermetures administratives (l'hôtellerie-restauration, la culture, le sport, etc, même s'ils n'ont pas bénéficié d'un soutien antérieur de l'Agefiph.)

Quel montant ?

Aide financière d'un montant de 1 500 €.
L'entreprise doit :
- avoir été crée entre le 01/01/2017 et le 31/12/2021, la demande doit parvenir à l'Agefiph avant le 31/12/2021 ;
- l'aide est versée à l'entreprise. Elle est mobilisable directement par le dirigeant qui doit être bénéficiaire de l'obligation d'emploi ou en voie de l'être ;
- disposer au plus de 10 salariés ;
- être en activité (CA positif et activité justifiée par un avis de situation de la base SIRENE) et avoir réalisé un bénéfice imposable inférieur à 60 000€ au dernier exercice comptable ;
- ne pas être en situation de cessation de paiement ou de redressement judiciaire ;
- cette aide n'est pas renouvelable dans le cas où le TIH aura été soutenu en 2020 au 1er semestre 2021 par l'Agefiph.

- *aide exceptionnelle pour la mise en œuvre de la solution de maintien dans l'emploi*

Objectifs :

Compenser le temps supplémentaire nécessaire et/ ou tenir compte des difficultés rencontrées du fait de la crise sanitaire dans la mise en œuvre d'une solution de maintien, définie récemment avec le Cap emploi (exemple : délais de livraison du matériel de compensation, difficultés financières, etc.).

Cette nouvelle aide exceptionnelle au maintien dans l'emploi COVID 19 ne nécessite pas l'avis du service de santé au travail.

Opérations éligibles :

Mise en œuvre d'une solution de maintien dans l'emploi (maintien du salaire en attendant la livraison de matériel en compensation du handicap ou dans le cadre d'une reprise d'activité difficile pour assurer le cofinancement de la solution immédiatement, pour compenser la perte de productivité, etc.).

Bénéficiaire :

- Tout employeur qui a été accompagné entre juin 2019 et juin 2021 pour le maintien par un Cap emploi, ayant des difficultés liées à la crise sanitaire pour mettre en œuvre une solution de maintien pour un salarié en situation de handicap ;
- Tout travailleur indépendant handicapé dont les exploitants agricoles, qui a été accompagné entre juin 2019 et juin 2021 pour le maintien par un Cap emploi et qui, en période de reprise d'activité, rencontre des difficultés liées à la crise sanitaire pour mettre en œuvre la solution de maintien.

Montant :

Aide forfaitaire de 2 000 €.

L'aide n'est pas renouvelable.

L'aide est cumulable avec les autres aides de l'Agefiph et les aides de droit commun.

L'aide n'est pas cumulable avec l'aide exceptionnelle à l'exploitation de l'Agefiph pour les travailleurs indépendants handicapés. Les entreprises adaptées et les IAE ne peuvent pas bénéficier de l'aide exceptionnelle au maintien dans l'emploi. L'aide ne se cumule pas avec l'aide au poste de l'Etat.

- *aide exceptionnelle pour la prise en charge du surcoût des équipements spécifiques de prévention*

Objectifs

Accompagner les employeurs de salariés handicapés, tenus d'organiser le travail à distance et leur permettre la continuité de l'activité.

Opérations éligibles :

Moyens mis en œuvre pour la mise en place du télétravail :

- équipement informatique ;
- siège de bureau ;
- coûts de transports ;
- liaison internet ;
- etc.

Ne sont pas éligibles, la mise à disposition du local et des frais liés à cet espace tels que le chauffage ou l'électricité

Bénéficiaire :

Tout employeur d'un salarié reconnu handicapé ou en voie de l'être pour lequel le télétravail est mis en place dans le cadre de la pandémie, et n'ayant pas mis en place de mesure de télétravail pour le salarié concerné avant le 13 mars 2020.

Montant :

Subvention de 1 000 € maximum.

Conditions :

Les dépenses doivent être engagées pendant la période de pandémie.

- *aide exceptionnelle à la mise en place du télétravail pour les salariés handicapés*

Objectif :

Accompagner les employeurs de salariés handicapés, tenus d'organiser le travail à distance et leur permettre la continuité de l'activité lorsque la reprise des activités dans les locaux de l'entreprise ne peut être envisagée et n'obéit pas à une logique de compensation liée au handicap.

Qui peut en bénéficier ?

Tout employeur d'un salarié reconnu handicapé ou en voie de l'être pour lequel le télétravail est mis en place dans le cadre de la pandémie et la reprise d'activité, et n'ayant pas mis en place antérieurement de mesure de télétravail pour le salarié concerné.

Modalités et contenus :

Financement à titre exceptionnel des moyens mis en œuvre pour la mise en place du télétravail. L'aide peut concerner le coût d'un équipement informatique, d'un siège de bureau, les coûts de transports, liaison internet,...

Quels sont les conditions de recevabilité ?
- Le financement ne couvre pas la mise à disposition du local et des frais liés à cet espace tels que le chauffage ou l'électricité notamment ;
- Les dépenses doivent être engagées pendant la période de pandémie ;
- Les matériels sont financés Hors Taxes pour une entreprise qui récupère la TVA.
- Notre financement ne concerne pas les employeurs ayant mis en place du télétravail antérieurement au 13 mars pour le bénéficiaire concerné.

- *adaptation de l'aide à l'accueil, à l'intégration et à l'évolution professionnelle*

Objectif :
L'aide a pour objectif d'accompagner la prise de fonction et l'évolution professionnelle de la personne handicapée dans l'entreprise.
Elle vise à faciliter :
- L'accueil et l'intégration de la personne handicapée nouvellement recrutée.
- L'accompagnement sur un nouveau poste dans le cadre de l'évolution et/ou de mobilité professionnelle du salarié handicapé.

Qui peut en bénéficier ?

Tout employeur d'une personne handicapée en CDI ou CDD de six mois et plus et que la durée de travail est au moins égale à 24 heures.

Comment en bénéficier ?
L'aide est prescrite par le conseiller Pôle emploi, Cap emploi, Mission locale ou par l'Agefiph.

Quel montant ?
Le montant maximum de l'aide est de 3000 €

Modalités et contenus :
L'aide est accordée sur la base d'un plan d'action précisant les mesures que l'employeur met en place pour sécuriser la prise de fonction ou l'évolution professionnelle du salarié. Peuvent ainsi être pris en charge les frais liés à :
- l'accompagnement du manager à la prise en compte du handicap,
- l'accompagnement individualisé pour la personne ou l'encadrement (tutorat, coaching, temps d'encadrement dédié),
- un programme de sensibilisation et/ou de formation au handicap du collectif de travail.

L'aide n'a pas pour objet de se substituer à la mise en place du processus interne d'accueil et d'intégration de tout salarié ou des actions prévues par l'employeur dans le cadre d'une démarche de gestion prévisionnelle des emplois et des compétences (GPEC).
Elle est complémentaire aux actions et dispositifs existants.
L'aide est cumulable avec les autres aides de l'Agefiph et les aides à l'emploi et à l'insertion professionnelle délivrées par l'Etat ou les Régions.

Elle est renouvelable en fonction du besoin, pour un même salarié dans une même entreprise en cas d'évolution ou de mobilité professionnelle (prise d'un nouveau poste).

L'aide peut être mobilisée en amont du recrutement (préparation à l'intégration) et durant le contrat (dans les six mois qui suivent la prise de poste). Si la durée est inférieure à 24 heures en raison d'une dérogation légale ou conventionnelle, la durée minimum est fixée à 16 heures minimales hebdomadaires.

CARSAT (caisse d'assurance retraite et de santé au travail)

<u>*- subvention prévention TPE – contrat TPE – TOP chantiers réalisation*</u>

Objectifs :

Soutenir les acteurs du BTP fragilisés par la crise dans la mise en œuvre de mesures pérennes d'organisation des chantiers en optimisant la gestion des manutentions, des approvisionnements et des circulations, et d'adaptation des installations d'hygiène.

En quoi consiste l aide ?

Subvention représentant 40 % du montant de la mise en oeuvre de toutes les prestations, dans la limite de 25 000 €.

Pour qui ?

Maîtres d'Ouvrage (MOA), mais aussi Maîtres d'œuvre (MOE), OPC (prestataires de la mission Organisation-Pilotage-Ordonnancement) et Coordonnateurs SPS.qui ont en interne dans leur propre entreprise moins de 50 salariés relevant du régime général (contractuels).

Opérations éligibles :

Mise en place d'une prestation « logistique » ;

•Mise en place de moyens de manutention mutualisés permettant de mécaniser le transport vertical des personnes et des charges sur les chantiers selon la recommandation R477 ;
•Mise en œuvre d'une organisation de gestion des déchets ;

- Mise en œuvre d'installations d'hygiène à disposition du personnel des chantiers.

La subvention peut couvrir les dépenses de prestations « logistique », de locations de matériels mis en commun, ou de logiciels de gestion des approvisionnements. Ne sont pas éligibles : prestations réalisées par le bénéficiaire.

CENTRE NATIONAL DU CINEMA

- fonds d'indemnisation pour la reprise des tournages- garantie indisponibilité des personnes – extension covid 19

Objectifs :

Contribuer, par le versement d'aides financières aux entreprises de production déléguées, à la prise en charge de sinistres liés à l'épidémie de covid-19.

Mise en œuvre :

Le producteur délégué d'une œuvre française, majoritairement française ou sous certaines conditions minoritairement française, remplit un formulaire en ligne et y annexe la police d'assurance hors Covid-19.

L'adhésion au Fonds d'indemnisation doit intervenir avant la survenance du sinistre. Elle est validée par les services du CNC.

En cas de survenance d'un sinistre sur le tournage réalisé en France ou, depuis le 1er avril 2021, sous certaines conditions sur le tournage dans un autre Etat membre de l'Union européenne, le producteur en informe le CNC, son courtier en assurance (ou son assureur) et le médecin-conseil.

L'expert désigné par le producteur dans le formulaire d'adhésion rend un avis sur le coût supplémentaire engendré par le sinistre estimé par le producteur.

Le CNC l'indemnise à hauteur du coût supplémentaire lié à l'interruption du tournage dans les conditions suivantes :

L'aide (avant application de la franchise de 15%) est plafonnée à 20% du capital assuré et 1,2 M€. Elle peut couvrir jusqu'à 5 semaines d'interruption.

Le montant de l'aide versée au producteur est déterminé après application d'une franchise restant à la charge de ce dernier (15% du coût supplémentaire validé par l'expert.)

Les rémunérations seront indemnisées au niveau des minima de la convention-collective.

Elle est versée après remise du coût supplémentaire définitif .

La vie du Fonds est prolongée pour couvrir les sinistres survenant jusqu'au 31 décembre 2021.

Quelle que soit la date du sinistre, sauf en cas d'abandon définitif de la production, l'indemnisation n'est possible que si le tournage reprend au plus tard le 31 janvier 2022.

Le Fonds est désormais accessible à certaines productions minoritaires françaises. Le coût supplémentaire comprend également les dépenses du coproducteur étranger dans les mêmes conditions.

Le Fonds peut verser un complément d'aide couvrant 50% des frais d'expertise qui sont avancés par le producteur (en l'absence d'une possibilité de financement par les assureurs). Sous certaines conditions, les courtiers SIACI, DIOT, Gras Savoye et Rubini & associés peuvent couvrir le reste à charge des frais d'expertise pour les sinistres antérieurs au 1er avril 2021.

- mesure exceptionnelle pour les œuvres cinematographiques ne faisant pas l'objet d'une première exploitation en salle

Il s'agit de permettre aux films concernés de faire l'objet d'une première exploitation à travers un réseau de diffusion autre que la salle de cinéma à laquelle ils étaient initialement destinés.

La mesure votée par le conseil d'administration du conseil national du cinéma, après examen au cas par cas de chaque demande, donnant lieu à concertation avec les professionnels, doit permettre, temporairement, aux films concernés, de faire l'objet d'une première exploitation à travers un réseau de diffusion autre que la salle de cinéma à laquelle ils étaient initialement destinés, tout en conservant les aides reçues du CNC.

A la différence de la mesure de même nature déjà mise en place au printemps dernier, cette « dérogation » exceptionnelle ne permet plus seulement une sortie en vidéo à la demande à l'acte, mais sur l'ensemble des modes de diffusion : DVD, chaînes de télévision, plateformes par abonnement... Les demandes pourront être déposées auprès du CNC pendant toute la période de fermeture des salles et jusqu'à un mois après la date de réouverture.

En revanche, cette exploitation ne donnera pas lieu à un calcul de soutien généré, celui-ci demeurant conditionné à la sortie de l'œuvre en salles.

Ce type de dispositif ne remet en cause en aucune manière la chronologie des médias ni son évolution prochaine, qui fait l'objet d'une négociation spécifique au sein du secteur, au succès de laquelle les pouvoirs publics ont régulièrement affirmé leur attachement. La mesure adoptée tend donc simplement à prévenir l'apparition, dans les mois à venir, de difficultés touchant à la régulation du flux des sorties de films.

Cette mesure pourrait, le cas échéant, être complétée par un accord entre distributeurs visant à mettre en place un calendrier concerté des sorties en salles, sous réserve de l'avis favorable de l'Autorité de la concurrence, saisie sur le principe d'un tel accord par le Médiateur du cinéma.

- aide exceptionnelle aux exploitants d'établissements de spectacles cinématographiques

Objectif :

Soutenir les exploitants d'établissements de spectacles cinématographiques en vue de contribuer à compenser la baisse d'activité qu'ils subissent depuis le mois de mars 2020 en raison des mesures de restriction et d'interdiction d'accueil du public dans les salles de spectacles cinématographiques.

Pour mémoire, une aide exceptionnelle était attribuée sous forme d'allocation directe aux exploitants d'établissements de spectacles cinématographiques, en vue de compenser une partie de leur perte de chiffre d'affaires durant la période comprise entre le 1er septembre et le 31 décembre 2020.

Ce dispositif est désormais abrogé et remplacé par un nouveau dispositif d'aide.

Le montant définitif des aides attribuées aux exploitants d'établissements de spectacles cinématographiques en application de cette « ancienne aide » correspond au montant du 1er versement de l'aide.

Le nouveau dispositif prévoit le versement d'une aide exceptionnelle complémentaire sous forme d'allocation directe aux exploitants d'établissements de spectacles cinématographiques en vue de contribuer à compenser la baisse d'activité qu'ils subissent depuis le mois de mars 2020, en raison des mesures de restriction et d'interdiction d'accueil du public dans les salles de spectacles cinématographiques.

Bénéficiaires :

L'aide est attribuée au titre de chaque établissement de spectacles cinématographiques dont les exploitants sont éligibles aux aides financières à la création et à la modernisation des établissements de spectacles cinématographiques.

Les établissements de spectacles cinématographiques exploités en régie directe par une personne publique n'ouvrent pas droit au bénéfice de l'aide.

Conditions d'éligibilité :

Pour être admis au bénéfice de l'aide, les exploitants doivent avoir organisé, dans chaque établissement des spectacles cinématographiques au titre duquel l'aide est demandée, au moins une séance ayant donné lieu à des entrées payantes au cours de l'année 2020.

Attention, pour les établissements de spectacles cinématographiques créés au cours de l'année 2020 et dont l'ouverture au public a été empêchée en raison des mesures de restriction et d'interdiction d'accueil du public, cette condition est considérée comme remplie lorsque les exploitants apportent la preuve qu'au moins une séance donnant lieu à des entrées payantes devait être organisée avant le 31 décembre 2020.

Pour les établissements de spectacles cinématographiques ne relevant pas de la catégorie des petites et moyennes entreprises au sens de la règlementation européenne, le chiffre d'affaires moyen retenu est déterminé après application d'une minoration de 20 %.

Pour mémoire, dans le cadre de la règlementation européenne, la catégorie des micros, petites et moyennes entreprises (PME) est constituée des entreprises qui occupent moins de 250 personnes et dont le chiffre d'affaires annuel n'excède pas 50 M€ ou dont le total du bilan annuel n'excède pas 43 M€.

Pour l'application des dispositions relatives au calcul du chiffre d'affaires moyen, l'ouverture de nouvelles salles dans un établissement depuis le 1er janvier 2017 est regardée comme l'ouverture d'un nouvel établissement de spectacles cinématographiques.

Montant de l'aide :

Pour chaque établissement, le montant de l'allocation directe est déterminé en appliquant le pourcentage correspondant à la part de marché de l'établissement au montant des crédits affectés aux allocations directes.

On entend par « part de marché » d'un établissement le rapport entre le chiffre d'affaires moyen réalisé par cet établissement de spectacles cinématographiques sur une période donnée et la somme des chiffres d'affaires moyens réalisés par l'ensemble des établissements.

Le montant de l'aide ne peut excéder celui de la perte réelle de chiffre d'affaires constatée sur la période comprise entre le 1er janvier et le 31 mars 2021 par rapport au chiffre d'affaires moyen réalisé entre le 1er janvier et le 31 mars des années 2017, 2018 et 2019, diminué des montants des subventions destinées à compenser les pertes de chiffre d'affaires subies au cours des mois de janvier à mars 2021 et versées :

- par le Fonds de solidarité ;
- ou dans le cadre de la prise en charge des coûts fixes non couverts des entreprises dont l'activité est particulièrement impactée par la crise sanitaire.

Demande de l'aide :

Pour bénéficier de l'aide, les exploitants d'établissements de spectacles cinématographiques doivent remplir et transmettre par voie électronique un formulaire établi par le Centre national du cinéma et de l'image animé

La décision d'octroi de l'aide est prise par le président du Centre national du cinéma et de l'image animée, et doit préciser le montant de l'aide attribuée et ses modalités de versement.

L'attribution de l'aide exceptionnelle est soumise aux dispositions du régime cadre exempté n° SA.42681, relatif aux aides en faveur de la culture et de la conservation du patrimoine pour la période 2014-2020 adopté sur la base de la règlementation européenne applicable.

DESETI (dispositif exceptionnel de sauvegarde des travailleurs indépendants)

- dispositif exceptionnel de sauvegarde de l'emploi des travailleurs indépendants

Objectifs :

Sauvegarder l'emploi des travailleurs indépendants contraints de cesser totalement leur activité du fait de circonstances exceptionnelles.

Opérations éligibles :

Besoin en trésorerie.

Bénéficiaire :

Toute personne physique qui exerce une activité non salariée et qui est contrainte de cesser temporairement son activité.

Les gérants non salariés rémunérés sont également éligibles.

Secteurs éligibles :

- tourisme ;
- transport aérien ;

- taxis ;
- commerces et activités présents dans les hôtels ;
- commerces et activités présents sur la plateforme aéroportuaire de Tahiti-Faa'a et dans les aérodromes des îles ;
- periculture ;
- bijouterie, artisanat d'art ;
- discothèques et assimilées ;
- prestataires dans le domaine de l'événementiel (foires, expositions, événements sportifs, etc.) ;
- boutiques de souvenirs et curios.

Montant :

Ade forfaitaire mensuelle d'un montant de :
- 100 000 F CPF/mois pour un arrêt total de l'activité ;
- 60 000 FCPF/mois pour l'activité partielle.

Le DESETI ne peut se cumuler avec un revenu tiré d'une autre activité professionnelle, salariée ou non.

Le travailleur indépendant bénéficiant d'une mesure ICRA ne peut bénéficier d'un DESETI.

Cette aide ne vaut que pour une seule activité. Si le travailleur indépendant contribue simultanément au titre de plusieurs patentes au moment du dépôt de la demande, la participation de la Polynésie française ne sera versée qu'à un seul titre.

- aide aux travailleurs interdits d'accueillir du public

Objectifs :

Sauvegarder l'emploi des travailleurs indépendants contraints de cesser totalement leur activité du fait d'un arrêté de l'autorité compétente prescrivant des mesures générales pour faire face à l'épidémie de covid -19 et notamment interdisant la poursuite des certaines activités.en vue d'assurer la protection sanitaire de la population.

Bénéficiaire :

Personne physique qui exerce une activité non salariée et qui est contrainte de cesser temporairement son activité.

Secteurs éligibles :

- Discothèques et activités assimilées (boîtes de nuit, bal, dancing, etc.) ;
- Bars ;
- Lieux d'exposition, foires, salons ;
- Les établissements sportifs couverts ;
- Les salles des fêtes, salles polyvalentes ;
- Les salles d'auditions, de conférence, de réunions, de spectacles ou à usage multiple ;
- Les chapiteaux, tentes et structures.

Montant :

Aide de 100 000 euros versée au prorata de durée d'interdiction décidée par l'autorité compétente à savoir à ce jour du 3 novembre au 16 novembre 2020 inclus.

Le DESETI ne peut se cumuler avec un revenu tiré d'une autre activité professionnelle, salariée ou non.

Le travailleur indépendant bénéficiant d'une mesure ICRA ne peut bénéficier d'un DESETI.

Cette aide ne vaut que pour une seule activité. Si le travailleur indépendant contribue simultanément au titre de plusieurs patentes au moment du dépôt de la demande, la participation de la Polynésie française ne sera versée qu'à un seul titre.

- dispositif exceptionnel de sauvegarde de l'emploi des travailleurs indépendants- isolement- aide dédiée aux cas contact des travailleurs indépendants

Soutenir les travailleurs indépendants identifiés, par le Bureau de Veille Sanitaire, comme sujet contact à risque élevé d'un cas de covid-19 pour lequel une quarantaine est recommandée et qui sont contraints de cesser toute activité professionnelle.

Bénéficiaires :

Soutien aux travailleurs indépendants identifiés comme cas contacts contraints de cesser toute activité professionnelle.

Montant :

Indemnité sur la base du 1666 XPF par jour d'isolement, dans la limite de 7 jours.

Conditions :

Le Bureau de Veille Sanitaire établit une attestation qui précise le nombre de jours d'isolement. Le travailleur indépendant remplit un formulaire en joignant l'attestation d'isolement du bureau de veille sanitaire.

SIAGI (société interprofessionnelle artisanale de garantie immobilière)

Présentation du dispositif :

La SIAGI, avec le soutien de ses partenaires bancaires et du Fonds Européen d'Investissement, propose aux entreprises particulièrement impactées par la crise sanitaire du Coronavirus, un prêt de trésorerie avec des conditions favorables.

Ce dispositif est mobilisable jusqu'au 31 décembre 2021.

Conditions d'attributions :

Il existe plusieurs types de bénéficiaires pour ce dispositif :

- les entreprises clientes SIAGI dont :
  − toute entreprise cliente SIAGI,
  − les entreprises ayant enregistré un impayé inférieur à 90 jours.
- les entreprises clientes banque de moins de 6 mois dont :
  − artisans, commerçants, professions libérales, exploitants agricoles occupant moins de 50 personnes et dont le chiffre d'affaires annuel ou le total du bilan annuel n'excèdent pas 10 M€ (maintien des exclusions d'activités SIAGI notamment pour les agences de voyage et loueurs de voiture pour la filière tourisme)
  − absence d'impayés sur l'ensemble des crédits client,
  − toute forme juridique.

Entreprises inéligibles :

Les entreprises déclassées en défaut ou en procédure collective ne sont pas éligibles.

Ne sont pas éligibles les commerces ayant une activité de débit de tabac. Ils bénéficieront d'autres propositions de co-garantie.

Maintien également des exclusions d'activités SIAGI (notamment agences de voyage et loueurs de voiture pour la filière tourisme).

Montant de l'aide :

Le dispositif COSME COVID est un prêt à moyen terme compris entre 5 000 € à 150 000 € (participation financière SIAGI HT incluse).

Les frais de dossiers SIAGI sont offerts et le taux d'intérêt est le taux usuel fixé par la banque.

La durée du crédit garanti est comprise entre 2 et 7 ans (différé d'amortissement inclus).

Le différé d'amortissement (capital et intérêts) s'élève jusqu'à 12 mois, dont 6 mois automatiques avec un amortissement mensuel, trimestriel, semestriel, annuel (uniquement agriculture et activités saisonnières) possible selon les besoins.

Une participation financière (HT) est due à la SIAGI (payable en une seule fois) au moment de la mise en place du crédit selon les modalités suivantes :

- 24 mois = 1.09%
- de 25 à 36 mois = 1.50%
- de 37 à 48 mois = 1.92%
- de 49 à 60 mois = 2.34%
- de 61 à 72 mois = 2.71%
- de 73 à 84 mois = 3.10%

La garantie est acquise sans délai de carence avec une quotité fixe à 80% et un maximum d'encours risque SIAGI global de 400 000 €, tout engagement confondu.

Informations pratiques :

La mise en place de la garantie de prêt de trésorerie se fait à la réception de la participation financière et du tableau d'amortissement.

Les documents à fournir sont :

- en cas d'impayé, état récapitulatif des impayés sur le prêt,
- dernier bilan de l'entreprise datant de moins de 12 mois ou une situation comptable,
- récapitulatif des tableaux d'amortissement des prêts en cours (dont PGE accordé), y compris le crédit bail,
- lignes court terme consenties à l'entreprise par la banque.

En fonction des directives de chaque établissement bancaire, la banque peut compléter cette documentation.

Quel cumul possible ?

Ce prêt de trésorerie garanti par la SIAGI peut être complémentaire ou alternatif au prêt garanti par l'Etat (PGE).

ANNEXE : RECAPITULATION DES AIDES DE L'ETAT

NOM DE L'AIDE	PAGE
Aide au conseil des ressources humaines	12
Allocations de chômage partiel	14
Activité partielle de longue durée	15
Aide exceptionnelle aux employeurs d'apprentis	16
Aide exceptionnelle aux employeurs de jeunes en contrat de prof.	17
Adaptation de l'aide à l'accueil, à l'intégration, ...	20
Aide à l'embauche des jeunes de moins de 26 ans	21
Aide volontariat territorial en entreprise	22
Aide a l'embauche d'un jeune en contrat initiative emploi	25
Exonération et aide au paiement des cotisations patronales	26
Dispositif emplois francs	28
Aide aux loyers	30
Chèques relance VIE	33
Chèques relance export	35
Le prêt garanti par l'Etat	35
Le fonds de développement économique et social FDES	40
Les prêts bonifiés et les avances remboursables	40
Les prêts exceptionnels pour les petites entreprises	41
Le prêt garanti par l'Etat « saison »	42
Prêt participatif exceptionnel accordé aux TPE	43
Aide exceptionnelle interdiction épandage boues	45
Aide aux travailleurs indépendants	45
Fonds indemnisation tournages programmes audiovisuels	46

Aide a l'achat de véhicules peu polluants	46
Mobilisation des fonds européens	47
Crédit impôt pour la rénovation énergétique des entreprises	48
Dispositif transitions collectives	50
Appel à manifestation d'intérêt « fabriques de territoires »	51
Prime vélo	52
Appel à projets « énergie combustibles »	53
Appel à projets recyclage	54
Soutien aux entreprises ADEME	57
Prime véhicule propre	58
Prise en charge frais d'expédition supports livres et autres	59
Aide exceptionnelle contrats d'apprentissage AGEFIPH	62
Aide exceptionnelle contrats de professionnalisation AGEFIPH	63
Aide exceptionnelle exploitation d'une activité AGEFIPH	64
Aide exceptionnelle maintien dans l'emploi AGEFIPH	65
Aide exceptionnelle surcoût équipements de prévention AGEFIPH	66
Aide exceptionnelle télétravail AGEFIPH	67
Adaptation aide à l'accueil, à l'intégration AGEFIPH	68
Subvention prévention TPE	70
Fonds d'indemnisation reprise tournages cinématographiques	71
Mesures exceptionnelles pour le cinéma	73
Aide exceptionnelle aux exploitants de cinéma	74
Dispositif exceptionnel de sauvegarde emploi des indépendants	77
Aide aux travailleurs interdits d'accueillir du public	78
Dispositif exceptionnel sauvegarde emploi – isolement – cas contact	80

ANNEXE 2 : LISTE DES SECTEURS S1 ET S1 BIS

Liste S1

- Culture de plantes à boissons (ex- liste S1 bis, modifié par le décret du 8 février 2021)
- Culture de la vigne (ex-liste S1 bis, modifié par le décret du 8 février 2021)
- Production de boissons alcooliques distillées (ex-liste S1 bis, modifié par le décret du 8 février 2021)
- Fabrication de vins effervescents (ex-liste S1 bis, modifié par le décret du 8 février 2021)
- Vinification (ex-liste S1 bis, modifié par le décret du 8 février 2021)
- Fabrication de cidre et de vins de fruits (ex-liste S1 bis, modifié par le décret du 8 février 2021)
- Production d'autres boissons fermentées non distillées (ex-liste S1 bis, modifié par le décret du 8 février 2021)
- Intermédiaire du commerce en vins ayant la qualité d'entrepositaire agréé (ajout du décret du 8 février 2021)
- Commerçant de gros en vins ayant la qualité d'entrepositaire agréé (ajout du décret du 8 février 2021)
- Intermédiaire du commerce en spiritueux exerçant une activité de distillation (ajout du décret du 8 février 2021)
- Commerçant de gros en spiritueux exerçant une activité de distillation (ajout du décret du 8 février 2021)
- Téléphériques et remontées mécaniques
- Hôtels et hébergement similaire
- Hébergement touristique et autre hébergement de courte durée
- Terrains de camping et parcs pour caravanes ou véhicules de loisirs
- Restauration traditionnelle
- Cafétérias et autres libres-services

- Restauration de type rapide
- Services de restauration collective sous contrat, de cantines et restaurants d'entreprise
- Services des traiteurs
- Débits de boissons
- Projection de films cinématographiques et autres industries techniques du cinéma et de l'image animée
- Post-production de films cinématographiques, de vidéo et de programmes de télévision
- Distribution de films cinématographiques
- Conseil et assistance opérationnelle apportés aux entreprises et aux autres organisations de distribution de films cinématographiques en matière de relations publiques et de communication
- Location et location-bail d'articles de loisirs et de sport
- Activités des agences de voyage
- Activités des voyagistes
- Autres services de réservation et activités connexes
- Organisation de foires, évènements publics ou privés, salons ou séminaires professionnels, congrès
- Agences de mannequins
- Entreprises de détaxe et bureaux de change (changeurs manuels)
- Enseignement de disciplines sportives et d'activités de loisirs
- Arts du spectacle vivant, cirques
- Activités de soutien au spectacle vivant
- Création artistique relevant des arts plastiques
- Galeries d'art
- Artistes auteurs
- Gestion de salles de spectacles et production de spectacles
- Gestion des musées
- Guides conférenciers

- Gestion des sites et monuments historiques et des attractions touristiques similaires
- Gestion des jardins botaniques et zoologiques et des réserves naturelles
- Gestion d'installations sportives
- Activités de clubs de sports
- Activité des centres de culture physique
- Autres activités liées au sport
- Activités des parcs d'attractions et parcs à thèmes, fêtes foraines
- Autres activités récréatives et de loisirs
- Exploitations de casinos
- Entretien corporel
- Trains et chemins de fer touristiques
- Transport transmanche
- Transport aérien de passagers
- Transport de passagers sur les fleuves, les canaux, les lacs, location de bateaux de plaisance
- Transports routiers réguliers de voyageurs
- Autre transports routiers de voyageurs
- Transport maritime et côtier de passagers
- Production de films et de programmes pour la télévision
- Production de films institutionnels et publicitaires
- Production de films pour le cinéma
- Activités photographiques
- Enseignement culturel
- Location de courte durée de voitures et de véhicules automobiles légers
- Traducteurs-interprètes
- Prestation/location de chapiteaux, tentes, structures, sonorisation, photographie, lumière et pyrotechnie
- Transports de voyageurs par taxis et véhicules véhicules de tourisme avec chauffeur
- Fabrication de structures métalliques et de parties de structures

- Régie publicitaire de médias
- Accueils collectifs de mineurs en hébergement touristique
- Agences artistiques de cinéma
- Fabrication et distribution de matériels scéniques, audiovisuels et évènementiels
- Exportateurs de films
- Commissaires d'exposition
- Scénographes d'exposition
- Magasins de souvenirs et de piété
- Entreprises de covoiturage
- Entreprises de transport ferroviaire international de voyageurs

Liste S1 bis

- Fabrication de bidons de bière métalliques, tonnelets de bière métalliques, fûts de bière métalliques (ajout du décret du 9 mars 2021)
- Commerce de gros de café, thé, cacao et épices lorsqu'au moins 50 % du chiffre d'affaires est réalisé avec une ou des entreprises du secteur de l'hôtellerie ou de la restauration (ajout du décret du 9 mars 2021)
- Commerce de détail d'articles de sport en magasin spécialisé lorsqu'au moins 50 % du chiffre d'affaires est réalisé dans la vente au détail de skis et de chaussures de ski (ajout du décret du 8 février 2021)
- Fabrication de matériel de levage et de manutention lorsqu'au moins 50 % du chiffre d'affaires est réalisé avec une personne morale qui exploite des remontées mécaniques (ajout du décret du 8 février 2021)
- Fabrication de charpentes et autres menuiseries lorsqu'au moins 50 % du chiffre d'affaires est réalisé avec une personne morale qui exploite des remontées mécaniques (ajout du décret du 8 février 2021)
- Services d'architecture lorsqu'au moins 50 % du chiffre d'affaires est réalisé avec une personne morale qui exploite des remontées mécaniques (ajout du décret du 8 février 2021)

- Activités d'ingénierie lorsqu'au moins 50 % du chiffre d'affaires est réalisé avec une personne morale qui exploite des remontées mécaniques (ajout du décret du 8 février 2021)
- Fabrication d'autres articles en caoutchouc lorsqu'au moins 50 % du chiffre d'affaires est réalisé avec une personne morale qui exploite des remontées mécaniques (ajout du décret du 8 février 2021)
- Réparation de machines et équipements mécaniques lorsqu'au moins 50 % du chiffre d'affaires est réalisé avec une personne morale qui exploite des remontées mécaniques (ajout du décret du 8 février 2021)
- Fabrication d'autres machines d'usage général lorsqu'au moins 50 % du chiffre d'affaires est réalisé avec une personne morale qui exploite des remontées mécaniques (ajout du décret du 8 février 2021)
- Installation de machines et équipements mécaniques lorsqu'au moins 50 % du chiffre d'affaires est réalisé avec une personne morale qui exploite des remontées mécaniques (ajout du décret du 8 février 2021)
- Pêche en mer
- Pêche en eau douce
- Aquaculture en mer
- Aquaculture en eau douce
- Fabrication de bière
- Production de fromages sous appellation d'origine protégée ou indication géographique protégée
- Fabrication de malt
- Centrales d'achat alimentaires
- Autres intermédiaires du commerce en denrées et boissons
- Commerce de gros de fruits et légumes
- Herboristerie/ horticulture/ commerce de gros de fleurs et plans
- Commerce de gros de produits laitiers, œufs, huiles et matières grasses comestibles
- Commerce de gros de boissons
- Mareyage et commerce de gros de poissons, coquillages, crustacés

- Commerce de gros alimentaire spécialisé divers
- Commerce de gros de produits surgelés
- Commerce de gros alimentaire
- Commerce de gros non spécialisé
- Commerce de gros de textiles
- Intermédiaires spécialisés dans le commerce d'autres produits spécifiques
- Commerce de gros d'habillement et de chaussures
- Commerce de gros d'autres biens domestiques
- Commerce de gros de vaisselle, verrerie et produits d'entretien
- Commerce de gros de fournitures et équipements divers pour le commerce et les services
- Commerce de détail en magasin situé dans une zone touristique internationale mentionnée à l'article L. 3132-24 du code du travail, à l'exception du commerce alimentaire ou à prédominance alimentaire (hors commerce de boissons en magasin spécialisé), du commerce d'automobiles, de motocyles, de carburants, de charbons et combustibles, d'équipements du foyer, d'articles médicaux et orthopédiques et de fleurs, plantes, graines, engrais, animaux de compagnie et aliments pour ces animaux
- Blanchisserie-teinturerie de gros
- Stations-service
- Enregistrement sonore et édition musicale
- Éditeurs de livre
- Services auxiliaires des transports aériens
- Services auxiliaires de transport par eau
- Boutique des galeries marchandes et des aéroports
- Autres métiers d'art
- Paris sportifs
- Activités liées à la production de matrices sonores originales, sur bandes, cassettes, CD, la mise à disposition des enregistrements, leur promotion et leur distribution

- Tourisme de savoir-faire : entreprises réalisant des ventes directement sur leur site de production aux visiteurs et qui ont obtenu le label : "entreprise du patrimoine vivant" ou qui sont titulaires de la marque d'État "Qualité TourismeTM" au titre de la visite d'entreprise ou qui utilisent des savoir-faire inscrits sur la liste représentative du patrimoine culturel immatériel de l'humanité dans la catégorie des « savoir-faire liés à l'artisanat traditionnel »
- Activités de sécurité privée
- Nettoyage courant des bâtiments
- Autres activités de nettoyage des bâtiments et nettoyage industriel
- Fabrication de foie gras
- Préparation à caractère artisanal de produits de charcuterie
- Pâtisserie
- Commerce de détail de viandes et de produits à base de viande en magasin spécialisé
- Commerce de détail de viande, produits à base de viandes sur éventaires et marchés
- Fabrication de vêtements de travail
- Reproduction d'enregistrements
- Fabrication de verre creux
- Fabrication d'articles céramiques à usage domestique ou ornemental
- Fabrication de coutellerie
- Fabrication d'articles métalliques ménagers
- Fabrication d'appareils ménagers non électriques
- Fabrication d'appareils d'éclairage électrique
- Travaux d'installation électrique dans tous locaux
- Aménagement de lieux de vente
- Commerce de détail de fleurs, en pot ou coupées, de compositions florales, de plantes et de graines
- Commerce de détail de livres sur éventaires et marchés
- Courtier en assurance voyage
- Location et exploitation d'immeubles non résidentiels de réception

- Conseil en relations publiques et communication
- Activités des agences de publicité
- Activités spécialisées de design
- Activités spécialisées, scientifiques et techniques diverses
- Services administratifs d'assistance à la demande de visas
- Autre création artistique
- Blanchisserie-teinturerie de détail
- Construction de maisons mobiles pour les terrains de camping
- Fabrication de vêtements de cérémonie, d'accessoires de ganterie et de chapellerie et de costumes pour les grands évènements
- Vente par automate
- Commerce de gros de viandes et de produits à base de viande
- Garde d'animaux de compagnie avec ou sans hébergement
- Fabrication de dentelle et broderie
- Couturiers
- Ecoles de français langue étrangère
- Commerces des vêtements de cérémonie, d'accessoires de ganterie et de chapellerie et de costumes pour les grands évènements
- Articles pour fêtes et divertissements, panoplies et déguisements
- Commerces de gros de vêtements de travail
- Antiquaires
- Equipementiers de salles de projection cinématographiques
- Editions et diffusion de programmes radios à audience locale, éditions de chaînes de télévision à audience locale
- Correspondants locaux de presse
- Fabrication de skis, fixations et bâtons pour skis, chaussures de ski
- Réparation de chaussures et d'articles en cuir
- Entreprises artisanales et commerçants (ajout du décret du 8 février 2021) réalisant au moins 50 % de leur chiffre d'affaires par la vente de leurs produits ou services sur les foires et salons

- Métiers graphiques, métiers d'édition spécifique, de communication et de conception de stands et d'espaces éphémères réalisant au moins 50 % de leur chiffre d'affaires avec une ou des entreprises du secteur de l'organisation de foires, d'évènements publics ou privés, de salons ou séminaires professionnels ou de congrès
- Prestation de services spécialisés dans l'aménagement et l'agencement des stands et lieux lorsque au moins 50 % du chiffre d'affaires est réalisé avec une ou des entreprises du secteur de la production de spectacles, l'organisation de foires, d'évènements publics ou privés, de salons ou séminaires professionnels ou de congrès
- Activités immobilières, lorsque au moins 50 % du chiffre d'affaires est réalisé avec une ou des entreprises du secteur de l'organisation de foires, d'évènements publics ou privés, de salons ou séminaires professionnels ou de congrès.
- Entreprises de transport réalisant au moins 50 % de leur chiffre d'affaires avec une ou des entreprises du secteur de l'organisation de foires, d'évènements publics ou privés, de salons ou séminaires professionnels ou de congrès
- Entreprises du numérique réalisant au moins 50 % de leur chiffre d'affaires avec une ou des entreprises du secteur de l'organisation de foires, d'évènements publics ou privés, de salons ou séminaires professionnels ou de congrès
- Fabrication de linge de lit et de table lorsque au moins 50 % du chiffre d'affaires est réalisé avec une ou des entreprises du secteur de l'hôtellerie et de la restauration
- Fabrication de produits alimentaires lorsque au moins 50 % du chiffre d'affaires est réalisé avec une ou des entreprises du secteur de la restauration
- Fabrication d'équipements de cuisines lorsque au moins 50 % du chiffre d'affaires est réalisé avec une ou des entreprises du secteur de la restauration
- Installation et maintenance de cuisines lorsque au moins 50 % du chiffre d'affaires est réalisé avec une ou des entreprises du secteur de la restauration
- Élevage de pintades, de canards et d'autres oiseaux (hors volaille) lorsque au moins 50 % du chiffre d'affaires est réalisé avec une ou des entreprises du secteur de la restauration
- Prestations d'accueil lorsqu'au moins 50 % du chiffre d'affaires est réalisé avec une ou des entreprises du secteur de l'événementiel

- Prestataires d'organisation de mariage lorsqu'au moins 50 % du chiffre d'affaires est réalisé avec une ou des entreprises du secteur de l'événementiel ou de la restauration
- Location de vaisselle lorsqu'au moins 50 % du chiffre d'affaire est réalisé avec une ou des entreprises du secteur de l'organisation de foires, d'évènements publics ou privés, de salons ou séminaires professionnels ou de congrès
- Fabrication des nappes et serviettes de fibres de cellulose lorsqu'au moins 50 % du chiffre d'affaire est réalisé avec une ou des entreprises du secteur de la restauration
- Collecte des déchets non dangereux lorsqu'au moins 50 % du chiffre d'affaires est réalisé avec une ou des entreprises du secteur de la restauration
- Exploitations agricoles des filières dites festives lorsqu'au moins 50 % du chiffre d'affaires est réalisé avec une ou des entreprises du secteur de la restauration ou de la chasse (seule modification de la liste S1 bis par le décret du 28 janvier 2021)
- Entreprises de transformation et conservation de poisson, de crustacés et de mollusques des filières dites festives lorsqu'au moins 50 % du chiffre d'affaires est réalisé avec une ou des entreprises du secteur de la restauration
- Activités des agences de presse lorsqu'au moins 50 % du chiffre d'affaires est réalisé avec une ou des entreprises du secteur de l'événementiel, du tourisme, du sport ou de la culture
- Edition de journaux, éditions de revues et périodiques lorsqu'au moins 50 % du chiffre d'affaires est réalisé avec une ou des entreprises du secteur de l'évènementiel, du tourisme, du sport ou de la culture
- Entreprises de conseil spécialisées lorsqu'au moins 50 % du chiffre d'affaires est réalisé avec une ou des entreprises du secteur de l'évènementiel, du tourisme, du sport ou de la culture
- Commerce de gros (commerce interentreprises) de matériel électrique lorsqu'au moins 50 % du chiffre d'affaires est réalisé avec une ou des entreprises du secteur du secteur de l'évènementiel, du tourisme, du sport ou de la culture
- Activités des agents et courtiers d'assurance lorsqu'au moins 50 % du chiffre d'affaires est réalisé avec une ou des entreprises du secteur de l'évènementiel, du tourisme, du sport ou de la culture

- Conseils pour les affaires et autres conseils de gestion lorsqu'au moins 50 % du chiffre d'affaires est réalisé avec une ou des entreprises du secteur de l'évènementiel, du tourisme, du sport ou de la culture
- Etudes de marchés et sondages lorsqu'au moins 50 % du chiffre d'affaires est réalisé avec une ou des entreprises de l'évènementiel, du tourisme, du sport ou de la culture
- Activités des agences de placement de main-d'œuvre lorsqu'au moins 50 % du chiffre d'affaires est réalisé avec une ou des entreprises du secteur de l'événementiel, de l'hôtellerie ou de la restauration
- Activités des agences de travail temporaire lorsqu'au moins 50 % du chiffre d'affaires est réalisé avec une ou des entreprises du secteur de l'événementiel, de l'hôtellerie ou de la restauration
- Autres mises à disposition de ressources humaines lorsqu'au moins 50 % du chiffre d'affaires est réalisé avec une ou des entreprises du secteur de l'événementiel, de l'hôtellerie ou de la restauration
- Fabrication de meubles de bureau et de magasin lorsqu'au moins 50 % du chiffre d'affaires est réalisé avec une ou des entreprises du secteur de l'hôtellerie ou de la restauration

CHAPITRE 3

Les aides financières directes des collectivités locales

En complément aux aides de l'Etat, les collectivités locales (régions et départements) ont participé, également à leur niveau sous des formes diverses et budgets divers à l'aide aux entreprises impactées par la crise sanitaire. La liste des principaux dispositifs mis en place est présentée ci-après, par ordre alphabétique des régions. Elle n'est pas forcément exhaustive et elle évolue dans le temps, le mieux étant, à un moment donné, de se reporter aux sites en ligne de ces collectivités.

AUVERGNE RHONE ALPES

- financer mon investissement commerce et artisanat

Il s'agit d'une subvention pouvant aller jusqu'à 5 000 euros pour aider à financer les investissements liés à l'installation ou à la rénovation d'un local

•dont le chiffre d'affaires n'excède pas 1 M€ et avec une surface du point de vente inférieure à 700 m²,

•en phase de création, de reprise ou de développement,

•indépendantes ou franchisées et artisanales ou commerciales, les entreprises de métiers d'art reconnues par l'arrêté du 24 Décembre 2015 fixant la liste des métiers d'art et les entreprises de restauration de monuments historiques ayant l'agrément Monuments Historiques (MH) ou la possession des certifications Qualibat correspondant à la restauration de Monuments Historiques (appréciation au cas par cas).

Le projet doit concerner des investissements de rénovation des locaux, d'équipements destinés à assurer la sécurité du local, d'investissements matériels neufs ou d'occasion (sous les réserves d'un acte authentifiant la vente, qu'ils soient sous garantie du vendeur et que le vendeur atteste par écrit que le matériel n'a jamais été subventionné).

Les secteurs géographiques éligibles :

• sur le type de communes, hors Métropoles, toutes les communes, notamment pour le maintien d'une offre de premier niveau commercial et au sein des Métropoles, uniquement les communes de moins de 2 000 habitants et les quartiers politiques de la ville,

• sur le territoire des communes, prioritairement, les centres villes, bourgs centres,

• sont exclues les galeries commerciales dans le cadre ou accolées à une grande et moyenne surface (GMS) sauf dans les quartiers politique de la ville et les zones industrielles, commerciales et artisanales de périphérie pour toutes les communes au sein des Métropoles et pour les communes de plus de 5 000 habitants sur les autres territoires.

L'aide régionale doit être cumulée avec un cofinancement de l'établissement public de coopération intercommunale (EPCI) ou de la commune sur le territoire de laquelle l'entreprise est implantée (au minimum 10 % des dépenses éligibles). Cette contrepartie pourra également être apportée par le FEADER pour les territoires LEADER.

Pour les Points relais La Poste, sont éligibles les entreprises labellisées Point relais La Poste, en zone rurale (moins de 2 000 habitants) et dans les quartiers politique de la ville, et qui font l'objet d'un conventionnement avec le Groupe La Poste, au titre de sa mission d'aménagement du territoire. Le cofinancement local n'est pas obligatoire.

- ***Fonds région unis***

La Région Auvergne-Rhône-Alpes, la Banque des Territoires et les collectivités locales ont lancé le Fonds Région Unie - Microentreprises & Associations - afin d'aider les auto et micro entrepreneurs, associations, entrepreneurs individuels, et entreprises jusqu'à neuf salariés dans leur besoin de trésorerie.

Cette aide consiste en l'octroi d'une avance remboursable à destination des :

- entreprises individuelles (EI) ou en société (SA, SARL, SAS, SASU)
- entreprises de 0 à 20 salariés inclus, à titre exceptionnel jusqu'à 50 salariés
- dont l'établissement est implanté en Nord Isère
- sans restriction sur l'activité (y compris les professions libérales réglementées)
- à jour de leurs cotisations sociales et fiscales au 1er mars 2020, sous réserve des reports de charges sollicités pour la période de crise en cours

Cette aide est mise en oeuvre par les réseaux suivants, mandatés par la Région:

- ADIE Auvergne-Rhône-Alpes
- Initiative Auvergne-Rhône-Alpes
- France Active Auvergne-Rhône-Alpes
- Réseau Entreprendre
- URSCOP

L'aide présente les caractéristiques suivantes :

- avance entre 3 000 € et 30 000 €, remboursable sur 5 ans dont 2 ans en différé

- pas de garantie ou de cofinancement exigés

- objectif : financer le besoin de trésorerie et le plan de relance de l'entreprise (besoin en fonds de roulement). Sont exclues les dépenses suivantes : investissements matériels et immobiliers, acquisition de titres ou de fonds de commerce et toute autre dépense de type frais de fonctionnement

- non cumulable avec un prêt Région Auvergne-Rhône-Alpes

- Objectif : financer le besoin de trésorerie et le plan de relance de l'entreprise (besoin en fonds de roulement)

- Durée de 5 ans dont 2 ans en différé

Sont exclues : les sociétés civiles immobilières, les entreprises en difficulté au sens de la règlementation européenne, les structures dites para-administratives ou paramunicipales, les structures représentant un secteur professionnel (ex : les syndicats et groupements professionnels).

- *commerce et artisanat – aide aux activités non sédentaires*

La Région Auvergne-Rhône-Alpes soutient les petites entreprises, ainsi que les agriculteurs/viticulteurs/éleveurs ayant une activité non-sédentaire/ambulante, prioritairement sur les marchés.

Cette aide a pour objectif de financer les équipements liés à l'installation ou au développement du point de vent dans un contexte de crise sanitaire.

Conditions d'attributions :

Cette aide bénéficie aux micro-entreprises/TPE (Très Petite Entreprise) : cette taille s'apprécie au niveau consolidé lorsque des liens existent avec d'autres sociétés. La période de référence est constituée des 2 derniers exercices clos. L'entreprise doit :

- avoir un effectif inférieur à 10 salariés,
- avoir un chiffre d'affaires annuel ou total du bilan < 1 M€,
- être en phase de création, de reprise ou de développement,
- être indépendante (y compris franchisée),
- être inscrite au Registre du Commerce et des Sociétés (RCS) ou au Répertoire des Métiers (RM), ou relevant de la liste des entreprises de métiers d'art reconnues par l'arrêté du 24 décembre 2015 ou les agriculteurs individuels, ayant le statut d'agriculteur à la MSA, en l'absence d'enregistrement au RCS,
- être à jour de ses cotisations sociales et fiscales,
- avoir un chiffre d'affaires constaté lors du dernier exercice clos supérieur ou égal à 8 000 €. Pour les entreprises n'ayant pas encore clos d'exercice, le chiffre d'affaires mensuel moyen sur la période comprise entre la date de création de l'entreprise et la date de la demande devra être supérieur ou égal à 667 € constaté ou prévisionnel.

Critères d'éligibilité :

Sont éligibles les commerçants non sédentaires, y compris les agriculteurs à titre principal ou secondaire, éleveurs et viticulteurs qui réalisent de la vente aux particuliers, dont l'activité s'exerce principalement sur les marchés du territoire Auvergne-Rhône-Alpes. Ces activités pourront être :

- les commerces alimentaires spécialisés (boulangeries-pâtisseries, boucheries, charcuteries, poissonneries...),
- les alimentations générales, les traiteurs,
- les points de vente de boissons et de restauration,
- les commerces de détail,
- les soins de beauté,
- la restauration (dont Food trucks),
- les artisans d'art.

Pour quel projet ?

Le projet concerne des investissements matériels neufs ou d'occasion (sous les réserves d'un acte authentifiant la vente, qu'ils soient sous garantie du vendeur et que le vendeur atteste par écrit que le matériel n'a jamais été subventionné.).

Dépenses éligibles :

Sont retenues les dépenses engagées à compter du 1er janvier 2020 sur la base de factures et/ou de devis pour :

- le matériel lié au point de vente ambulant : véhicules (camions, véhicules utilitaires, véhicules réfrigérés, remorques aménagées),
- le matériel et mobilier forain d'étal,
- les matériels professionnels spécifiques : matériel de pesage, caisses enregistreuses, parasols, barnums, enseignes, équipements informatiques directement liés à l'activité commerciale.

Quelles sont les particularités ?

Sont exclues de l'aide :

- les entreprises relevant du secteur de l'Économie Sociale et Solidaire (ESS) qui n'entrent pas dans le secteur marchand,
- les succursales dépendant juridiquement d'une grande enseigne ou d'une entreprise dépassant les seuils fixés ci-dessus.

Sont exclus, les projets pour lesquels une réponse existe dans une politique régionale sectorielle. Ils sont prioritairement orientés vers cette politique.

Ne sont pas éligibles les dépenses suivantes :

- l'acquisition de fonds de commerce, de locaux, de terrains,
- en cas de reprise d'entreprise, le rachat du mobilier, de l'enseigne. Seuls sont éligibles les nouveaux investissements,
- les coûts de main d'œuvre relatifs aux travaux réalisés par l'entreprise pour elle-même,

- la constitution du stock,
- les consommables,
- les supports et les prestations intellectuelles de communication (plaquettes flyers, cartes de visite etc.).

Montant de l'aide :

La Région Auvergne-Rhône-Alpes prend en charge une partie des coûts liés aux investissements. L'aide prend la forme d'une subvention plafonnée à 10 000 € sur présentation des factures et/ou devis.

Le taux de financement est de 25% des dépenses éligibles qui doivent être comprises entre 2 000 et 40 000 € HT.

Une même entreprise ne pourra bénéficier qu'une seule fois du dispositif sur une période de 3 ans, à moins qu'il s'agisse d'un projet concernant de nouvelles activités.

- *prêt aux commerçants et artisans*

La région peut apporter une aide par le biais d'un prêt à taux de 0 % à accorder par la Banque Populaire Auvergne-Rhône-Alpes. Son montant varie de 3 000 à 20 000 euros et représente 20 % des financements bancaires débloqués. Il est d'une durée de 5 ans avec un différé possible de un an en franchise de capital.

Son objet concerne les opérations de création, reprise et développement (matériel, immatériel, commercial, process).

Il est distribué par la Banque Populaire Auvergne-Rhône-Alpes et les 80 % restant en prêt complémentaire à taux fixe possible par tout autre établissement bancaire.

La garantie est apportée par la Région et la société de caution mutuelle de la Banque Populaire, à raison de 50 % chacun. Il n'y a pas de frais de dossier.

- *commerce et artisanat : aide retrait en magasin (Clik et Collect) et vente à distance (région Rhône Alpes)*

Le dispositif vise surtout à soutenir les petites entreprises dans l'acquisition de matériel pour la mise en place de la vente à distance (click & collect).

Les investissements concernés :

- Aménagements intérieurs et extérieurs : vitrine, comptoir, etc. ;
- Equipements en matériels professionnels spécifiques, mobilier, équipements informatiques, véhicules utilitaires de livraison, matériels de conditionnement/emballage/transport etc. ;
- Fournitures nécessaires et de type « consigne », etc.

Les dépenses retenues seront celles engagées à compter du 1er janvier 2020 sur la base de factures et/ou de devis.

Ne sont pas éligibles :

- Dépenses de digitalisation (sites internet pour la commande, système de paiement en ligne, etc.);
- Acquisition de fonds de commerce, de locaux, de terrains;
- En cas de reprise d'entreprise, rachat du mobilier, de l'enseigne ;
- Coûts de main d'œuvre relatifs aux travaux réalisés par l'entreprise pour elle-même ;
- Constitution du stock ;
- Consommables ;
- Supports et les prestations intellectuelles de communication (plaquettes flyers, cartes de visite etc.).

Peuvent en bénéficier les commerçants, y compris les agriculteurs, éleveurs et viticulteurs qui réalisent de la vente aux particuliers ainsi que les artisans avec point de vente :

- ayant un effectif inférieur à 10 salariés ;
- en phase de création, de reprise ou de développement ;

- dispositif « mon commerce en ligne » (région Rhône Alpes)

Il s'agit par ce dispositif de favoriser le développement de la vente en ligne et de la présence sur le web des artisans et des commerçants.

Sont concernées les opérations de

- Création, refonte ou optimisation d'un site internet ou d'un site e-commerce ;

- Optimisation de la présence web :

- achat de nom de domaine,
- frais d'hébergement,
- frais de référencement,
- géolocalisation de l'entreprise,
- abonnement à un logiciel de création de site en SaaS,
- accès à une market place,
- solutions de click and collect, et de paiement en ligne,
- publicité et solutions digitales pour booster les ventes,
- solutions de fidélisation,
- frais de formation.

Peuvent en bénéficier les commerçants de proximité, artisans indépendants, avec ou sans point de vente, sédentaires ou non (hors franchise) :

- ayant leur siège social en Auvergne-Rhône-Alpes ;
- avec un effectif de moins de 10 salariés ;
- à jour de leurs cotisations sociales et fiscales au 1er mars 2020.

Le montant est attribué

- Jusqu'à 500 € de dépenses éligibles : prise en charge à 100 % ;
- Au-delà de 500 € de dépenses éligibles : prise en charge à 50 % des dépenses jusqu'à une aide maximum de 1 500 €.

La subvention sera versée sur dépôt d'un dossier en ligne pour toutes dépenses éligibles avec un effet rétroactif au 1er janvier 2020.

- soutien région performance globale – soutien en cas de difficulté

L'objectif est d'accompagner exclusivement les entreprises prioritairement à enjeux, rencontrant des difficultés ponctuelles et/ou accidentelles mais présentant des perspectives de croissance et de marché avérées (sinistre, évènement géopolitique (Brexit), modifications législatives ou règlementaires impactant l'activité ...

Opérations éligibles :

Soutien à la trésorerie et/ou accompagnement dans la phase d'investissement.

Bénéficiaires :

Entreprises qui connaissent des difficultés mais qui ne sont pas qualifiées d'entreprises en difficulté au sens où l'entend l'Union Européenne et entreprises qualifiées d'entreprises en difficulté au sens de l'Union Européenne, implantées en Auvergne-Rhône-Alpes (hors sinistre) :

- existant depuis au moins 3 ans (hors entreprises ayant subi un sinistre) ;

- entreprises confrontées à des difficultés ponctuelles liées à un sinistre (incendie, inondation, etc.) ou des difficultés par rapport à un élément financier brutal impactant la santé financière de l'entreprise : décision géopolitique (Brexit...), modifications législatives ou règlementaires impactant l'activité de l'entreprise, décalage dans l'industrialisation/commercialisation ne permettant pas le bouclage financier, difficultés générées directement par une crise sanitaire (type COVID-19) ou qui se sont accentuées avec cette dernière ;

- ayant passé le cap des mesures d'urgence et qui renouent avec une dynamique de développement ;

- présentant des perspectives de croissance et de marchés avérées malgré les difficultés -ponctuelles- rencontrées ;

•ayant prioritairement un poids économique significatif au sein d'une filière et/ou présentant un savoir-faire spécifique sur le plan régional qui serait menacé si l'entreprise venait à disparaître au regard du poids économique de l'entreprise au sein d'une filière (entreprise à enjeu,DOMEX) et/ou si les intérêts économiques et sociaux d'un bassin/territoire (perte importante d'emplois) sont mis en péril.

Activités prioritaires :

•activités de production industrielle ;

•activités de services à l'industrie.

Ne sont pas éligibles :

•entreprises rencontrant des difficultés de nature structurelle : mutations non anticipées, manque de compétitivité, passif fiscal et social important, défaillance de gestion, mauvais positionnement stratégique ;

•entreprises en procédure collective (redressement judiciaire et liquidation judiciaire) ;

•activités extractives ;

•centres de formation ;

•services juridiques, financiers, bancaires, d'assurances ;

•activités commerciales (de détails et de gros) ;

•sidérurgie et fibres synthétiques (au sens de l'Union européenne) ;

•charbon ;

•construction navale ;

•hébergement et restauration ;

•transport (hors activité logistique) ;

• data centers ;

• d'une manière générale, l'ensemble des activités exclues par le régime d'aides d'Etat.

Montant :

En fonction des besoins de l'entreprise et de la qualification des difficultés dans le cadre de l'instruction, l'intervention de la Région prendra la forme :

– d'une subvention à l'investissement :

• pour les sinistres (50 % maximum du reste à charge) ;

• pour de nouveaux investissements (en principe 10 % maximum ETI et Grande Entreprise et 20 % maximum PME) ;

• pour les entreprises ayant subi une importante perte de chiffre d'affaire due à la crise sanitaire type COVID, sur le montant du capital restant à rembourser sur les emprunts d'investissement. L'aide ne pourra cependant pas dépasser le montant réel de perte de Chiffre d'affaires ;

– d'un prêt à l'investissement (25 % maximum des nouveaux investissements) ou à la trésorerie (en fonction des fonds propres, concours bancaires et mesures prises) ;

– d'une garantie d'un prêt/avance remboursable portant au maximum sur 50 % du montant du prêt.

Ce dispositif est accordé dans le respect du régime européen d'exemption par catégorie « de minimis » qui limite à 200 000 € sur 3 exercices consécutifs le montant total d'aides publiques accordé par entreprise.

Conditions :

Cette aide ne sera en principe mise en place qu'après réalisation d'un diagnostic/état des lieux préalable pouvant être réalisé par l'Agence Auvergne-Rhône-Alpes Entreprises, complété, le cas échéant, par un audit externe plus poussé afin de qualifier la nature des difficultés rencontrées et les mesures envisagées pour y remédier.

- aide aux taxis pour le transport des personnes âgées pour la vaccination

Ce dispositif, mis en place dans le cadre de la crise sanitaire, permet aux taxis d'obtenir la prise en charge des contremarques remises par les personnes âgées de plus de 75 ans qu'ils ont transporté jusqu'aux centres de vaccination.

Conditions d'attributions :

Peuvent bénéficier de cette aide, tous les taxis quel que soit leur domiciliation disposant d'une carte professionnelle et des contremarques remises par les personnes âgées.

Les personnes âgées doivent être transportées jusqu'aux centres de vaccination.

Montant de l'aide :

Pour chaque contremarque déposée, la prise en charge par la Région couvre 50% des frais de taxis à hauteur d'un montant plafond de 50 € par aller-retour entre le domicile de la personne et le centre de vaccination.

- fonds renaissance

Ce dispositif intervient en complément des autres dispositifs opérés par l'Etat .

En proposant la mise en place du fonds régional Renaissance, la Région en partenariat avec la Banque des territoires et les intercommunalités volontaires, vise à rebooster "l'économie du quotidien et de la proximité", c'est-à-dire les entreprises locales.

L'objectif du fonds est d'apporter une réponse réactive et efficace aux besoins des entreprises qui ne peuvent être satisfaits par les dispositifs d'ores et déjà en place, en finançant la trésorerie et les investissements requis pour assurer un nouveau démarrage qui devra permettre la prise en compte des enjeux sociaux, notamment en termes de préservation des emplois pour les salariés.

Complémentaire au fond national de solidarité, mais aussi à l'ensemble des autres mesures d'ores et déjà mises en œuvre par l'Etat et la Région en cette période de crise, le fonds Renaissance doit permettre à toutes les petites entreprises régionales de moins de 20 salariés, de tous type d'activité, d'affronter le plus efficacement possible cette situation exceptionnelle non sans conséquences sur leur trésorerie et les emplois.

Par le biais de ce fonds, une aide additionnelle pourra également être portée par la Région et la Banque des Territoires aux entreprises qui choisiront d'accélérer leur transition écologique et contribueront ainsi aux objectifs de la COP régionale.

- pays de la Loire Redéploiement

L'objectif est de faciliter l'accès au financement en partageant le risque avec les banques, de préserver l'outil industriel, des compétences et des emplois de demain. Il prend la forme d'un prêt de trésorerie sur mesure, non affecté et sans aucune garantie, réaménageable en cas de besoin, visant la préservation (pour son volet défensif) ou le développement (pour son volet offensif) de l'outil industriel, des compétences et des emplois.

Ce dispositif peut notamment permettre d'accompagner le développement et/ou la croissance externe, faciliter une reprise ou une transmission de PMI familiale, mieux traverser les difficultés conjoncturelles et rebondir.

Ce produit s'adresse aux entreprises ligériennes de toutes tailles (sous réserve des dispositions de la réglementation en vigueur), des secteurs suivants : industrie, artisanat de production, services qualifiés à l'industrie, les entreprises du secteur du tourisme.

Dans le contexte de la grave crise actuelle, ce prêt a la caractéristique de pouvoir, sous réserve de la réglementation applicable, être très patient et différé - jusqu'à 10 ans de maturité et 4 ans de différé. Il s'agit d'une solution d'attente, face aux incertitudes qui pèsent sur les marchés, et non dilutive, dans une contexte de moindre valorisation des entreprises (quasi-fonds propres).

BOURGOGNE FRANCHE COMTE

- *<u>avance remboursable rebond tourisme</u>*

Ce dispositif vise à consolider la trésorerie des entreprises impactées par la crise Covid en contrepartie d'un programme de restructuration de la dette mise en œuvre par la ou les banques. Il concerne les entreprise (PME) localisées en Bourgogne-Franche-Comté et relevant du secteur du tourisme.

Il s'agit d'une aide financière pour accompagner le rebond d'activité et se présente sous la forme d'une avance remboursable à taux zéro, comprise entre 15 000 € et 200 000 €, d'une durée de 7 ans dont 24 mois de différé. Ce dispositif est mobilisable jusqu'au 31 décembre 2021.

- *<u>avance remboursable consolidation de la trésorerie des TPE</u>*

Pour soutenir les petites entreprises rencontrant des difficultés conjoncturelles, la Région, avec le soutien financier de la Banque des Territoires et des EPCI, a souhaité accompagner la reprise post crise, pour permettre aux TPE (commerces, artisanat et services) touchées par la crise du Covid-19 de renforcer leur structure financière et de faciliter l'accès à des financements bancaires.

Elle concerne :

- les entreprises impactées par la propagation du Covid-19 souhaitant consolider leur trésorerie et/ou souhaitant mettre en œuvre un projet d'investissement afin de limiter l'impact économique du coronavirus (achat de matériel, changement de filière …).

- dont le siège social se situe en Bourgogne-Franche-Comté,

- de toute forme juridique,

- créées avant le 31 octobre 2020,

- avec un effectif inférieur ou égal à 10 équivalents temps plein, jusqu'à 20 équivalents temps plein de manière exceptionnelle, et réalisant moins de 2M€ de CA,

- autonome au sens de la réglementation européenne.

Sont exclues :

- les structures se trouvant en cessation de paiement, dépôt de bilan ou redressement judiciaire, procédure de sauvegarde, ou rencontrant tout problème juridique mettant en péril leur stabilité financière ;

- les entreprises et affaires personnelles dont le chiffre d'affaires est inférieur à 43 000 € pour les activités commerciales et artisanales, ou inférieur à 17 000 € pour les activités de prestations de service ;

- les structures dites para-administratives ou paramunicipales ;

- les structures représentant un secteur professionnel (ex : les syndicats et groupements professionnels) ;

- les activités essentiellement patrimoniales (marchands de biens, SCI...).

L'avance remboursable se présente comme suit :

- Montant compris entre 3 000 € et 15 000 €.

- Il s'agit d'un prêt à taux zéro, sans garantie ni caution.

- Avance remboursable mensuellement sur une durée de remboursement de 5 ans et pouvant aller jusqu'à 7 ans maximum, dont un différé possible jusqu'à 24 mois maximum après la date de déblocage de l'aide.

- fonds régional des territoires

L'objectif est de soutenir la pérennité et la transition des entreprises de l'économie de proximité impactées par la crise sanitaire, en soutenant les dépenses d'investissement des entreprises.

Ce dispositif est mobilisable jusqu'au 31 décembre 2021

Présentation du dispositif :

La Région met en place, avec tous les Établissements publics de coopération intercommunale (EPCI) et la Banque des Territoires, un Pacte régional pour l'économie de proximité afin d'accompagner la reprise de l'économie de proximité suite à la crise sanitaire du Coronavirus.

Ce pacte se compose de deux volets, le fonds régional d'avance remboursable pour la consolidation de trésorerie des TPE et le fonds régional des territoires.

Cette subvention est valable jusqu'au 31/12/2021.

Conditions d'attributions :

Sont éligibles à ce fonds, les PME au sens communautaire ayant leur siège en Bourgogne-Franche-Comté, et dont l'effectif est compris entre 0 et 10 salariés inclus en Équivalent Temps Plein.

Pour quel projet ?

Ce dispositif vise à soutenir les dépenses d'investissement des entreprises.

Sont éligibles, les projets ayant pour objet de favoriser :

- la pérennité des entreprises de l'économie de proximité sur le territoire,
- la réorganisation suite à la crise des modes de production, d'échanges et des usages numériques,
- la valorisation des productions locales et savoir-faire locaux,
- la construction d'une économie locale durable, résiliente et vertueuse,
- l'adaptation et l'atténuation au changement climatique.

Dépenses concernées :

Ce dispositif concerne les dépenses suivantes :

- investissements matériels immobilisables, immatériels,
- charge des remboursements d'emprunt liés à des investissements, pour la partie en capital.

Quelles sont les particularités ?

Sont exclues les SCI, les entreprises en cours de liquidation, les professions libérales dites réglementées et les entreprises industrielles.

Sont inéligibles, les aides à l'immobilier d'entreprise. Elles sont de la compétence exclusive du bloc communal et pourront être complétées le cas échéant par les dispositifs régionaux dédiés en vigueur.

Montant de l'aide :

Cette aide prend la forme d'une subvention dont le montant est plafonné à 10 000 €.

- fonds de relocalisation et de transition vers une économie décarbonnée

Présentation du dispositif :

Le fonds de relocalisation vise à accompagner les entreprises dans le cadre de la relance sur des enjeux de relocalisation offensive et défensive ainsi que le soutien aux projets en lien avec la transition énergétique et écologique (TEE) pour une économie décarbonée.

Ce dispositif a pour objectifs :

- d'accompagner les programmes d'investissement ou de recherche et développement liés à un projet de relocalisation,
- d'accompagner les programmes d'investissement matériel ou de recherche et développement en lien avec des projets de développement de produits pour faire face à la crise de la COVID-19,
- d'accompagner des programmes d'investissement en lien avec la transition énergétique et écologique ; il s'agira d'accompagner les entreprises qui engagent des programmes d'investissements contribuant à une diminution de l'impact environnemental de leur activité.

Ce dispositif est mobilisable jusqu'au 31 décembre 2021 et le projet doit être réalisé avant le 31 décembre 2023.

Conditions d'attributions :

Sont éligibles à ces dispositifs toutes les entreprises dont le projet relève :

- d'un enjeu de relocalisation soit par l'implantation de nouveaux projets industriels sur la Région (relocalisation offensive), soit par le maintien d'un site industriel pour éviter qu'il ne soit menacé en raison notamment de sa vétusté propice à une perte de compétitivité (relocalisation défensive),
- d'un enjeu de transition énergétique et écologique pour accompagner des projets d'investissement propices à une économie décarbonée.

Critères d'éligibilité :

L'entreprise éligible, localisée en Bourgogne-Franche-Comté, doit remplir les conditions suivantes :

- PME, inscrite au Registre du Commerce et des Sociétés (RCS) ou au Répertoire des Métiers (RM) relevant des secteurs industriels, artisanat de production, commerce de gros inter-entreprises, entreprises innovantes

(numérique, informatique...), prestations de services techniques à l'industrie (cabinets d'étude et d'ingénierie), logistique, structures exerçant une activité contribuant au rayonnement touristique autre que l'hébergement, structures relevant de l'Économie Sociale et Solidaire appartenant à un de ces secteurs d'activités.
- Les ETI et Grandes entreprises relevant des secteurs industriels, commerce de gros inter-entreprises, entreprises innovantes (numérique, informatique...), prestations de services techniques à l'industrie (cabinets d'étude et d'ingénierie), logistique, structures exerçant une activité contribuant au rayonnement touristique autre que l'hébergement.

Pour quel projet ?

Les investissements seront pris en compte selon les conditions suivantes :

- investissement immobilier : prise en compte des dépenses portant sur les bâtiments de production hors foncier ; l'intervention de la Région sera conditionnée à une participation de l'EPCI,
- investissements matériels : prise en compte des dépenses liées à des investissements de process corporels et incorporels à l'exclusion du matériel d'occasion et du matériel roulant,
- investissements en R&D : les dépenses éligibles portent sur l'ensemble des dépenses internes et externes liées directement au programme d'innovation et notamment les études d'opportunité et de faisabilité, les études et conception du projet, réalisation et mise au point de prototypes, pilotes ou démonstrateurs,
- investissements liés à la transition énergétique et écologique (TEE) : l'aide de la Région porte sur des investissements qui permettent d'améliorer l'efficacité énergétique et/ou qui contribuent à réduire l'impact environnemental. L'assiette de l'aide régionale sera calculée sur la base du différentiel entre une solution standard ou répondant à la norme en vigueur et une solution plus efficace en matière d'impact énergétique et environnemental. Les investissements pris en compte peuvent porter sur l'amélioration énergétique des bâtiments et des process, sur la réduction

des impacts environnementaux comme la sobriété en consommation d'eau, le traitement des effluents dès lors que les résultats vont au-delà des normes en vigueur mais également sur l'utilisation de systèmes de production d'énergie renouvelable majoritairement valorisée en autoconsommation.

Montant de l'aide :

Cette aide prend différentes formes selon le type de projet engagé :

- une subvention,
- pour la R&D (gestion via le Fonds régional d'innovation opéré par Bpifrance) : subvention, avance récupérable, prêt à taux zéro.

Les montants d'aide attribués sont appréciés selon la typologie et le besoin du projet.

L'intervention de la Région est plafonnée en fonction du régime applicable :

- 10% pour le régime AFR plafonnée à 7,5 M€,
- de 10% à 30% pour le régime PME selon la taille de l'entreprise,
- 800 000 € pour le régime Covid-19 (régime notifié Aide d'Etat SA.56985),
- 80% pour le régime investissement lutte Covid (régime notifié Aide d'Etat SA.57367),
- de 25% à 50% pour le régime R&D (dérogation possible à 70% pour les start-up en phase de faisabilité.

Pour les projets R&D, la durée maximale de l'avance/prêt est de 8 ans dont un différé maximum de 3 ans.

Quelles sont les modalités de versement ?

- une avance de 30% pourra être sollicitée sur demande du bénéficiaire justifiant de l'engagement de l'opération,
- un ou plusieurs acomptes, dont le montant ne peut être inférieur à 20% du montant de l'aide, pourront être versés sur justificatifs au fur et à mesure de

l'avancement de l'opération. Ils sont calculés au prorata des dépenses justifiées et sont plafonnés à 80%.
- le solde sur présentation :
  – d'un état récapitulatif des dépenses réalisées et acquittées et d'un bilan financier signé par une personne compétente,
  – la déclaration d'achèvement de travaux (le cas échéant),
  – une attestation du dirigeant concernant la régularité fiscale, sociale et environnementale de l'entreprise.

- aide exceptionnelle à l'immobilier d'entreprise

L'objectif est d'accompagner la construction, l'acquisition, l'extension, la rénovation de bâtiments, s'inscrivant dans un objectif de transition écologique et énergétique, pour les PME localisées en Bourgogne-Franche-Comté. Elle consiste dans le versement d'une subvention pour investir dans un projet immobilier :

- Taux d'intervention de 10 à 20 % selon la taille de l'entreprise sous forme de subvention (majoration de 10 % en fonction du zonage AFR).

- Subvention minimum de 10 000 €, plafonnée à 50 000 €, bonifiée à 100 000 € pour les projets vertueux.

- L'intervention régionale ne pourra se faire qu'en complément de l'intervention de l'EPCI.

BRETAGNE

- pass commerce et artisanat

Les intercommunalités qui le souhaitent peuvent adapter un dispositif appelé le « pass commerce et artisanat » sur leur territoire grâce à un volet dédié à la digitalisation et numérisation des commerces et de l'artisanat. Elles peuvent en assouplir les modalités pour faciliter l'acquisition de matériels ou l'achat de prestations d'accompagnement ou de formation.

Si l'Intercommunalité le souhaite, le soutien peut atteindre 50% des investissements réalisés et le plancher des dépenses être ramené à 2 000 €

Cette aide vise à soutenir les entreprises commerciales et artisanales indépendantes dans leurs investissements pour se développer et se moderniser avec un volet dédié à la digitalisation (avec un soutien jusqu'à 50% des investissements réalisés et un plancher des dépenses ramené à 2 000 €).

- prêt d'honneur initiative Pays de Morlaix – impulsion

Objectif :

Soutenir les professionnels face à la crise sanitaire et ses conséquences.

Opérations éligibles :
Soutien financier aux entreprises touchées par la crise financière.

Bénéficiaires :

Chefs d'entreprise (micro, TPE), entreprises de l'économie sociale et solidaire, associations avec activité économique, professions libérales :

- de 10 salariés maximum ;
- ayant leur siège social ou leur établissement situé sur le territoire du Pays de Morlaix.

Ne sont pas éligibles :

- sociétés civiles immobilières ;
- établissements de crédit et des sociétés de financement.

Montant :

Prêt d'honneur :

- compris entre 3 000 et 10 000 € ;
- à taux zéro
- avec une durée de remboursement comprise entre 36 et 60 mois ;
- avec possibilité de différé de remboursement ;
- sans garantie ;
- sans contrepartie bancaire.

GRAND EST

- le Fonds d'Action pour la Reprise Economique (FARE) de la Communauté de Communes de Cattenom et environs

Il est conçu essentiellement pour :

- sauvegarder le tissu économique du territoire, et notamment les petites entreprises menacées de faillite ;
- maintenir l'emploi, éviter des licenciements ;
- réduire les effets de la crise et créer un cadre plus favorable pour une reprise d'activité rapide dès la fin des mesures de restrictions d'activité.

Le dispositif est mobilisable jusqu'au 31 décembre 2021.

Il s'agit d'un soutien financier pour les professionnels fortement exposés au risque sanitaire (professions médicales, aide à la personne, service à domicile, etc.). Il concerne les frais supplémentaires liés à l'achat d'équipements et produits de première nécessité pour la protection contre le Covid-19, lorsque ceux-ci ne leur auront pas été fournis gratuitement (masques, gants, gel hydroalcoolique, lingettes désinfectantes, blouses, charlottes, sur-chaussures, etc).

Il est accordé aux seules entreprises et professionnels dont le siège social ou l'établissement principal est situé ou exerce son activité principale sur le territoire de la CCCE, en activité depuis au moins 6 mois et inscrites au Registre du

Commerce et des Sociétés, au Répertoire des Métiers et de l'Artisanat ou au Registre des Actifs Agricoles ;

Il concerne les entreprises (dont microentreprises) de 0 à 50 salariés exerçant dans l'un des secteurs d'activité suivants :

- commerce,
- artisanat,
- industrie,
- profession libérale,
- exploitations agricoles.

Ne sont pas éligibles :

- entreprises exerçant une activité d'hébergement en gîtes ou chambres d'hôtes ou une activité visée à l'article 35 du CGI, notamment intermédiation financière, promotion ou location immobilière, ainsi que leurs intermédiaires ;
- entreprises faisant l'objet d'une procédure de redressement ou de liquidation judiciaire avant la date du 16 mars 2020.

Il concerne par ailleurs les activités contraintes à une fermeture totale ou partielle et ayant subi une baisse du chiffre d'affaires : subvention plafonnée à 3 600 € par entreprise :

- pour toute entreprise/professionnel, une base forfaitaire : 1 600 € ;
- pour toute entreprise comprenant de 1 à 20 salariés : 1 600 € + 200 € / salarié jusqu'au 10ème salarié, la subvention étant plafonnée à 3 600 €.

Il concerne aussi les professionnels fortement exposés au risque sanitaire (professions médicales, aide à la personne, service à domicile, etc.) : aide forfaitaire de 1 000 € destinée à couvrir les frais supplémentaires liés à l'achat d'équipements et produits de première nécessité pour la protection contre le Covid-19.

Pour les entreprises ayant subi une baisse du chiffre d'affaires :

- la totalité de l'aide sera versée en cas de perte équivalent à 50 % du chiffre d'affaires constaté sur la période mars-avril 2020 en comparaison du premier trimestre 2019 ;
- les deux tiers de l'aide seront versés en cas de perte équivalent à 45 % du chiffre d'affaires constaté sur la période mars-avril 2020 en comparaison du premier trimestre 2019 ;
- un tiers de l'aide sera versé en cas de perte équivalent à 40 % du chiffre d'affaires constaté sur la période mars-avril 2020 en comparaison du premier trimestre 2019.

Pour bénéficier du fonds l'entreprise devra :

- avoir été contrainte à une fermeture d'activité totale ou partielle dans le cadre du plan de lutte contre le Covid-19,

- aide communautaire aux entreprises (Communauté de communes de Cattenom et environs)

En vue de favoriser le développement économique, l'emploi et la production de valeur ajoutée sur le territoire communautaire, cette collectivité a décidé d'apporter son concours au programme d'investissement lors des créations, des développements et des transmissions d'entreprises.

- fonds d'intervention pour les services, l'artisanat et le commerce en zone urbaine sensible (FISAC ZUS) de la ville de Reims

L'objectif est de soutenir les investissements des entreprises situées dans les Zones Urbaines Sensibles (ZUS) de la ville de Reims.

- fonds d'aide communautaire aux entreprises dite FACE (Epernay)

Présentation du dispositif :

Epernay Agglo Champagne met en place un dispositif pour financer la trésorerie des entreprises de son territoire pour assurer la continuité de leur activité et favoriser la relance dès qu'elle sera possible.

Epernay Agglo Champagne propose un accompagnement sous-forme d'avance remboursable, à taux 0%, pour renforcer la trésorerie des entrepreneurs, micro-entrepreneurs, et petites entreprises dont l'activité est impactée par la crise sanitaire du COVID19.

Conditions d'attributions :

Ce Fonds d'Aide Communautaire aux Entreprises (FACE) vise à aider des entreprises qui ne pourraient pas bénéficier du soutien de l'État et de la Région ou, le cas échéant, à compléter les aides obtenues.

Sont éligibles les entreprises/activités marchandes, dont le siège social se situe sur le territoire d'Epernay Agglo Champagne, :

- constituées avant le 15 mars 2020, sous statut de micro/auto entrepreneur, d'entreprise individuelle, de société (y compris sociétés coopératives),
- immatriculées sur le territoire d'Epernay Agglo Champagne,
- indépendantes dans la mesure où elles n'ont pas de lien capitalistique direct avec une ou d'autre(s) société(s), sauf si l'effectif total cumulé des différentes structures concernées ne dépasse pas 10 salariés,
- dont une part significative des recettes (perte de 50% ou plus du chiffre d'affaires au cours du mois de mars ou sur les 60 jours précédant le dépôt de la demande) est affectée par des circonstances directement imputables à la crise sanitaire et/ou aux fermetures administratives liées à cette dernière,
- qui ne peuvent par ailleurs pas bénéficier d'un prêt bancaire, ni ne sont éligibles aux mesures d'accompagnement proposées par la Région sous forme de prêt rebond via bpifrance (en raison de leur activité, de leur statut, de leur situation financière et/ou de l'incapacité à obtenir un concours bancaire suffisant au regard de leur besoin de fonds de roulement) ou

encore du fonds résistance, ou dont les besoins en trésorerie ne peuvent pas être couverts en intégralité par l'intervention de Résistance,
- disposant d'un numéro SIRET au moment du dépôt de la demande.

Pour quel projet ?

Les dépenses éligibles sont celles liées au financement ou co-financement du besoin en trésorerie du bénéficiaire, constitué pour assurer des dépenses essentielles au maintien et au redémarrage de l'activité : reconstitution d'un stock, ré-approvisionnement en matière premières/consommables, dettes fournisseurs et sous-traitants, etc.

Ce besoin sera évalué et présenté de façon détaillée et réaliste, par le bénéficiaire sur la base de ses charges courantes de fonctionnement (au plus tôt au 15 mars 2020), déduction faite :

- de tous les postes de dépenses éligibles à des reports ou annulations/exonérations dans le cadre des mesures d'accompagnement prises par l'Etat et les collectivités (masse salariale à travers le recours à l'activité partielle, impôts directs et cotisations sociales éligibles à un report, créances bancaires si possibilité d'étalement, créances émanant de comptables publics, loyers et factures de gaz et électricité si possibilité d'étalement),
- des subventions publiques (exceptionnelles ou non) en instance de versement ou prévues sur le premier semestre 2020,
- des éventuels dons et recettes résiduelles liées à la poursuite de son activité.

Quelles sont les particularités ?

Sont exclus du bénéfice de ce dispositif :

- les sociétés ou activités ayant un objet immobilier, financier, et/ou de gestion de fonds/prise de participation,
- les structures dont l'effectif salarié (hors travailleurs handicapé et salariés en insertion) est supérieur ou égal à 10 équivalents temps plein,

- les micro entreprises et affaires personnelles dont le chiffre d'affaires représente un revenu d'appoint en complément d'une activité salariée.

Montant de l'aide :

Le Fonds d'Aide Communautaire aux Entreprises (FACE) prend la forme d'une avance remboursable à taux 0% jusqu'à 100% maximum du besoin de fonds de roulement (BFR) présenté de façon détaillée au moment de la demande.

Le montant de l'avance remboursable est de maximum 500 000 € par entreprise avec un différé d'un an.

HAUTS DE FRANCE

-fonds régional de premier secours

Objectifs :

- Aider les entreprises confrontées à des difficultés économiques,
- Concourir au redressement des entreprises en difficulté.

Bénéficiaires :

Entreprises de moins de 25 salariés :

- justifiant d'un chiffre d'affaire supérieur à 50 000 €,
- inscrites au RCS (Registre du Commerce et des Sociétés) et Registre des Métiers (RM),
- créées depuis plus de trois ans,
- confrontées à des difficultés économiques ponctuelles.

Forme :

Prêt remboursable sur une durée de 72 mois (dont six mois de différé de remboursement) d'un montant compris entre 5 000 et 50 000 €.

Le taux d'intérêt appliqué est le taux d'intérêt Euribor à trois mois avec un plancher à 0%.

Préalablement à toute demande de Fonds 1er secours, l'entreprise doit rencontrer un représentant du Tribunal de Commerce dont elle dépend.

-Hauts de France – Prévention

Objectifs :

Soutenir les entreprises lorsqu'elles subissent un accident de la vie économique.

Ce dispositif est réalisé en partenariat avec la Chambre de Commerce et d'Industrie de la région Hauts-de-France.

Conditions :

Le dispositif concerne les entreprises inscrites au RCS (Registre du Commerce et des Sociétés) ou pouvant bénéficier de la double inscription RM/RCS, et dont le siège social et l'activité principale se situent dans la région Hauts-de-France. Les conditions suivantes sont en outre exigées :

- Effectif supérieur ou égal à 10 salariés.
- Justifier d'au moins 3 exercices fiscaux, sauf en cas de reprise de fonds de commerce ou de reprise d'actifs à la barre du Tribunal de Commerce.
- Capitaux propres positifs.
- Maximum de 2 exercices déficitaires sur les 3 derniers exercices.
- Dispositif soumis aux règles des aides de minimis.
- A jour des obligations déclaratives et de paiement fiscales et sociales (ou bénéficiant d'un plan de règlement validé par les créanciers publics ou par la Commission des Chefs de Services Financiers – CCSF).

Sous réserve de remplir les critères d'éligibilité ci-dessus, pourront être bénéficiaires :

- les entreprise en procédure amiable sous condition que l'avance remboursable bénéficie du privilège de new money,

- les entreprise en plan de continuation ou plan de sauvegarde qui ont des difficultés à faire financer un projet de développement.

Sont exclues les entreprises :

- considérées comme inéligibles au regard des dispositions prévues dans le régime d'aide de minimis (notamment les entreprises en état de cessation des paiements depuis plus de 45 jours),
- relevant des professions libérales,
- relevant des secteurs « activités financières et immobilières »,
- relevant du secteur primaire agricole (production),
- relevant du secteur primaire de la pêche et de l'aquaculture.

Le fonds Hauts-de-France Prévention prend la forme d'avance remboursable selon les conditions suivantes :

- Montant : 50 000 à 300 000 € par entreprise.
- Durée : 5 ans maximum de remboursement, incluant un différé de remboursement du capital d'1 année.
- Taux : Euribor 3 mois + 150 points de base avec un plancher à 0 % au moment de la demande de l'avance remboursable.
- Conditions de déblocage : obtention d'un cofinancement obligatoire :
  - pour un financement bancaire en bas de bilan, son montant devra être deux fois celui du financement Hauts-de-France Prévention.
  - pour un financement en fonds propres / quasi fonds propres ou apport en capital, son montant devra être équivalent à celui du financement Hauts-de-France Prévention.

- ***dispositif régional d'aide à la création/reprise d'entreprises***

Objectifs :

- Soutenir financièrement les projets de création d'activités économiques à potentiel, génératrices d'emplois,
- Contribuer à la mobilisation de financements complémentaires.

Bénéficiaires :

La Région accompagnera prioritairement les entreprises déposant leur dossier de demande avant la clôture de leur 1er exercice fiscal et répondant aux caractéristiques suivantes :

Sociétés de capitaux (SARL, SA, SAS…) :

- Ayant leur siège social et exerçant une activité dans la Région Hauts de France,
- Dont le dirigeant n'a pas de mandat de gestion dans une autre société commerciale ou association à vocation économique,
- Dont le capital n'est pas détenu à 50% ou plus par une ou plusieurs autres sociétés.

Secteurs d'activités prioritairement retenus :

- Entreprises industrielles (présence d'une chaine de production),
- Entreprises de prestations de services à haute valeur ajoutée,
- Entreprises innovantes ayant le statut de JEI (Jeune Entreprise Innovante) ou étant accompagnée par une structure spécialisée dans l'accompagnement et/ou le financement des entreprises innovantes, suivies dans le cadre de dispositifs spécifiques innovation (BPI innovation, LMI Innovation, Programme Innotech de Réseau Entreprendre, Finovam,…) et les interventions du Fonds Régional Innovation des Incubateurs.

Secteurs exclus :

- Commerce et négoce
- Professions réglementées ou assimilées
- Activités financières et immobilières
- Organismes de formation
- Secteur agricole (production primaire)
- Secteur de la pêche et de l'aquaculture
- Transport routier de marchandises

Dépenses éligibles :

- Le coût des investissements matériels de production, de bureautique et d'informatique (hors financement par crédit-bail et dispositifs assimilés).
- Les dépenses d'aménagement nécessaires à l'installation de matériels de production.
- Le coût des investissements incorporels (hors salaires) : frais de recrutement, prestations externes significatives avec livrables clairs (site internet, dépôts de brevets, prestation de crowdfunding,…).

Seuls les emplois en CDI ETP et les emplois en CDI à temps partiel au moins équivalent à 50% ETP sont retenus.

Nature et montants des aides :

La forme d'intervention privilégiée par la Région est la subvention, fixée à 5 000 € par emploi créé, dans la limite des fonds propres de l'entreprise.et du montant des investissements retenus.

- *aide exceptionnelle à caractère social en faveur des entrepreneurs du département de la Somme*

Cette aide d'urgence individuelle à caractère social contribue à faciliter la reprise d'activité des entrepreneurs locaux et plus largement à la relance de l'activité dans la Somme à la suite des périodes de confinement.

Plus précisément, le Département entend donc, au titre de ses compétences sociales, soutenir les entrepreneurs (travailleur non salarié ou assimilé salarié), dont les activités principales relèvent des métiers de l'artisanat, du commerce, de la restauration ou du champ de l'économie sociale et solidaire.

Cette aide à caractère social d'un montant de 1 000 €, éventuellement cumulable avec le RSA, est octroyée sous conditions de ressources du foyer.

Qui peut en bénéficier?

Les bénéficiaires sont :

- les travailleurs non salariés
- les gérants salariés
- les travailleurs indépendants dont les micro-entrepreneurs lorsque l'activité est exécutée à titre principal

Les bénéficiaires doivent :

- avoir fait l'objet d'une fermeture administrative dans le cadre des mesures de lutte contre l'épidémie de Covid-19
- ou avoir été impactés par la crise sanitaire sans avoir subi directement de fermeture administrative, sous réserve d'avoir subi une perte de revenus d'au moins 30 % (disposition applicable uniquement pour le 3e confinement décidé en mars 2021)
- sont exclus du dispositif les professions libérales réglementées et les activités classées essentielles par le décret n°2020-1310 du 29 octobre 2020

Quels critères d'attribution ?

- Être entrepreneur (travailleur non salarié ou assimilé salarié)
- dont l'activité principale relève du commerce et/ou de l'artisanat, de la restauration, ou du champ de l'économie sociale et solidaire
- exercer son activité dans la Somme
- disposant d'un revenu net d'activité mensuel moyen pendant la période de confinement inférieur ou égal à 1 500 €, consécutif à une perte d'au moins 30% du chiffre d'affaires des mois d'avril 2020 ou novembre/décembre 2020 ou mars 2021 par rapport aux mois d'avril 2019 ou novembre/décembre 2019 ou mars 2019, ou bien par rapport au chiffres d'affaires mensuel moyen sur 2019, ou ayant démarré son activité il y a moins de deux ans.

Le soutien aux restaurateurs ayant été apporté dans le cadre du « fonds d'aide exceptionnel à caractère social en faveur des acteurs du tourisme » lors du premier confinement (dispositif en vigueur jusqu'au 31/12/21), seules les pertes de chiffre d'affaires des 2e et 3e périodes de confinement pourront être étudiées pour les nouvelles demandes déposées par les restaurateurs au titre du soutien aux entrepreneurs samariens.

- dont les revenus du ménage ne dépassent pas les plafonds de ressources ci-dessous (prise en compte du revenu fiscal de référence de toutes les personnes du ménage)

Ménage d'une seule personne : 19 000 €

Famille monoparentale : 26 000 €

Couple sans enfant : 38 000 €

Couple avec un enfant : 44 000 €

Couple avec deux enfants et plus : 50 000 €

Quel montant ?

Aide forfaitaire d'un montant de 1 000 € (trois aides maximum par demandeur, chaque aide est versée en une seule fois).

-*aide à l'embauche du premier collaborateur recruté post-déconfinement (Communauté d'agglomération Amiens et Métropole)*

L'aide à l'embauche pour le premier collaborateur recruté post-déconfinement est une subvention visant la relance de l'emploi dans les entreprises. Elle concerne des collaborateurs embauchés en CDI ou en en CDD de plus de 6 mois ou un temps partiel d'un minimum de 60% d'un temps plein transformé d'un CDD en CDI.

Elle consiste en une subvention de 1500 euros pour ce 1er collaborateur recruté. Pour se faire, l'entreprise doit compter moins de 10 salariés en CDI, son chiffre d'affaires doit être inférieur à 1 million d'euros. En outre l'entreprises doit être implantée sur le territoire d'Amiens Métropole, être inscrite au RCS et/ou RM, appartenant aux secteurs de l'artisanat, du commerce, de la restauration et des services, être une association soumise à la TVA.

Ne sont pas éligibles, les activités de commerce et négoce de gros, les professions réglementées et assimilées, les secteurs marchands compensés par une autorité publique (professions libérales, pharmacies ...), les activités financières et immobilières, les micro-entreprises, les commerces ambulants ou qui interviennent exclusivement à domicile, les organismes de formation, les entreprises des secteurs agricoles (production primaire), de la pêche et de l'aquaculture, le transport routier de marchandises

- *<u>fonds de soutien passerelle (Amiens Métropole)</u>*

Le fonds passerelle s'inscrit dans le cadre des mesures de soutien liées à la crise sanitaire et permet pour les très petites entreprises (TPE) et le secteur des Cafés Hôtels Restaurants (CHR) de couvrir leur besoin de trésorerie afin de maintenir ou redémarrer leur activité.

Conditions d'attributions :

Peuvent bénéficier du fonds passerelle les entreprises implantées sur le territoire d'Amiens Métropole :

- créées avant le 17 mars 2020,
- de moins de 10 salariés en CDI,
- être une start-up en cours de création,
- avec un CA est inférieur à 1,2 M€ (sans limite de seuil pour les Cafés Hôtels Restaurants - CHR),
- qui ont subi une perte de CA de 20% (comparaison N/N-1),
- inscrites au RCS et/ou RM, appartenant aux secteurs de l'artisanat, du commerce, de la restauration et des services.

Les micro-entreprises en activité principale (avec un seuil minimum de CA réalisé de 24 000 €/an en ventes, 12 000 € en prestations de services) sont également éligibles.

Quelles sont les particularités ?

Sont exclues du fonds passerelle :

- les entreprises en état de cessation de paiement, entreprise en RJ, dont le plan n'a pas été arrêté,
- les professions libérales réglementées et compensées par l'État,
- les activités financières et immobilières,
- les organismes de formation
- les entreprises des secteurs de l'agriculture (production primaire), de la pêche et de l'aquaculture,
- le transport routier de marchandises,
- les associations / SCI.

Montant de l'aide :

L'aide prend la forme d'une avance remboursable comprise entre 2 000 et 4 000 €.

Le remboursement s'effectuera sur 12 à 24 mois avec un différé de 6 à 12 mois en fonction des situations.

ILE DE FRANCE

- Le dispositif TP'up Relance

Objectif :

Cette aide finance un plan de développement sur 12 à 18 mois pour investir, se développer à l'international ou engager une transition numérique et écologique.

Quelles entreprises sont éligibles ?

- Toutes les TPE de 1 à 10 salariés, dont le CA < 2M€ de CA (ou le bilan total n'excède pas 3 M€), quelle que soit leur forme juridique, y compris les associations ayant une activité économique.
- L'entreprise candidate doit néanmoins posséder au moins un établissement sur le territoire francilien, ou justifier la volonté de s'y implanter et ne doit pas appartenir à un groupe.

- Les entreprises en difficulté entre le 1er janvier 2020 et le 30 juin 2021 sont éligibles à ce dispositif.

Quelle est la nature de l'aide proposée ?

L'aide TP'up Relance est une subvention, dans la limite de 55 000 €.

Toutefois, la subvention pourra être portée à 150 000 € pour les projets répondant aux enjeux de souveraineté, à fort potentiel de création ou de maintien d'emplois, ou encore de sauvegarde de savoir-faire menacés.

Le taux de prise en charge est de 50% des dépenses éligibles.

Les critères de sélection des projets sont notamment, la viabilité de l'entreprise, la pertinence de la stratégie, le potentiel de création d'emploi, le potentiel de développement international et/ou la contribution du projet au développement de l'Île-de-France.

- *Le dispositif PM'up Relance*

Objectif :

PM'up Relance finance des actions d'investissements, de brevets, de conseil, de développement international et de recrutement de cadres.

Quelles entreprises sont éligibles ?

- Toutes les PME et ETI de moins de 5 000 salariés, dont le CA < 1,5 milliard € de CA (ou le bilan total n'excède pas 2 M€), quelle que soit leur forme juridique, y compris les associations ayant une activité économique.
- L'entreprise candidate doit néanmoins posséder au moins un établissement sur le territoire francilien, ou justifier la volonté de s'y implanter et ne doit pas appartenir à un groupe qui dépasse les seuils indiqués.

Quelle est la nature de l'aide proposée ?

L'aide PM'up Relance est une subvention, dans la limite de 250 000 €.

Toutefois, la subvention pourra être portée à 500 000 € pour les projets ayant un fort impact sur la création et la sauvegarde d'emplois.

Dans certains cas exceptionnels, le montant de la subvention pourra atteindre 800 000 € pour des projets d'installations de nouvelles capacités de production d'envergure sur le territoire francilien, entraînant la création ou sauvegarde d'emploi ou d'une filière d'activité.

Le taux de prise en charge est de 50% des dépenses éligibles.

Les critères de sélection des projets sont les mêmes que pour le dispositif d'aide précédent.

- *Fonds Artisanat - Soutien aux Métiers d'Art pour la participation à des salons (Seine et Marne)*

L'objectif visé est de soutenir les entreprises artisanales impactées par la crise sanitaire du COVID-19 en prenant en charge des frais de participation à un salon entre le 1er septembre 2020 et le 31 décembre 2021.

Ce dispositif est mobilisable jusqu'au 30 novembre 2021.

Les dépenses éligibles sont les suivantes :

- Frais liés à l'inscription (frais de dossier, inscription au catalogue, assurance, etc.) ;
- Frais de location de la surface nue ou d'un stand prêt à exposer ;
- En cas de surface nue, les dépenses d'aménagement (stand, mobilier en location, éclairage) ;
- Branchement électrique ;
- Frais de transport, d'hébergement et de restauration engagés au titre de la participation au salon.

L'aide concerne les entreprises artisanales de Seine-et-Marne relevant des «Métiers d'Art» :

- Inscrites au Répertoire des Métiers ou justifiant d'une double immatriculation au Répertoire des Métiers et au Registre du Commerce et des sociétés mais avec une activité principale artisanale en Seine-et-Marne ;
- Releevant de de la catégorie des Métiers d'Art ;
- Dont le siège social et les établissements sont situés en Seine-et-Marne ;
- Présentant une situation financièrement saine, et étant à jour de ses obligations fiscales et sociales.

Le montant de la subvention versée représente 60 % des dépenses éligibles HT, dans la limite d'un plafond d'aide égal à 1200 €.

- *fonds de soutien aux entreprises et commerces (Val de Marne)*

Le but est d'apporter une réponse complémentaire aux entreprises et commerces dont le besoin de trésorerie et d'investissement n'a pas été totalement couvert par les outils déjà en place.

Le fonds fait l'objet d'un partenariat avec le Territoire Paris Est Marne&Bois et la Chambre de Commerce et d'Industrie (CCI) du Val-de-Marne

NORMANDIE

- *Impulsion Résistance Normandie*

Les TPE (artisans, commerçants, indépendants) ont vu pour la plupart leur chiffre d'affaires baisser très fortement, voire disparaître pour ceux qui ont subi et subissent encore des fermetures administratives. Il était donc nécessaire de les aider à faire face à leurs difficultés financières immédiates. Impulsion Relance évolue et devient Impulsion Résistance.

Mis en place avec les EPCI, le dispositif Impulsion Résistance cible prioritairement les très petites entreprises (artisans, commerçants, indépendants) de 0 à 4 salariés n'étant pas éligibles au Fonds national de solidarité (FNS) créé par l'État. Ce dispositif est financé à 60 % par les intercommunalités et à 40 % par la Région Normandie.

Conditions pour être ciblé par Impulsion Résistance :

Se trouver dans les secteurs les plus impactés par la crise,
Être une TPE de 0 à 4 salariés,
Avoir subi une baisse de CA > à 30 % pendant les périodes de confinement,
Solliciter son intercommunalité pour vérifier son éligibilité et pouvoir déposer une demande

Montant de l'aide (en subvention) :

Aide forfaitaire de 1 000 € pour 0 salarié ; 2 000 € pour 1 salarié, 3000 € pour 2 salariés, 4 000 € pour 3 salariés et 5 000 € pour 4 salariés.

- **_Impulsion transition numérique_**

Objectif :

Soutenir les artisans et les commerçants dans la mise en place un projet de transition numérique non réglementaire.

Entreprises cibles :

Très petites entreprises exerçant une activité de commerce de proximité et artisanat de détail et ayant un effectif inférieur à 10 personnes et dont le chiffre d'affaires ou le total du bilan annuel n'excède pas 2 millions d'euros.

Dépenses éligibles :

Dépenses d'ingénierie, de prestation intellectuelle et d'investissement non réglementaire.

Exemples de dépenses : audit et diagnostic, site web, application mobile, développement ou intégration de progiciels, solution e-commerces, certification, design de process de productions, …

Modalités et montants :

50 % maximum du coût HT des dépenses éligibles (maximum 1 000 € HT/jour de consultance). Possibilité de solliciter une ou deux aides, pour un montant total cumulé d'aides de 5 000 € HT maximum par an.

- *<u>Normandie relance culture</u>*

La Région est mobilisée pour accompagner et anticiper les conséquences à moyen et long terme de la crise sanitaire qui frappe un grand nombre de structures culturelles et patrimoniales. Beaucoup d'entre elles ont en effet été contraintes d'annuler des manifestations, de fermer les portes des lieux d'accueil des publics et de voir la création mise à l'arrêt. Dans une perspective de reprise progressive de l'activité culturelle, il s'agit désormais de soutenir les acteurs culturels dans les projets de relance de leurs activités compatibles avec les contraintes de la crise sanitaire actuelle.

- Quel est l'objectif ? L'objectif du dispositif Normandie relance culture est d'aider les structures culturelles à poursuivre leurs activités ou à s'engager dans des projets de reprise alors que les effets de la crise sanitaire risquent de durer plusieurs mois.
- Qui sont les bénéficiaires ? Les professionnels normands du secteur culturel (personnes morales de droit public et de droit privé) peuvent bénéficier de Normandie relance culture, dans les filières suivantes : musique, théâtre, danse, cirque, arts de la rue, arts de la marionnette, arts visuels et numériques, cinéma, livre, patrimoine culturel.

- *<u>Création d'un fonds de soutien exceptionnel au secteur évènementiel</u>*

Au regard du caractère essentiel du secteur de l'événementiel pour l'économie normande et des mesures insuffisantes prises par le Gouvernement, la Région a décidé de lancer un fonds de soutien exceptionnel pour accompagner ce secteur à l'arrêt depuis le mois de mars et préserver les emplois sur le territoire.

Le fonds cible les entreprises du secteur dont le siège social se situe en Normandie et ayant subi une perte du Chiffre d'affaires (CA) de 60% entre mars et fin octobre 2020.

L'aide prend la forme d'une subvention, plafonnée à 23 000 €. Son montant est déterminé en fonction du nombre de salariés :
- 0 à 1 salarié : jusqu'à 1 500€
- 2 à 5 salariés : jusqu'à 5 000€
- 6 à 20 salariés : jusqu'à 20 000€
- Plus de 20 salariés : jusqu'à 23 000€

NOUVELLE AQUITAINE

- prêt résistance

Objectifs :
Dans le cadre de la crise liée à la Covid-19 et dans la continuité de son plan d'urgence, la Région Nouvelle-Aquitaine met en place avec ses partenaires bancaires, un prêt de résistance dédié aux TPE et PME pour leur permettre de faire face aux besoins financiers conjoncturels.

Opérations éligibles :

- Investissements immatériels ;
- Investissements corporels ayant une faible valeur de gage ;
- Besoin en fonds de roulement (BFR) généré par la crise.

Ne sont pas éligibles :

- opérations de création, de transmission et de restructuration financière ;
- dépenses immobilières ou immobilières par destination ;
- acquisition de titres ou de fonds de commerce.

Bénéficiaires :
TPE et PME :

- rencontrant un besoin de financement lié à une difficulté conjoncturelle (et non structurelle) ou une situation de fragilité temporaire (contexte de

marché défavorable ou en mutation, nécessité de faire évoluer le modèle économique – transition digitale, écologique, etc.) ;
- créées depuis plus d'un an ;
- présentant un bilan et exerçant l'essentiel de leurs activités sur le territoire de la région Nouvelle-Aquitaine ou s'y installant.

Secteurs éligibles :

- Secteur touristique (hôtels indépendants, campings indépendants, hébergeurs de tourisme social) et les sites de visites et loisirs ;
- Industries culturelles et créatives ;
- Sociétés rentrant en phase de commercialisation et/ou d'industrialisation ;
- Entreprises ayant un savoir-faire d'excellence reconnu (labels EPV, etc.) ;
- Petites et moyennes entreprises industrielles et agro-alimentaires ;
- Scieries et entreprises de la seconde transformation du bois ;
- Activités agricoles relevant des filières de productions saisonnières suivantes : ostréiculture, horticulture, agneaux, chevreaux, fraises et asperges.

Ne sont pas éligibles :

- SCI ;
- affaires individuelles ;
- entreprises en difficulté au sens de la réglementation européenne.

Montant :

Prêt :

- égal au montant des fonds propres et quasi fonds propres de l'emprunteur, de 10 000 à 300 000 euros ;
- d'une durée d'amortissement de 6 ans, dont 2 ans de différé d'amortissement en capital ;
- à taux zéro sur la part Région ; bonification sur la part partenaires bancaires ;

- sans garantie sur les actifs de l'entreprise, ni sur le patrimoine du dirigeant.

Conditions :

Une contre-garantie devra être signée avec Bpifrance ou la SIAGI (moyennant le paiement d'une prime annuelle).

Informations complémentaires :

Les partenaires bancaires sont : la Banque populaire Aquitaine Centre Atlantique, la Caisse d'épargne, le Crédit Mutuel, le CIC (Crédit industriel et commercial), le Crédit Mutuel du Sud-Ouest, le Crédit Agricole.

- ***Tourisme : Aide à l'investissement suite à la crise sanitaire (région nouvelle aquitaine)***

Dans le cadre de leur stratégie de développement, il s'agit d'accompagner les entreprises touristiques dans leurs projets d'investissements suite au COVID19 : projet pour s'adapter et gérer les mesures barrières et projet de diversification des activités.

Objectifs :

Aider les entreprises souhaitant se développer à s'adapter à la crise sanitaire et à mieux gérer la problématique de la distanciation sociale et du respect des gestes barrière, à se doter d'outils numériques pour mieux gérer les flux et commercialiser au mieux les offres :

- mise en oeuvre d'une gestion informatisée maximisée avec pour objectif de réduire les points de contacts physiques
- adaptation des établissements recevant du public (ERP) pour accueillir les évènements Covid compatibles
- réalisation de nouveaux espaces ou de nouveaux produits et services.

Aider les entreprises souhaitant se développer à diversifier leurs activités ou leurs services ou à transformer leurs activités en une autre activité touristique répondant aux besoins du marché avec un accent mis sur les projets intégrant une dimension environnementale

Les projets présentés seront instruits au fil de l'eau par la Direction du Tourisme de la Région (fin de dépôt des dossiers : 31 décembre 2021)

Sous réserve d'une instruction favorable, ils seront soumis à la Commission Permanente pour décision. La décision d'attribution de subvention sera notifiée au bénéficiaire. Une convention de partenariat précisera les modalités de versement.

Bénéficiaires :

Les Très Petites Entreprises (TPE) et Petites et Moyennes Entreprises (PME) au sens communautaire et répondant aux critères suivants :

- entreprise ayant leur siège ou leur établissement principal en région Nouvelle-Aquitaine,
- activité dans un des secteurs suivants : hébergements touristiques (hôtels, hôtels-restaurants, campings, villages de vacances), sites de visites et de loisirs.
- nombre de salariés : de 1 à 249.
- entreprise impactée par la crise Covid-19, excluant les entreprises qui étaient en difficulté au sens de la réglementation communautaire à la date du 31/12/2019.

Montant :

Projets d'investissements d'un montant compris entre 20 000 € et 40 000 € HT Une aide régionale à hauteur de 50 % maximum soit une subvention de 10 000 et 20 000 € maximum.

Dépenses éligibles :

- création de parcours de délimitation pour compartimenter les espaces et mieux gérer les files d'attente
- achat d'outils d'aide à la visite numérique,
- achat d'outils de gestion de prises de commande numérique,
- développement d'un module de réservation en ligne et digitalisation de menus
- dépenses de premier œuvre et second œuvre,
- achat et installation d'équipements et matériels permettant d'accroître le chiffre d'affaires et/ou d'allonger les séjours des clientèles touristiques

Critères de sélection :

L'ensemble des projets présentés ci-dessus seront soutenus dans la mesure où les entreprises correspondantes s'engagent dans une stratégie de rebond/développement et une démarche écoresponsable.

- Prêt d'honneur Initiative Nouvelle-Aquitaine : développement d'entreprises

Le fonds Initiative Nouvelle-Aquitaine (INA) a pour objectif, par l'attribution de Prêts d'Honneur (PH), de soutenir la croissance et le développement d'entreprises dans le secteur d'activités traditionnelles (artisanat, commerce, industrie, tourisme, services).

Objectifs :

- attribuer un prêt d'honneur à taux zéro
- soutenir la croissance et le développement d'entreprises du secteur d'activités traditionnelles

Calendrier :

Dépôt des dossiers : 31/12/2022 (étude des dossiers : au fil de l'eau)

Bénéficiaires :
- entreprises qui ont entre 3 et 8 ans d'existence
- moins de 10 salariés
- entreprises de l'artisanat
- entreprises du secteur commerce (hors grande distribution + 300 m²)
- entreprises du secteur tourisme
- entreprises du secteur industrie
- entreprises du secteur des services

Montant :
- montant du prêt : entre 10 000 € et 40 000 €
- durée du prêt : 2 à 5 ans
- différé de remboursement possible de 6 mois maximum
- 2 prêts maximum par entreprise

Critères de sélection :
- siège social ou domicile du bénéficiaire sur le territoire de la région Nouvelle-Aquitaine
- l'entreprise ne doit pas être en difficulté selon la définition européenne

Une analyse de la viabilité du projet est réalisée en amont du comité d'agrément, qui valide la décision d'attribuer un prêt ou non.

- Fonds d'aide à la création d'entreprise (communauté de communes de La Rochelle)

L'objectif visé est :
- Accompagner la création d'emploi par la création d'entreprise dans un contexte prévisionnel de crise qui nécessite un accompagnement fort par la collectivité de ce type de démarche ;
- Renforcer les projets de création d'entreprise en augmentant leurs quasi-fonds-propres via des …

L'Agglo a choisi de soutenir la création d'entreprise en apportant aux jeunes pousses des filières prioritaires du territoire 3 000 € par emploi créé, dans la limite de 10 000 € par projet.

Pour qui ?
Les créateurs d'entreprises.

- Objectif de l'aide : inciter la création d'entreprise en renforçant leurs fonds propres.
- Nature de l'aide : subvention de 3 000 € par emploi créé y compris pour le chef d'entreprise, en complément d'un prêt d'honneur ou d'une garantie de prêt. L'aide est plafonnée à 10 000 € par projet.

- Fonds de soutien aux associations

La Région Nouvelle-Aquitaine met en place un fonds de soutien aux associations à hauteur de 5 millions d'euros, sous forme d'un soutien conjoncturel à la perte d'activités liées à l'épidémie de COVID 19 : subvention d'aide en trésorerie de 1 500€ à 20 000€.

Conditions d'attribution :

- Associations employeuses sur certains secteurs d'activité (culture, sport, ESS, caritatives, tourisme, tiers-lieux, jeunesse, agriculture, formation professionnelle, Insertion par l'Activité Economique -IAE-, solidarité internationale,...)
- de moins de 50 salariés
- intervention à 50% de l'assiette

- Fonds de prêts aux structures de l'ESS (économie sociale et solidaire)

La Région met en oeuvre un fonds de prêts régional d'un million d'euros (+ un million de la Banque des territoires) à destination des structures relevant du champ de l'économie sociale et solidaire, géré directement par France Active Nouvelle-Aquitaine.

Il s'agit de renforcer la trésorerie et les fonds propres des structures de l'économie sociale et solidaire via des prêts à taux zéro et sans garantie :

- Prêt court terme plafonné à 80 000€ sur une durée de 12 mois maximum, renouvelable une fois, avec un différé de 3 mois. Prêt lié à un besoin de trésorerie conjoncturel
- Prêt court terme plafonné à 80 000€ sur une durée de 8 mois, renouvelable une fois, avec un remboursement in ne. Pour les structures connaissant une nette dégradation de leurs fonds propres, et/ou ayant perdu un financement et/ou un marché stratégique.
- Prêt moyen terme pour financer le développement : compris entre 10 000€ et 100 000€ sur une durée de 5 à 7 ans avec un remboursement in fine
- Abondement du fonds géré par France Active Nouvelle-Aquitaine à parité entre la Banque des territoires et la Région

Ces prêts seront attribués aux associations et autres structures de l'économie sociale et solidaire employeuses, à fort impact social, environnemental ou d'emploi (structures saines rencontrant un besoin de trésorerie conjoncturel lié à la crise sanitaire Covid-19, structures rencontrant une problématique économique structurelle, d'au moins 5 salariés, en activité depuis au moins un an, associations de plus d'un an comptant au moins 5 salariés, en activité depuis au moins un an).

- Fonds de prêts de solidarité et de proximité pour les TPE (commerçants, services, artisans et association)

La Région met en oeuvre un fonds de prêts régional de 12 millions d'euros (+12 millions de la Banque des territoires) à destination des TPE (commerçants, artisans, services de proximité...) et des associations.

Ce fonds permettra le financement d'un besoin de trésorerie à très court terme découlant de la crise Covid-19 et non pris en charge ou financé par les autres dispositifs publics ou privés sur la base d'un prévisionnel de trésorerie sur trois mois :

- Prêt public de 5 000€ à 15 000€ maximum, versement en une seule fois, remboursable sur une durée maximum de 4 ans dont 12 mois de différé.

- Prêt à taux à zéro, sans garantie.
- Gestion par les Plateformes d'Initiatives Locales et départementales
- Abondement possible par les EPCI

Conditions d'attribution :

- Entreprises du secteur du commerce, de l'artisanat et des services de proximité (dont micro-entreprise), créées avant le 10 avril 2020, dont l'effectif est inférieur ou égale à 10 salariés et associations employeuses de moins de 50 salariés.
- Entreprises relevant d'une activité métiers d'art telle que dé nie dans l'arrêté du 24 décembre 2015 et entreprises ayant un savoir-faire d'excellence reconnu (labels EPV, OFG, IGIA).
- Ce dispositif n'est pas ouvert aux professions libérales.
- Territoires : ce fonds de prêt est ouvert en priorité aux entreprises et associations ayant leur siège ou leur établissement implanté sur les Communautés de Communes et pourra être étendu en partenariat avec les Communautés d'Agglomération, Communautés Urbaines et la Métropole.

- *Fonds de prêts pour les TPE et PME :*

La Région mobilise un fonds de 20 millions d'euros en faveur des TPE et PME, géré par un ou des opérateurs bancaires pour faire face aux besoins financiers conjoncturels.

Ces prêts à taux zéro et sans garantie pour la partie régionale et à des conditions privilégiées pour la partie bancaire seront attribués selon les modalités suivantes :

- Secteurs d'activités éligibles :
  - le secteur touristique (hôtels indépendants, campings indépendants, hébergeurs de tourisme social) et les sites de visites et loisirs.
  - les industries culturelles et créatives
  - les jeunes sociétés innovantes rentrant en phase de commercialisation et/ou d'industrialisation
  - les entreprises ayant un savoir-faire d'excellence reconnu (labels EPV, ...)
  - les PME industrielles et agroalimentaires

- les scieries et entreprises de la seconde transformation bois - les activités agricoles relevant des filières de production saisonnières suivantes : ostréiculture, horticulture, agneaux, chevreaux, fraises et asperges.
- Créées depuis plus d'un an et présentant un bilan
- Exerçant l'essentiel de leurs activités sur le territoire de la région ou s'y installant
- Bénéficiant d'une cotation Fiben de 4+ à 5 ou non cotées

- *Fonds de soutien à l'investissement pour la transition (communauté d'agglomération de La Rochelle)*

Engagée dans l'ambitieux programme Territoire zéro carbone à horizon 2040, La Rochelle entend faire de la relance économique un outil de transition écologique et offre une opportunité de rendre l'activité économique plus vertueuse et durable. C'est pourquoi la Communauté d'Agglomération ouvre un Fonds de soutien pour la transition écologique doté de 1 million d'euros.

Il a vocation à aider les projets d'investissement immobilier et matériel, et tout projet de transition écologique qui s'accompagne du développement de l'entreprise et de création d'emplois.

Il s'adresse à toutes les entreprises du territoire, notamment : agroalimentaire et santé, numérique, nautisme, industrie, éco-activités, tourisme, pêche-conchyliculture, agriculture et circuits courts, économie sociale et solidaire, créées depuis plus de 3 ans et employant jusqu'à 50 salariés.

L'aide se matérialise par une subvention d'environ 15 % des investissements, accordée après une évaluation carbone du projet et en complément des aides de la Région et de l'Agence de la transition écologique (ADEME). Il peut s'agir de performance énergétique, d'installation en énergie renouvelable, de la mise en place d'un Plan de déplacement, d'une démarche de réduction des déchets, d'achats responsables, de clauses sociales d'insertion, ou encore de numérique responsable.

Le dépôt des demandes est ouvert du 1er janvier au 31 décembre 2021.

- *Fonds de prêt territorial (Grand Périgueux)*

Il s'agit d'aider la trésorerie des entreprises qui ne bénéficient pas des dispositifs publics ou privés mis en place dans le cadre du contexte de l'épidémie de Covid-19, en vue de conforter ou reconstituer les fonds propres de l'entreprise.

Bénéficiaires :

Les entreprises bénéficiaires
- Entreprises du secteur du commerce, de l'artisanat et des services de proximité, créée avant le 10 avril 2020, de moins de 10 salariés équivalent temps plein
- Entreprises dont le siège social se situe sur le Grand Périgueux
- Entreprises relevant d'une activité métiers d'art telle que définie dans l'arrêté du 24 décembre 2015 et entreprises ayant un savoir-faire d'excellence reconnu (labels EPV, OFG, IGIA)

Entreprises exclues du dispositif :
- Les professions libérales, les professions médicales et les activités exercées à titre secondaire
- Les entreprises en procédure collective sauf si un plan de redressement a été adopté
- Les micro entreprises et affaires personnelles dont le chiffre d'affaires représente un revenu d'appoint en complément d'une activité salariée
- Les structures dites para-administratives ou paramunicipales
- Les structures représentant un secteur professionnel (ex : les syndicats et groupements professionnels)
- Les activités d'intermédiation financière ou immobilière
- Les associations

Dispositif :
- Prêt à taux zéro à la personne

- D'un montant de 5 000 à 15 000 €
- Remboursable sur 4 ans, avec différé d'amortissement d'un an
- Sans sûreté personnelle, hormis la souscription d'une assurance décès-invalidé du travail et une contre-garantie BPI
- Versement en une fois après signature du contrat de prêt sous réserve d'une domiciliation bancaire en France
- Sous réserve d'instruction du dossier et en fonction des éléments ci-dessous, le prêt octroyé pourra s'élever à 100 % du besoin net mis en évidence

Conditions :

- Le besoin à financer est constitué par la nécessité de reconstituer ou conforter les fonds propres de l'entreprise.
- Les bénéficiaires devront être à jour de leurs déclarations et paiements des charges sociales et fiscales au 29 février 2020 (tenant compte des reports exceptionnels accordés par l'Etat dans le cadre de la crise COVID 19).
- L'entreprise devra s'engager formellement à ne pas mobiliser, auprès d'un établissement de crédit ou d'une société de financement, la créance née de l'octroi du présent dispositif de prêt TPE.

OCCITANIE

- Fonds de capital investissement

Objectifs :

Le renforcement des fonds propres et quasi fonds propres participe à la stabilisation financière des entreprises et leur permet de conduire avec sécurité leurs programmes de développement ou leurs projets innovants, mais aussi d'amortir des chocs conjoncturels.

Les fonds de capital investissement (amorçage, capital-risque, capital-développement, transmission) répondent à cet objectif et sont mis en œuvre par des équipes spécialisées.

La Région s'appuie en grande partie sur IRDI SORIDEC Gestion dont elle abonde les fonds au côté d'autres partenaires. D'autres fonds d'investissement sont également présents en Occitanie et bénéficient de la participation de la Région.

Bénéficiaires :

TPE-PME-ETI d'Occitanie (de 1 à 5 000 salariés)

Montant :

Interventions s'étageant entre 100 k€ (et même 5 k€ dans certains cas de figure) et plusieurs millions d'euros suivant les fonds d'investissement.

Nature d'intervention :

Prises de participation temporaires (5 à 7 ans en règle générale) pouvant prendre différentes formes :

- Actions ou parts sociales
- Obligations convertibles, obligations à bons de souscription d'actions
- Comptes courants d'associés
- Titres participatifs, titres associatifs

- **_Fonds « l'occal » :_**

Parmi les secteurs économiques les plus impactés, avec 15.9 milliards de consommation, soit 10.3 % du PIB et près de 96 500 emplois, l'économie touristique est particulièrement fragilisée.

Il en est de même pour le commerce et l'artisanat de proximité, la culture, l'évènementiel, ainsi que l'ensemble des activités sportives et de loisirs, secteurs essentiels pour la vitalité et l'attractivité des territoires, des centres villes et des bourgs-centres, des stations touristiques

Les périodes de confinement et de couvre-feu ont fortement impacté les activités économiques ; la région a souhaité favoriser la relance des activités du tourisme, du commerce, de l'artisanat de proximité, de l'événementiel, des activités sportives et de loisirs.

Le dispositif L'occal a pour objectif d'aider au redémarrage de l'activité par un soutien à la trésorerie, aux investissements matériels et immatériels pour la relance, les mesures sanitaires, la digitalisation et à titre exceptionnel, une aide au loyer.

Aussi, la Région, en partenariat avec la Banque des territoires, les Départements, les métropoles et les EPCI d'Occitanie, ont mis en oeuvre le dispositif « L'OCCAL » qui propose des aides au travers de 2 volets :

- 1) Volet Trésorerie : favoriser le redémarrage de l'activité des entreprises par des aides à la trésorerie (loyers, ressources humaines spécifiques, besoins en fonds de roulement…) par des avances remboursables.

- 2) Volet Investissement : accompagner les investissements pour la mise en œuvre des mesures sanitaires et de relance (investissements matériels et immatériels et aménagements immobiliers destinées à favoriser la relance et la montée en gamme et la digitalisation des entreprises.

Bénéficiaires :

Personnes physiques et morales, micro entreprises (avec chiffre d'affaires d'au moins 20 k€ au titre du dispositif 1), TPE, PME prioritairement de moins de 20 salariés, statut libéral

- Associations employant un ou plusieurs salariés
- Communes et EPCI propriétaires et/ou gestionnaires d'équipements touristiques et culturels d'intérêt local qui représentent une part significative de leurs recettes annuelles.
- Offices de tourisme pour les équipements touristiques dont ils assurent la gestion de l'exploitation
- Taxi (uniquement forfait pour investissement sanitaire au titre du volet 2)

- *pass relance export (région occitanie)*

Objectifs :

Ce dispositif a pour objectifs de :

- Consolider les marchés existants export, permettre aux entreprises un retour au marché
- Soutenir la participation des entreprises à des salons ou événements internationaux en France ou à l'étranger
- Accompagner l'approche d'un nouveau marché pour tester l'offre de l'entreprise (étude de marché, mission commerciale, test sur l'offre, suivi de contact)
- Soutenir les exportateurs qui souhaitent bâtir un plan d'actions export (diagnostic stratégique, plan d'actions, 1ère mission export)
- Faire appel à un VIE (Volontaire International en Entreprise) pour la prospection d'un nouveau marché ou la consolidation d'un marché existant.

Bénéficiaires :

Micro-entreprises, entreprises indépendantes de moins de 10 salariés,

- Petites Entreprises (PE) : entreprises indépendantes de moins de 50 salariés,
- Moyennes Entreprises (ME) : entreprises indépendantes de 50 à moins de 250 salariés.

Les entreprises individuelles ne sont pas éligibles

Secteurs économiques :
- les filières structurées, aéronautique/spatial, systèmes embarqués, IAA et agro-industries, santé, numérique, éco-industries (énergies renouvelables, efficacité énergétique, eau, valorisation industrielle des déchets…), automobile, ferroviaire, nautisme,
- les filières émergentes, biotechnologies, E-santé, robotique et drones, biochimie et chimie verte,

- les filières dites territoriales, filières du bois, textile, céramique, cosmétique et bien-être, le granit, art de vivre/art de la table, agri-technologies et agro-technologies.

Autres filières : les entreprises devront présenter un projet d'intérêt stratégique avéré pour le territoire.

Principales activités non éligibles au dispositif :
- Commerce/négoce
- Professions libérales
- Consultants à l'international
- Services bancaires et financiers
- Assurances
- Formation
- Frêt/transport
- Secteur viti-vinicole : la filière viti-vinicole peut faire appel au dispositif régional « Pass Relance Viti »

Situation géographique : les entreprises doivent avoir leur siège ou un établissement actif sur le territoire d'Occitanie.

Situation économique :
- les entreprises doivent être en situation financière saine
- les entreprises doivent être à jour de leurs obligations fiscales et sociales
- le montant de la subvention ne peut être supérieur au montant des fonds propres de l'entreprise

- *aide à l'immobilier d'entreprise (région occitanie)*

L'aide au programme régional à l'immobilier (Prai) de la région Languedoc – Roussillon vise à favoriser l'installation, le maintien, le développement d'entreprises sur le territoire régional en diminuant le coût de la location, de la vente, de la location-vente ou du crédit-bail de locaux à usage industriel, artisanal ou de service.

Sont bénéficiaires de l'aide au programme régional à l'immobilier:
•Entreprises exerçant une activité industrielle ou artisanale de production,

- Commerce de gros,
- Biotechnologie,
- Nouvelles technologies de l'information et de la communication,
- Services industriels entrant directement dans le processus de fabrication,
- Logistique.
- Crédit bailleurs

Sont exclues: les Sociétés Civiles Immobilières.
Investissements éligibles ou opérations éligibles :

- Terrain lié au bâtiment dans la limite de 10% de l'assiette éligible.
- Acquisition, construction, aménagement de surface d'exploitation.
- Travaux d'amélioration de l'environnement (hors travaux de dépollution).

Montant de l'aide :

Il s'agit d'une subvention, au taux et au plafond variables en fonction du zonage géographique et de la taille de l'entreprise.

- Fonds d'intervention territorial (carcassonne agglomération)

Objectifs :
- Renforcer la pérennité des petites entreprises du territoire dont le soutien est un enjeu fort de l'action économique de Carcassonne Agglo ;
- Compléter les dispositifs fonds de solidarité / Contrat Entreprises en difficulté de la Région/ le contrat entreprises en crise de trésorerie COVID 19 et le fonds L'OCCAL …

Le Fonds Territorial permet de disposer d'une avance remboursable sans coût et sans garantie pour financer les besoins des entreprises.

Ce fonds s'adresse aux entreprises de moins de 10 salariés, de tous les secteurs d'activité (en dehors de services financiers, bancaires, assurances et agriculture) qui ne parviennent pas ou insuffisamment à se financer auprès des institutions bancaires (sous certaines conditions).

Carcassonne Agglo contribue à ce fonds à hauteur de 590 000 € et a sollicité ses communes-membres pour porter le montant à 1,2 millions d'euros.

- *Fonds de prévention de la précarité (département haute-garonne)*
Soutenir les personnes rencontrant des difficultés financières liées à une perte de revenus durant la période de crise du COVID-19.

Cette aide est mise en place en partenariat avec les EPCI, les communes et les chambres consulaires de Haute-Garonne.

Ce fonds s'inscrit dans le cadre du volet 2 du plan d'urgences sociales.

Le Conseil départemental a créé un fonds de prévention de la précarité de 3,5 millions d'euros afin d'accompagner les personnes ayant subi une perte de revenus professionnels du fait de la crise. À ce jour, le Département a soutenu près de 800 personnes. Cette aide, allouée sous la forme d'une aide à la personne, est comprise entre 500 euros et 1 500 euros, sur la base d'une enquête sociale réalisée par les services départementaux. Par ailleurs, le Conseil départemental a créé un fonds exceptionnel dédié aux acteurs touristiques de 3 millions d'euros.

Montant :

Volet 1 : Redémarrage de l'activité des entreprises par des aides à la trésorerie

- Avance à taux zéro sans garantie
- Taux d'aide 50 % maximum du besoin en trésorerie
- Aide plafonnée à 25 K€.
- Plancher de l'aide : 2 000€

Volet 2 : Accompagner les investissements pour la mise en œuvre de mesures sanitaires

- Taux d'aide 70 % maximum (non cumulable avec le Pass Rebond) :

- Plafond d'aide : 23 000 €
- Plancher de l'aide : aide proportionnelle minimale de 250 €.
- Les taxis pourront faire l'objet d'une aide forfaitaire de 150€ par véhicule pour les aménagements de séparation en Plexiglass, support de gel hydro alcoolique…
- Pourront être prises en compte les dépenses engagées à compter du 14 mars 2020

PROVENCE ALPES COTES D AZUR

- *Région sud défensif*

Présentation du dispositif :

- La région Provence-Alpes-Côte d'Azur accompagne les entreprises touchées par des difficultés conjoncturelles à passer ce cap difficile, souvent lié à l'impact de mutations diverses.
- Peuvent bénéficier de ce dispositif les entreprises de toute taille (PME, entreprises de taille intermédiaire, grands groupes).

Montant de l'aide :

- L'aide prend la forme d'une subvention de 200 000 € maximum ou avance remboursable de 350 000 € maximum (soutien conditionné à la réglementation en vigueur et aux dépenses d'investissement prévues).

- *Région Sud Investissement*

Bénéficiaires :

les PME régionales

- de tout secteur et à tout stade de vie
- de moins de 250 salariés et 50 M€ de chiffre d'affaires

Quels objectifs ?

- augmenter la capacité en fonds propres des entreprises régionales
- mutualiser les investissements publics et privés

Comment ça marche ?

- Doté d'un capital de 80 milllions d'euros, financé par la Région et le fonds européen FEDER, Région Sud Investissement intervient aux côtés d'un investisseur privé
- Prêt participatifs de 15 000€ à 200 000€
- Prises de participation au capital ou obligations convertibles de 200 000€ à 2 M€

Les atouts :

- un outils fortement ancré dans l'écosystème de financement de l'entreprise et auprès des capitaux-risqueurs et investisseurs
- des réponses rapides sur votre éligibilité, dès réception de votre business plan grâce à la gestion dynamique de Turenne Capital et ACG Management
- l'efficacité du fonctionnement en réseau , avec plus de 40 co-investisseurs partenaires et le club des dirigeants actifs (plus de 60 membres)

- *« Mon projet d'entreprise »*

Bénéficiaires :

Salarié ou à la recherche d'un emploi, ou en réflexion autour de sa carrière, ce parcours d'accompagnement peut l'aider à structurer son projet.

Particulier ou professionnel qui souhaite créer ou diriger une petite entreprise artisanale ou de service, un commerce, une coopérative, une TPE industrielle, une entreprise à impact.

La Région Sud s'appuie sur 10 partenaires régionaux pour accompagner dans toutes les étapes de la vie de l'entreprise :

- pour construire le projet de création ou de reprise d'entreprise,
- pour tester le marché avant de lancer l'entreprise,
- pour financer le projet de création, reprise, développement ou encore faire face aux échéances dans une conjoncture difficile,
- pour développer, transmettre ou faire rebondir l'entreprise.

- aides dédiées aux agriculteurs

1. Le Fonds d'Urgence d'Avance de Trésorerie pour les Agriculteurs

C'est un fonds de prêts à l'entreprise, à taux zéro, sans garantie personnelle afin de pallier au besoin contextuel de trésorerie.

Ce fonds est destiné à tous les exploitants agricoles, au sens large, qui sur la période de mars, avril et mai 2020 ont perdu 50% de leur chiffre d'affaires, comparativement à la même période de 2019.

Le montant du prêt octroyé correspond à la moitié de la valeur de la perte de chiffre d'affaires de la période de référence, il est plafonné à 20 000 euros par structure bénéficiaire.

Le prêt à l'entreprise est accordé à taux zéro, sans garantie personnelle, pour une durée pouvant aller jusqu'à 5 ans avec un différé de remboursement possible de 12 mois au plus.

Les dossiers de demande de prêts ne pourront plus être reçus au-delà du 31 octobre 2020.

2. Subventions directes

La Région Sud a également mis en œuvre des aides sous forme de subventions directes : l'aide financière pour les exploitations est plafonnée à 10 000 euros et elle est équivalente à 50 % du montant des pertes subies sur la production effectivement réalisée et n'ayant pu être ni vendue ni stockée, à la condition que les pertes de chiffre d'affaires sur la période de référence 2020 (mars, avril, mai) correspondent à au moins 80% du chiffre d'affaires pour la même période en 2019, et à au moins 30% du chiffre d'affaires de l'année 2019.

Les demandes seront étudiées et classées par ordre décroissant en fonction du pourcentage de pertes de chiffres d'affaires sur les 3 mois de 2020, et ne seront éligibles que dans la limite de l'enveloppe dédiée d'1 millions d'euros.

3. Dispositif d'aide pour développer le click and collect dans les exploitations agricoles

La Région a voté un plan régional d'urgence et de solidarité complémentaire en faveur des exploitations agricoles de Provence-Alpes-Côte d'Azur afin de leur permettre de rebondir au terme de la crise actuelle, en menant à bien la double transition écologique et numérique conformément aux objectifs du plan de relance agricole régional.

Modalités d'intervention :

• Une aide régionale, plafonnée à 5 000 €, représente 80 % du montant HT des dépenses éligibles contribuant à la digitalisation de l'entreprise et permettant de s'adapter aux modalités de vente imposées par la crise sanitaire (vente en ligne avec retrait ou livraison de commande…) :

• Les dépenses réalisées à compter du 1er novembre 2020 sont prises en compte avec un plancher minimum de dépenses d'investissement éligibles fixé à 2 500 € HT;

• Les projets éligibles sont les investissements amortissables suivants :

- l'acquisition ou le développement d'outils numériques : équipement informatique, logiciels de commandes/ paiement en ligne/gestion de la relation client/gestion de la relation avec les fournisseurs / solution de click & collect y compris coûts d'installation et de prise en main, système de QR code, création de sites internet/plates-formes de commercialisation, etc.

- les aménagements spécifiques et achats permettant la mise en œuvre de solutions de vente en ligne, retrait et livraison de commande, etc… (éligibles si conditionnés à l'acquisition ou le développement d'outil numérique visés ci-dessus)

• Les dépenses éligibles seront évaluées sur factures.

• Dossiers déposés à la Chambre régionale d'agriculture à partir du 15 avril 2021 et date finale de dépôt 15 juin 2021 ;

Entreprises éligibles :

•Les exploitations agricoles dont le revenu principal n'est pas lié à de l'agro-tourisme ou à la gestion d'un centre équestre, ayant le statut d'exploitants agricoles personnes physiques, exploitants agricoles personnes morales dont l'objet est agricole (Sociétés à objet agricole telles que GAEC, EARL, SARL, SCEA, les coopératives d'activité et les Sociétés coopératives et participatives etc.), établissements de développement agricole, d'enseignement agricole et de recherche, associations, qui détiennent une exploitation agricole et exerçant réellement une activité agricole.

- ***le fonds ESS'OR***

Après la création du fonds Covid Résistance, la Région Sud s'allie à nouveau avec la Banque des Territoires pour soutenir les acteurs du secteur social et solidaire grâce au fonds ESS'OR.

En plus de la Banque des Territoires, la Caisse d'Epargne CEPAC s'associe également à cette opération pour venir en aide aux entreprises touchées par la crise sanitaire. Concrètement, ce dispositif se matérialise par des prêts à taux 0, sur 12 à 18 mois et dont le montant peut aller de 10 000€ à 100 000€. Ce nouveau financement doit permettre aux entreprises à impact social de conforter leur situation financière, en leur assurant le maintien des concours financiers des banques et de les appuyer dans la recherche d'autres financements pour la relance de leur activité.

Ce fonds, qui s'inscrit dans le Plan d'urgence, de solidarité et de relance de la Région Provence-Alpes-Côte d'Azur, est complémentaire au fonds « COVID-Résistance ». Le Fonds ESS'OR est aussi soutenu par la Chambre Régionale de l'Economie Sociale et Solidaire (CRESS), les Métropoles Nice Côte d'Azur, Aix-Marseille Provence et la Caiise d'Epargne, et opéré par France Active, qui assurera le conseil, l'accompagnement et le financement des bénéficiaires dans le cadre du programme Relève Solidaire. Il a pour objectif de réduire les tensions de trésorerie et faciliter le Plan de relance de ces entreprises et associations, dont la dimension sociale est encore plus importante en ces temps incertains.

Il consiste en prêts :

- à taux 0 ;
- sur 12 à 18 mois ;
- dont le montant peut aller de 10 000 € à 100 000 €.

- ***Fonds investour***

Objectifs :

Dans le contexte de crise sanitaire du Covid- 19, le Plan de relance de l'économie touristique régionale approuvé par l'Assemblée Plénière le 19 juin 2020, propose de nouvelles mesures de soutien et d'accompagnement pour soutenir les entreprises du secteur du tourisme qui ont été particulièrement impactées. INVESTour est un prêt participatif, dédié exclusivement au secteur du tourisme, qui vise à renforcer les fonds propres des entreprises touristiques pour les aider à pérenniser et développer leur activité.

Bénéficiaires :

Sont éligibles les TPE/PME du tourisme en phase de relance et de développement ayant des projets d'investissements structurants ou présentant un projet de relance post crise sanitaire par l'investissement nécessitant la mobilisation de fonds propres et créateur d'emplois pérennes ou permettant le maintien des emplois fragilisés.

Sont éligibles les entreprises :

- traditionnelles de services touristiques (hébergements, agences de voyages et évènementielles, Tours Opérateurs, prestataires d'activités de loisirs sportifs et culturels, parcs d'attractions…). La restauration traditionnelle sera éligible uniquement en cas d'opération de transmission reprise ;
- exerçant une activité au croisement des secteurs du tourisme et de la culture, en cohérence avec le type de projets soutenus par l'Opération d'intérêt régional Tourisme et Industries créatives ;
- de service numérique portant des projets dans le champ du tourisme.

Modalités :

La gestion d'INVESTour par Région Sud Investissement permet une mise en place rapide et simplifié avec des Comités d'engagement très réguliers. Le montant du prêt participatif se situe entre 15 K€ et 200 K€ et l'apport en fonds propres n'est pas obligatoire.

- aide à la conchyliculture régionale

La crise du Covid-19 a touché de plein fouet les conchyliculteurs de la région. Les mesures sanitaires prises par le gouvernement ont engendré un déclin de l'activité de la restauration et des marchés alimentaires, de grandes difficultés quant aux opérations de production, préparation et commercialisation, et une modification notable des habitudes alimentaires, entraînant une forte baisse de la consommation de coquillages.

Or, les exploitations de conchyliculture sont contraintes de poursuivre leur activité, d'entretenir le cheptel et d'assurer leur croissance malgré les importantes difficultés d'écoulement de la production. Les soucis de stockage s'accroissent avec l'arrivée des naissains et la nécessité d'ensemencer les parcs en vue des prochaines périodes de production. En effet, les élevages conchylicoles sont entièrement tributaires du cycle naturel et les saisons de production futures doivent être anticipées, rendant très difficile la gestion des stocks.

Les conchyliculteurs sont donc confrontés à d'importants problèmes de trésorerie pour maintenir une production non compressible et faire face à la crise économique provoquée par le Covid-19.

La Région Provence-Alpes-Côte d'Azur a souhaité soutenir les 40 conchyliculteurs de la filière en leur apportant une aide exceptionnelle de 1000 € par exploitant.

Bénéficiaires :

Les professionnels éligibles à cette aide sont les conchyliculteurs référencés par les Directions Départementales des Territoires et de la Mer des Bouches-du-Rhône et du Var sur la base de leurs déclarations de production annuelles.

Quelle aide ?

L'aide régionale est une subvention de fonctionnement d'un montant forfaitaire de 1 000 €, versée en une seule fois, après réception du formulaire de demande et notification de la convention d'attribution de l'aide.

- *Fonds covid résistance*

Présentation du dispositif :

Dans le cadre de la crise sanitaire du Covid-19, la Région Sud et la Banque des Territoires lancent le Fonds Covid Résistance, opéré par Initiative Provence-Alpes-Côte d'Azur et qui s'inscrit dans le cadre des mesures prises dans le plan d'urgence, de solidarité et de relance régional.

L'objectif du fonds est de venir aider les entreprises ayant pris les mesures d'urgence (chômage partiel, report des paiements) à rebondir et préparer une reprise de leur activité et de leur chiffre d'affaires.

Conditions d'attributions :
Peuvent bénéficier de ce fonds tout type d'entreprise y compris les structures de l'Economie Sociale et Solidaire-ESS) qui :

- ont leur siège social en région Provence-Alpes-Côte d'Azur,
- sont autonomes au sens de la réglementation européenne,
- ont un effectif de moins de 20 salariés,

- connaissent une baisse d'activité d'au moins 30% ou des besoins de trésorerie impactant la viabilité de l'entreprise liés à la crise sanitaire et aux mesures de fermeture administrative et/ou de confinement,
- rencontrent des difficultés conjoncturelles liées à l'impact du coronavirus, notamment en tension de trésorerie et/ou souhaitant mettre en œuvre un projet d'investissement visant à limiter l'impact économique du coronavirus (achat de matériel de protection et de prévention, changement de filière d'approvisionnement).

Les entreprises doivent remplir les conditions suivantes :

- être à jour de leurs cotisations fiscales et sociales au 31/12/19,
- ne pas être en situation d'interdiction bancaire,
- ne pas faire l'objet d'une procédure de liquidation judiciaire.

Montant de l'aide :

Le Fonds Covid Résistance prend la forme d'un prêt à l'entreprise compris entre 3 000 € et 10 000 €.

Pour quelle durée ?

C'est un prêt à taux 0, sans apport complémentaire obligatoire, d'une durée de remboursement de 5 ans maximum, avec une possibilité de différé de remboursement de 18 mois.

PAYS DE LA LOIRE

- Fonds de renaissance (Centre Val de Loire)

Il a pour but d'apporter dans ce contexte de crise économique exceptionnelle, un soutien aux besoins des entreprises en finançant les investissements requis et la trésorerie nécessaire pour assurer la continuité et le redémarrage de leur activité.

Ce dispositif intervient en complément des autres dispositifs opérés par l'Etat, la BPI, la Région. Il conviendra de s'assurer que les demandeurs ont bien mobilisé ou cherché à mobiliser tous les autres dispositifs d'aide en préalable et que la saisine du Fond Renaissance se fait bien en dernier recours.

Les opérations entrant dans le champ d'application du dispositif sont

- les investissements d'équipement nécessaires à la sécurisation des salariés (achat de matériels de protection et de prévention) ;
- les investissements visant à limiter l'impact économique du COVID 19, notamment afin de favoriser le maintien de l'emploi et les démarches de RSE ;
- le besoin en trésorerie, constitué pour assurer des dépenses essentielles au maintien et au redémarrage de l'activité (reconstitution d'un stock, approvisionnement de proximité en matière premières/consommables, etc.).

Le dispositif concerne les entreprises :

- de moins de 20 salariés ;
- de tous secteurs d'activité ;
- de tous statuts ;
- implantées sur le territoire de la région Centre-Val de Loire.

Il consiste en une avance remboursable sans intérêt ni garantie, comprise entre 5 000 et 20 000 €, représentant 80 % de l'assiette composée du besoin de fonds de roulement présenté de façon détaillée au moment de la demande et des investissements.

Le remboursement s'effectue avec un différé de 1 an (éventuellement prolongeable de 6 mois à 1 an, si la situation financière du bénéficiaire le justifie), sur 3 ans, par trimestre.

Les plans de redémarrage présentant des investissements s'inscrivant dans les objectifs de la COP régionale peuvent prétendre à une intervention complémentairede l'aide de 20 % dans la limite du plafond susmentionné.

Ce dispositif est mobilisable jusqu'au 31 décembre 2021.

-investissement, innovation, international, transition écologique

Présentation du dispositif :

Ce dispositif vise à faciliter l'accompagnement des étapes clés de l'évolution des TPE et PME dans un environnement en mutation et consolider leur prise de décision en termes de croissance et/ou de repositionnement autour des thèmes suivants :

-l'analyse stratégique, notamment le positionnement produits/marchés, les études de faisabilité économique, la stratégie marketing, la relocalisation d'activités, d'approvisionnement et/ou d'achats,

- les ressources humaines dans une étape-clé de la vie de l'entreprise (transmission, croissance externe, changement d'échelle…) GPEC, audit marque employeur et e-réputation, etc,

- le développement durable et l'écoconception,
- la Responsabilité Sociétale des Entreprises (RSE),
- l'appropriation des usages du numérique à forte valeur ajoutée,
- le développement à l'international : identification et sélection de marchés cibles pour le lancement d'un nouveau produit ou d'un produit existant sur un nouveau marché,
- la stratégie de levée de fonds (y compris par l'intermédiaire d'une plateforme de financement participatif),
- les démarches de certification dans le domaine du commerce de détail (démarche qualité),
- la faisabilité économique de projets (industriel, artisanat de production, projets hôteliers, de sites de visites, de projets nautiques, de gastronomie, etc.
- la stratégie touristique territoriale (schémas de développement touristique, etc.)

- les autres études (démarches design, intelligence économique).

Conditions d'attribution :

* Peuvent bénéficier de ce dispositif : les entreprises implantées dans la région Pays de la Loire (siège social, filiale, établissement), sous réserve que l'étude envisagée concerne directement ladite implantation, répondant à la définition communautaire de la PME,

* les porteurs de projets touristiques publics ou privés (éventuellement autres que PME) : collectivités locales, entreprises (et leurs groupements : GIE, etc…), associations loi 1901, Sociétés d'Economie Mixte, particuliers.

Dans le cadre de l'AMI, les bénéficiaires sont les entreprises répondant à la définition communautaire de la PME et exceptionnellement, les entreprises de taille intermédiaire (ETI) jusqu'à 2 000 salariés justifiant de manière précise de l'incitativité d'une aide publique.

Les bénéficiaires devront présenter une situation financière saine et être à jour de leurs obligations fiscales, sociales, environnementales et sanitaires.

Les entreprises candidates devront également être : à jour de leurs obligations sociales, fiscales, sanitaires et environnementales, en situation financière saine. A cet égard, la Région se réserve la possibilité de faire réaliser un audit financier par un prestataire de son choix ; les coûts de cet audit seront pris en charge par la Région.

Les secteurs d'activités éligibles sont :
- Industrie,
- Industries agro-alimentaires de transformation ou de conditionnement-stockage y compris les entreprises de transformation de la pêche et de l'aquaculture,
- Coopératives d'utilisation de matériel Agricole (CUMA),
- Technologies innovantes,

- Services qualifiés à la production industrielle,
- Artisanat (sous réserve d'une inscription au Répertoire des Métiers),
- Commerce pour les démarches de certification, d'appropriation des usages du numérique à forte valeur ajoutée, de levée de fonds en financement participatif, de RSE et de ressources humaines,
- Autres Services pour les démarches d'appropriation des usages du numérique à forte valeur ajoutée et de RSE,
- BTP,
- Entreprises et acteurs associatifs et publics du secteur touristique,
- Entreprises de l'Economie Sociale et Solidaire (ESS) exerçant une activité marchande,
- Entreprises horticoles dont les activités correspondent aux codes NAF 0119Z et 0130Z et leurs groupements (à condition que les activités de leurs membres correspondent exclusivement aux codes NAF 0119Z et 0130Z).

Les activités agricoles autres que celles mentionnées ci-dessus, les services de conseil ainsi que les activités libérales et réglementées ne sont pas éligibles.

Pour quel projet ?

Pour les projets sélectionnés dans le cadre du volet 1 de l'Appel à Manifestation d'Intérêt (AMI) « Industrie du Futur », il s'agira d'accompagner la phase de sensibilisation/diagnostic/évaluation précédant l'engagement dans un projet de modernisation d'un outil/process de production portant notamment sur :

- l'automatisation : robotique/cobotique, lignes « intelligentes »,
- l'organisation industrielle : gestion des flux et de la supply chain, qualité, traçabilité,
- l'optimisation des consommations de matières et de fluides, dont l'énergie,
- les procédés avancés de production : fabrication additive, technologies d'usinage et d'assemblage, traitements de surfaces et thermiques avancés, contrôle non destructif, mise en œuvre des matériaux composites, métrologie en ligne,

- la numérisation : technologies immersives (réalité virtuelle et augmentée), digitalisation 3D, gestion des données (block chain, big data), intelligence artificielle, Internet des objets,
- la qualité produit : sécurité process/produit, fiabilité, reproductibilité, augmentation des fonctionnalités,
- l'opérateur du futur : adaptation des compétences, environnement et ergonomie de travail, réduction de la pénibilité.

Dépenses concernées :

Les dépenses éligibles sont les coûts des services de conseil fournis par des conseillers extérieurs (y compris par les consultants salariés de la fédération des CUMA si ceux-ci disposent d'une expérience significative dans leur domaine d'intervention ainsi que d'une ancienneté de trois ans dans le conseil aux CUMA). Les services de conseil ne doivent pas constituer une activité permanente ou périodique et doivent être sans rapport avec les dépenses de fonctionnement normales ou usuelles de l'entreprise, tels les services d'expertise-comptable, de conseil juridique, la publicité…..

S'agissant de la stratégie de levée de fonds, les dépenses éligibles pourront notamment être constituées de la réalisation d'un pitch/d'une vidéo, du recours à des outils de communication et d'accompagnement aux outils numériques type réseaux sociaux.

Les dépenses éligibles dans de l'AMI sont les coûts des services de conseil fournis par des conseillers extérieurs à l'entreprise, et notamment : acteurs privés y compris intégrateurs robotiques, centres techniques, plateformes d'expertises et d'innovation, associations telles que les pôles et clusters….. Les services de conseil ne doivent pas constituer une activité permanente ou périodique et doivent être sans rapport avec les dépenses de fonctionnement normales ou usuelles de l'entreprise.

Montant de l'aide :

Le soutien régional prend la forme d'une subvention.

L'intensité d'aide maximale n'excède pas 50 % du montant HT des coûts admissibles, ces derniers devant au minimum atteindre 3 000 € HT, l'aide elle-même est plafonnée à 15 000 €.

Le cumul des « aides au conseil (FRAC et Pays de la Loire Conseil) » attribuées à une même entreprise ou un même groupe d'entreprises ne peut pas dépasser un montant de 30 000 € sur une période de trois années civiles.

Pour les projets sélectionnés dans le cadre du volet 1 de l'Appel à Manifestation d'Intérêt (AMI) « Industrie du Futur », l'intensité d'aide maximale n'excède pas 80 % du montant HT des coûts admissibles, ces derniers devant au minimum atteindre 4 000 € HT ; l'aide elle-même est plafonnée à 23 000 €. L'attribution de la subvention relève de la compétence de la Commission Permanente du Conseil Régional.

-*Prêt « pays de la Loire Rebond »*

Le contexte économique (financements publics en diminution, concurrence accrue, baisse d'activité, etc.) a fragilisé, voire dégradé la situation financière d'un certain nombre d'entreprises. Les dispositifs d'appui aux entreprises en difficulté existants sont souvent spécialisés dans l'accompagnement d'entreprises commerciales importantes. De ce fait, ils appréhendent mal les enjeux économiques et sociaux des plus petites entreprises et de celles de l'économie sociale et solidaire (ESS). Le dispositif consiste à proposer une offre d'accompagnement spécifique et sur-mesure reposant sur deux axes :

•un accompagnement rapide des dirigeants par un cabinet conseil dans l'élaboration d'un plan de redressement ;

•un prêt de trésorerie court-terme afin de maintenir les concours bancaires existants en s'y associant, et non en s'y substituant.
Bénéficiaires : Associations, Entreprises

éligibilité :

TPE de + de 3 ans et de- de 20 salariés ;
Entreprises adaptées et entreprises d'insertion ;
Sociétés Coopératives de production ;
Associations employeuses.

Pour quels projets ?

- Une expertise sur-mesure de la structure : un rendez-vous rapide avec un conseiller de France Active Pays de la Loire pour construire le plan d'actions avec les dirigeants ;

- Intervention d'un cabinet – conseil : mise en place rapide de l'intervention d'un cabinet-conseil pour élaborer le plan de redressement et le plan d'actions associé ;
Trésorerie : possibilité d'une avance de trésorerie court-terme, à 0% sur 6 mois, avec pour vocation de maintenir les concours bancaires existants (sous réserve d'éligibilité)

- France Active Pays de la Loire accueille les entreprises, échange sur leur éligibilité au dispositif avec ses partenaires financiers et dans tous les cas pour validation avant expertise avec les services UD et UR de la Directe Pays de la Loire dès lors que l'entreprise est une SIAE.

- France Active Pays de la Loire réalise l'expertise de la situation économique et financière des entreprises concernées et construit les cahiers des charges des interventions de Pays de la Loire Rebond (Accompagnements / financements) pour présentation au Comité de Décision et recommandation spécifique animé par France Active Pays de la Loire.

- Accompagnement de cabinets conseil : afin de favoriser le redressement de l'entreprise, un plan d'actions et un choix de cabinets conseil sont proposés au Comité de Décision et Recommandation par les conseillers de France Active Pays de la Loire. Pays de la Loire Rebond prévoit ainsi de mobiliser des cabinets conseil dans un délai court (1 mois) après décision du Comité de Décision et Recommandation. Les coûts d'intervention des cabinets conseil sont pris en charge par les crédits d'ingénieries dédiés selon une répartition des crédits proposées par le conseiller de France Active Pays de la Loire.

- Financement de prêts de trésorerie : si les perspectives de redressement dégagées l'expriment, les conseillers de France Active Pays de la Loire pourront, en complément de la mobilisation des cabinets conseil, proposer au Comité de Décision et Recommandation, qui en décidera, de mettre en place une intervention financière associée au maintien des concours bancaires s'ils existent, sous la forme d'un prêt de trésorerie court-terme, à 0%, sans caution et d'une durée maximale de six mois renouvelable une fois (maximum un an) et en remboursement « in fine ». Pour les entreprises de l'ESS, les prêts se réalisent sur les ressources Caisse des Dépôts / Région liées à ces prêts. Pour les cibles TPE, les prêts se réalisent sur les ressources Région liées à ces prêts.

- création d'un fonds d'investissement « pays de la Loire participations »

Objectifs :

Intervention sous forme de prise de participation minoritaire à deux niveaux

1. directement au capital des entreprises au côté d'investisseurs professionnels privés (fonds professionnels, business angels…) ;

2. dans des fonds spécialisés qui interviennent eux-mêmes dans des entreprises.

Intervention en phase de création/amorçage, primo-développement/accélération, développement : tickets d'intervention allant de 100 K€ à plusieurs millions d'euros.

Bénéficiaires :

Les TPE/PME quelque soit leur secteur d'activité nécessitant une « faible » capitalisation et disposant d'un centre de décision en région Pays de la Loire ou à défaut proposant un projet dont l'impact positif sur l'emploi régional est établi. Dans une vision élargie des projets d'innovation et au service de la diversité régionale, le fonds soutient les entreprises nécessitant un capital d'amorçage et celles en phase de développement.

Conformément au droit européen sont toutefois exclues :

les entreprises agricoles,

les entreprises en difficulté (procédures collectives),

les entreprises de production houillère.

Pour quels projets ?

Pays de la Loire Participations s'adresse aux entreprises portant un projet :
innovant, y compris non technologique,
industriel visant à conforter le socle industriel régional,
issu des filières émergentes (TIC, éco-filières, services…).

Pays de la Loire Participation intervient en co-investissement au côté d'investisseurs privés. Le fonds réalise des investissements minoritaires en fonds propres et intervient via différents outils financiers :

- les bonds de souscription en capital

- les obligations convertibles
- les avances en comptes courants bloqués d'associés
- les prêts participatifs assimilables à des fonds propre

- garantie des prêts bancaires « pays de la Loire garantie »

Qu'il s'agisse d'innover, d'exporter, de s'adapter aux évolutions du marché, toutes ces composantes de la vie de l'entreprise comportent un volet financier. La question du financement est une priorité pour la région avec un objectif transversal : faire effet de levier sur les financements privés notamment bancaires.

Ces garanties bénéficient à l'ensemble des PME (répondant à la définition européenne de la PME). Sont toutefois exclues : les activités d'intermédiation financière, les activités de promotion et de locations immobilières (sauf immobilier lié à un projet de développement d'une entreprise), les activités agricoles réalisant moins de 750 000 € de chiffres d'affaires. Pour quels projets ?

Le Fonds Pays de la Loire Garantie peut être mobilisé dans le cadre des opérations suivantes :
- de création d'entreprise ;
- de transmission d'entreprise ;
- pour l'acquisition et le développement de nouveaux équipements ;
- pour le développement à l'international des entreprises ;
- pour le renforcement de la structure financière et de la trésorerie des entreprises ;
- pour soutenir les entreprises innovantes.

Les concours garantis doivent être supérieurs ou égaux à deux ans et peuvent prendre la forme :
- de prêts à long et moyen terme, y compris de prêts personnels aux dirigeants pour apport de fonds propres et de contrats de développement ;
- de crédits-baux mobiliers et immobiliers, de cessions-bails, de locations financières, à l'exclusion de la location simple ;

•de cautions bancaires liées à un crédit vendeur.

La Région et Bpifrance interviennent en co-garantie auprès de la ou des banque(s) jusqu'à 70% maximum. Bpifrance instruit les dossiers pour le compte de la Région.

- *pays de la Loire Redéploiement*

Objectif :

Pays de la Loire Redéploiement se fixe pour objectif de faciliter l'accès au financement des entreprises ; il prend la forme d'un prêt de trésorerie sur mesure, non affecté et sans aucune garantie, réaménageable en cas de besoin, visant la préservation (pour son volet défensif) ou le développement (pour son volet offensif) de l'outil industriel, des compétences et des emplois.

Ce dispositif peut notamment permettre d'accompagner le développement et/ou la croissance externe, faciliter une reprise ou une transmission de PMI familiale, mieux traverser les difficultés conjoncturelles et rebondir.

Pour qui ?

Ce produit s'adresse aux entreprises ligériennes de toutes tailles (sous réserve des dispositions de la réglementation en vigueur), des secteurs suivants : industrie, artisanat de production, services qualifiés à l'industrie, les entreprises du secteur du tourisme.

Pour quoi ?

Dans le contexte de la grave crise actuelle, ce prêt a la caractéristique de pouvoir, sous réserve de la règlementation applicable, être très patient et différé - jusqu'à 10 ans de maturité et 4 ans de différé. Il s'agit d'une solution d'attente, face aux incertitudes qui pèsent sur les marchés, et non dilutive, dans une contexte de moindre valorisation des entreprises (quasi-fonds propres).

Caractéristiques de l'aide régionale :

Pays de la Loire redéploiement est un prêt compris dans une fourchette de 50 000 à 2 000 000 €, à un taux TEG de 2,03% sans garantie ni coûts additionnels. La Région instruit les projets dans le cadre réglementaire européen applicable, et ne s'engage qu'en partenariat avec des financeurs privés (établissements financiers et/ou actionnaires…).

- Fonds régional des territoires (communauté d'agglo Le Val d'Amour)

Objectif :

Soutenir la pérennité et la transition des entreprises de l'économie de proximité impactées par la crise sanitaire, en soutenant les dépenses d'investissement des entreprises.

Nature de l'aide :

La collectivité a la compétence en matière d'immobilier d'entreprise, et permet aux entreprises qui souhaitent s'implanter ou se développer sur le territoire de bénéficier d'aides.

L'aide à l'immobilier de la CCVA est ouverte aux activités économiques « classiques », et également aux hébergements touristiques.

Elle peut prendre la forme :

- de subvention,
- de rabais sur le prix de vente d'un terrain propriété de la communauté de communes,
- d'une location ou location-vente de terrains nus ou aménagés ou de bâtiments neufs ou rénovés.

Dépenses éligibles :

- Travaux de construction,
- Acquisition de terrain,

- Extension de bâtiments,
- Rénovation

- *Fonds métropolitain d'aides aux entreprises touchées par la crise covid (Tours Métropole)*

Objectifs :
- Soutenir le redémarrage des activités économiques, le maintien et la création d'emploi ;
- Financer des investissements ou la trésorerie nécessaire pour assurer la continuité des activités dans ce contexte exceptionnel

Nature de l'aide :

Face à la crise sanitaire qui se prolonge, Tours Métropole Val de Loire met en place une aide directe aux entreprises impactées par la Covid-19. Ce dispositif d'urgence doit permettre de soutenir les entreprises en difficulté pour surmonter la crise.

Ce Fonds d'aides métropolitain, d'un montant total d'1M€, est à destination des entreprises artisanales, commerciales et prestataires de services exerçant leur activité dans le périmètre de la métropole dont le chiffre d'affaires annuel ne dépasse pas 1M€ HT. En revanche, il ne s'applique pas aux entreprises qui connaissaient des difficultés structurelles antérieurement à la crise sanitaire.

Différents besoins sont éligibles à ce Fonds d'aides, d'une part, des investissements (aménagement immobilier, achat et équipements de véhicules de tournée et véhicules ateliers, nouveaux matériels…), et des besoins en trésorerie d'autre part.

Plafonnées à 5 000€ par entreprise, ce dispositif est complémentaire au Fonds régional Renaissance mais, à la différence de ce dernier, il s'agit d'une aide directe.

- *Fonds d'urgence évènements – soutien aux structures oeuvrant dans le domaine de la réalisation d'évènements cultures et/ou sportifs*

Objectifs :

Accompagner les structures ayant une activité principale liée à la réalisation d'événements culturels et/ou sportifs connaissant une baisse significative de leur activité suite à la crise sanitaire.

Avec la mise en place du Fonds d'urgence événements, la Région des Pays de la Loire souhaite limiter les effets de la crise sanitaire et encourager le maintien de l'activité des structures organisatrices d'événements mais aussi des artistes, prestataires...

L'un des volets du dispositif a pour objectif le soutien aux structures œuvrant dans le domaine de la réalisation d'événements connaissant une baisse de leur chiffre d'affaires d'au moins 50% du fait de la réduction ou de l'arrêt des manifestations dans le contexte de la crise sanitaire.

Bénéficiaires :

- Associations
- Entreprises

Éligibilité :

Le volet du fonds s'adresse aux structures ayant une activité principale liée à la réalisation d'événements :

- Dont le siège social ou un établissement est situé en Pays de la Loire ;
- Dont le CA est supérieur ou égal à 8 000 € et inférieur ou égal à 10 millions d'euros.
- Connaissant une baisse de CA de plus de 50% du fait de la crise sanitaire.

Sont éligibles toutes les structures dont l'activité principale est liée à la réalisation d'événements.

Sont ainsi ciblées, les structures présentant les code NAF suivants :

Pour le spectacle vivant : 9001Z Arts du spectacle vivant ; 9002Z Activités de soutien au spectacle vivant ; 9004Z Gestion de salles de spectacles Mais aussi : 56 21 Z Services des traiteurs et 8230 Z Organisation de foires, évènements publics ou privés, salons ou séminaires professionnels, congrès

Est également ciblée toute structure pouvant justifier, au regard de son Kbis ou des statuts de son association, que son activité principale est liée à la réalisation d'événements (mention explicite dans la description).

A défaut, la structure pourra présenter tout autre justificatif prouvant son activité principale (soit plus de 50% de son activité). Ces justificatifs seront laissés à l'appréciation de la collectivité.

Procédure :

Le montant de l'aide sera calculé en tenant compte du chiffre d'affaires de la structure (prestations, recettes de billetterie…).

L'aide attribuée sera calculée selon le barème suivant :

- Pour les structures justifiant d'un CA pour le dernier exercice clos inférieur à 50 000 € HT : 2 000€
- Pour les structures n'ayant pas encore clos un exercice : 2 000€
- Pour les structures justifiant d'un CA pour le dernier exercice clos entre 50 000 et 100 000 € HT : 3 500€
- Pour les structures justifiant d'un CA pour le dernier exercice clos entre 100 000 et 1 million d'euros HT : 5 000 €
- Pour les structures justifiant d'un CA pour le dernier exercice clos compris entre 1 million et 10 millions d'euros HT : 7 000 €

Cette aide pourra être majorée en fonction du nombre de salariés de la structure :

- Entre 10 et 19 salariés : majoration de 50%
- 20 salariés et plus : majoration de 100 %

- *cap rebond (centre Val de Loire)*

Objectif :

Soutenir les entreprises de la région Centre-Val de Loire impactées par la crise du COVID-19.

Qui y a droit ?

TPE-PME qui justifient de 12 mois d'activité minimum

Pour couvrir quelles dépenses ?

Les projets de renforcement de la structure financière notamment les besoins de trésorerie liés à la situation conjoncturelle ou l'augmentation du besoin en fonds de roulement

Combien ?

Prêt de 10 000 à 150 000€

- *Sud Touraine TPE*

Objectifs :

- Favoriser le maintien et la création d'emploi ;
- Favoriser la création, le développement et la reprise-transmission des petites entreprises ; ;
- Favoriser la création d'activités non présentes sur le territoire ;
- Favoriser le maintien d'activités dans les centres bourgs ;
- Renforcer l'attractivité du territoire.

Opérations éligibles :

- Aménagement immobilier :
- Création, modernisation et extension du local professionnel ;
- Agencement et mobilier amortissable ;
- Dissociation des accès au logement et à l'expédition commerciale à l'occasion de la modernisation ;
- Travaux liés aux économies d'énergie ;

- Amélioration des conditions de travail et de sécurité ;
- Travaux de mise en accessibilité des commerces et établissements recevant du public conformément aux dispositions prévues par la loi n°2005-102 du 11 février 2005.
- Rénovation et extension de devanture (travaux complets : de la restauration à la réfection totale, y compris le vitrage, le système antivol, l'éclairage et la signalétique) ;
- Rénovation de vitrine.
- Equipements des véhicules de tournée et véhicules ateliers
- Matériel : investissement apportant une réelle plus-value à l'entreprise : accroissement de la productivité, amélioration des conditions de travail, de sécurité, accès à de nouveaux marchés, diversification d'activités hormis un renouvellement normal (à l'identique).
- Besoin en trésorerie du bénéficiaire : volet lié à la relance post crise COVID, valable jusqu'au 31 décembre 2020 : besoin en trésorerie, constitué pour assurer des dépenses essentielles au maintien et au redémarrage de l'activité (reconstitution d'un stock, approvisionnement de proximité en matière premières/consommables, petits investissements nécessaires à la sécurisation des salariés, etc.).

Ne sont pas éligibles :

- Informatique, sauf si elle intervient dans le processus de production, ou qu'il s'agit du premier investissement de l'entreprise dans ce type de matériel ;
- Appareils de télécommunications ;
- Mobilier non spécifique à une activité ;
- Matériel d'occasion ne disposant pas d'un certificat de conformité (à l'exception du matériel cédé à l'occasion d'une reprise d'entreprise, dans ce cas la valeur de référence sera celle figurant dans l'acte) ;

- Véhicules, à l'exception des véhicules de tournées et des véhicules ateliers ;
- Matériels en crédit-bail ;
- Acquisitions foncières.

Bénéficiaires :

- Entreprises artisanales inscrites au Répertoire des Métiers ;
- Entreprises de commerce ou prestataires de services inscrits au Registre du Commerce et des Sociétés ;
- Entreprises agricoles selon les priorités du territoire ;
- Entreprises d'insertion quel que soit leur statut juridique ;
- Associations du secteur de l'Insertion par l'Activité Economique (IAE) ;
- Réalisant un chiffre d'affaires annuel inférieur à 1 M€ HT ;
- A jour de leurs charges fiscales et de leurs cotisations sociales ou bénéficiant d'un moratoire dans ce domaine ;
- Entreprises n'ayant pas sollicité sur le même projet une aide au titre des outils CAP (Contrat d'Appui aux Projets) mis en œuvre par la Région Centre-Val de Loire, ou une aide OCMACS ;
- Propriétaires de sites touristiques, en statut privé, ayant un numéro SIRET.
- Le projet pour lequel l'aide est attribuée ne doit pas risquer de mettre en péril une entreprise déjà présente sur la commune de localisation, exerçant la même activité.

Ne sont pas éligibles :

- commerces non sédentaires qui ne sont pas immatriculés ou n'exercent pas sur le territoire de la Communauté de Communes ;
- agences (immobilières, bancaires, assurance, courtage, intérimaires, etc.) ;
- pharmacies ;
- commerces saisonniers dont le siège social serait extérieur au territoire ;
- commerces de gros.

Montant :

- Aide comprise entre 500 et 5 000 €, pour les deux volets suivants :
- Besoin en investissement : subvention représentant 30 % maximum des dépenses éligibles, avec possibilité de bonification pour les investissements réalisés par des entreprises dont le projet s'accompagne de créations d'emplois (CDI de minimum 35H hebdomadaires ou CDD ≥ 6mois) :
  - soit dans les 3 mois qui précèdent la demande de subvention ;
  - soit dans les 6 mois qui suivent l'obtention de la subvention.
- Besoin en trésorerie : subvention représentant 80 % maximum des dépenses éligibles, dans la limite de 1 000 €.
- Dans le cadre d'opérations collectives uniquement et notamment en milieu urbain, le seuil de subvention de 500 € pourra être levé, et un montant d'aide inférieur pourra être accordé.

Sauf à titre exceptionnel sur la période de la crise sanitaire COVID 19, il ne pourra être octroyé qu'une seule subvention au titre du dispositif Aide en faveur des TPE par entreprise (ou identification d'un même porteur de projet) sur une durée de 3 ans.

- L'aide au titre du présent dispositif ne peut être cumulée avec un soutien du Fonds Renaissance financé par la Région Centre Val de Loire, la Banque des Territoires et la Communauté de communes Loches Sud Touraine, sauf exception laissée à la discrétion de la collectivité après analyse de la demande.

Conditions :

A compter de la date de notification de la subvention, le bénéficiaire dispose d'un délai de six mois pour engager les travaux, et de deux ans pour les achever.

ANNEXE : LISTE RECAPITULATIVE DES AIDES

NOM DES AIDES	PAGE
Auvergne-Rhône-Alpes	
Financer mon investissement commerce et artisanat	96
Fonds région unis	98
Aides aux activités non sédentaires	99
Aide retrait en magasin click and collect et vente à distance	102
Mon commerce en ligne	103
Soutien région performance globale	105
Aide taxi transport personne âgée pour la vaccination	108
Fonds renaissance	108
Pays de la Loire redéploiement	109
Prêts artisans et commerçants à taux 0	102
Bourgogne	
Avance remboursable rebond tourisme	110
Avance remboursable consolidation trésorerie	110
Fonds régional des territoires	112
Fonds de relocalisation et transition économique décarbonnée	113
Aide exceptionnelle à l'immobilier d'entreprise	117
Bretagne	
Pass commerce et artisanat	117
Prêt d'honneur Morlaix - impulsion	118
Grand Est	

Aide FARE	119
Aide communautaire aux entreprises – ccom cattenom	121
Fonds d'intervention pour l'artisanat - Reims	121
Fonds FACE - Epernay	121
Hauts-de-France	
Fonds régional premier secours	124
Fonds prévention	125
Dispositif aide création/reprise entreprise	126
Aide exceptionnelle à caractère social - Somme	128
Aide à l'embauche du premier collaborateur	130
Fonds de soutien passerelle – Amiens métropole	131
Ile de France	
Dispositif TP up relance	132
Dispositif PM up relance	133
Fonds artisanal – Seine et Marne	134
Fonds de soutien aux entreprises et commerces – Val de Marne	135
Normandie	
Impulsion relance normandie	135
Impulsion transition numérique	136
Normandie relance culture	137
Fonds de soutien exceptionnel secteur évènementiel	137
Nouvelle Aquitaine	
Prêt résistance	138
Tourisme – aide à l'investissement	140
Prêt d'honneur initiative	142
Fonds d'aide à la création d'entreprises – La Rochelle	143

Fonds de soutien aux associations	144
Fonds de soutien aux structures ESS	144
Fonds de prêt de solidarité et de proximité aux TPE	145
Fonds de soutien à l'investissement pour la transition – La Rochelle	147
Fonds de prêts pour les TPE et PME	146
Fonds de prêt territorial – Grand Perigueux	148
Occitanie	
Fonds de capital-investissement	149
Fonds LOCCAL	150
Pass relance export	151
Aide à l'immobilier d'entreprise	153
Fonds d'intervention territorial - Carcassonne	154
Fonds de prévention précarité – Haute-Garonne	155
PACA	
Région sud défensif	156
Région sud investissement	156
Mon projet d'entreprise	157
Aides aux agriculteurs	158
Fonds ESSOR	161
Fonds investour	162
Aide à la conchyliculture	163
Fonds covid résistance	164
Pays de la Loire	
Fonds renaissance	165
Investissement innovation international	167
Prêt pays de la Loire Rebond	171

Fonds pays de la Loire participations	173
Garantie des prêts bancaires	175
Pays de la Loire redéploiement	176
Fonds régional des territoires	177
Fonds d'urgence évènements	178
Cap rebond	180
Sud Touraine TPE	181
Fonds d'aides Tours Metropole	178

CHAPITRE 4
Fonds de solidarité et prise en charge des coûts fixes

L'État, les Régions et les collectivités locales ont mis en place un fonds de solidarité fin mars 2020 pour soutenir les TPE, micro-entrepreneurs, indépendants et professions libérales, particulièrement touchées par les conséquences économiques du Covid-19.

La durée de la crise a conduit le Gouvernement à adapter les dispositifs d'aide. Ainsi, le 14 janvier 2021, Bruno Le Maire, Ministre de l'économie, des Finances et de la Relance annonçait la prise en charge des coûts fixes des entreprises interdites d'accueil du public ou des secteurs liés au tourisme, à la culture, au sport, à l'évènementiel et à la restauration (listes dites « S1 » et « S1 bis »), réalisant un chiffre d'affaires de plus d'un million d'euros par mois ou appartenant à des secteurs subissant un niveau de charges fixes particulièrement élevé (hôtellerie et restaurants de montagne, salles de sport, salles de loisirs intérieures, zoos et jardins botaniques, thermalisme, parc d'attraction).

L'aide pour la prise en charge des coûts fixes a pour objectif de prendre en charge les coûts fixes des entreprises qui ne sont pas couverts par leurs recettes, leurs assurances ou les aides publiques. Au départ elle était complémentaire au fonds de solidarité.

A ce jour, le fonds de solidarité ne peut plus être sollicité pour les pertes du mois d'octobre 2021 et ne subsiste que le dispositif des « coûts fixes ».

Le décret dit aide « coûts fixes » n°2021-310 en date du 24 mars 2021 a été publié à la suite d'une notification à la Commission européenne validée dans des délais très brefs. Ce décret a instauré une nouvelle aide pour couvrir, dans la limite de 10 millions d'euros, 70 % des charges fixes non couvertes des entreprises de plus de 50 salariés et 90 % pour les entreprises de moins de 50 salariés.

Les premiers versements ont eu lieu grâce à un engagement exceptionnel des services du ministère, notamment de la DGFiP qui a monté une équipe dédiée pour le traitement de ces dossiers. Cette aide « coûts fixes » était attendue. Les premiers examens ont mis en évidence que certaines entreprises en étaient écartées du fait du cadre posé par le décret.

C'est pourquoi un décret n° 2021-625 en date du 20 Mai 2021 a été publié pour compléter le dispositif, avec désormais la création de trois régimes distincts qui coexistent au sein de ce dispositif :

- Une aide « coûts fixes » dite originale ouverte aux entreprises réalisant plus d'un million d'euros de chiffre d'affaires mensuel ou douze millions d'euros annuel en 2019 (ou appartenant à un groupe dont le CA annuel de 2019 est supérieur à douze millions d'euros / CA mensuel supérieur à un million d'euros) et aux entreprises de plus petite taille de certains secteurs limitativement énumérés qui ont des charges fixes très élevées (hôtel, restauration traditionnelle et résidences de tourisme des stations de montagne, salles de sport, salles de loisir intérieurs, jardins zoologiques, établissements de thermalisme, parcs d'attractions et parcs à thèmes, location d'articles de loisirs et de sport, commerce de détail d'articles de sport en magasin, discothèques et établissements similaires). Les critères d'éligibilité sont notamment de justifier d'une perte de 50 % de chiffre d'affaires au cours de la période éligible par rapport à la période de référence, d'avoir un excédent brut d'exploitation coûts fixes (EBE coûts fixes) négatif sur la période et d'avoir été créées deux ans avant le premier jour de la période éligible.

- Une aide « coûts fixes » dite saisonnalité destinée aux entreprises ayant une activité saisonnière c'est-à-dire ayant réalisé au cours du premier semestre 2019, au moins un mois un chiffre d'affaires mensuel inférieur à 5 % du chiffre d'affaires 2019. Cette aide est calculée sur une période de six mois, tant pour la perte de 50 % de chiffre d'affaires que pour le calcul de l'EBE coûts fixes ;

- Une aide « coûts fixes » dite de groupe destinée aux entreprises appartenant à un groupe ayant saturé le plafond mensuel de 200 000 euros du fonds de solidarité au moins un mois d'une des périodes éligibles ou le plafond visé au point (17) de la décision de la Commission européenne du 20 avril 2020 (soit le plafond de 1,8 M€), privant de ce fait au moins l'une des entités du groupe pourtant éligible au fonds de solidarité de la possibilité de déposer une demande d'aide au titre du fonds et en conséquence de bénéficier de l'aide « coûts fixes » originale au titre d'une période éligible. Cette aide est également ouverte aux entreprises ne faisant pas partie d'un groupe et qui ont atteint le plafond de 1,8 M€ par ailleurs.

Un décret n°2021-1086 en date du 16 août 2021 a modifié le décret n°2021-310 du 24 mars 2021 relatif à l'aide « coûts fixes » en prévoyant notamment :

- la prolongation de l'aide « coûts fixes » pour les mois de juillet et d'août 2021 avec la création d'une nouvelle période éligible bimestrielle ;

- la possibilité, pour les entreprises qui le souhaitent, de demander l'aide dite « saisonnalité » précitée sur une période de 8 mois (au lieu de 6 mois) ;

- la possibilité pour les entreprises ayant déposé une demande au titre de l'aide « groupe » de déposer une aide complémentaire unique pour les périodes 2021 éligibles non encore couvertes sur les 8 mois ;

- la modification de l'annexe 2 pour exclure l'aide « coût fixes » du calcul de l'EBE coûts fixes.

Un décret n°2021-1338 en date du 14 octobre 2021 a modifié le décret n°2021-310 du 24 mars 2021 relatif à l'aide « coûts fixes » en prévoyant notamment :

- la prolongation de l'aide « coûts fixes » avec la création d'une nouvelle période éligible d'un mois au titre du mois de septembre 2021 ;

- la possibilité pour les entreprises ayant déposé une demande au titre de l'aide « groupe » de déposer une aide complémentaire unique pour les périodes 2021 éligibles non encore couvertes sur la période de 9 mois ; A noter que l'aide « saisonnalité » prévue pour les entreprises ayant une activité saisonnière reste inchangée et calculée sur une période de 8 mois.

L'aide « coûts fixes » dite originale

Cette aide est prévue par le chapitre I du décret n° 2021-310 en date du 24 mars 2021 modifié par les décrets n°2021-625 du 20 mai 2021, n°2021-1086 du 16 août 2021 et n°2021-1338 du 14 octobre 2021.

Eligibilité à l'aide dite « coûts fixes »

- Quelles sont les périodes éligibles pour bénéficier de l'aide « coûts fixes » ?

Cette aide complémentaire au fonds de solidarité est versée à partir du mois de janvier 2021 :

1. Première période éligible : janvier – février 2021 ;
2. Deuxième période éligible : mars –avril 2021 ;
3. Troisième période éligible : mai – juin 2021 ;
4. Quatrième période éligible : juillet – août 2021 (ajout par le décret n°2021-1086 du 16 août 2021) ;
5. Cinquième période éligible : septembre 2021 (ajout par le décret n°2021-1338 du 14 octobre 2021).

Toutefois, depuis l'aide relative à la seconde période éligible commençant au mois de mars 2021, il a également été possible d'apprécier les critères d'éligibilité de manière mensuelle. Le choix est à la main de l'entreprise selon ce qui lui est le plus favorable.

- Quels sont les critères d'éligibilité pour les entreprises ?

Afin de pouvoir être éligible à l'aide « coûts fixes », l'entreprise doit remplir les conditions suivantes, appréciées soit à la maille bimestrielle, soit à la maille mensuelle, selon les périodes éligibles et son choix:

Appréciation des critères à la maille bimestrielle : la période éligible est la période de deux mois :

1. Avoir perçu le fonds de solidarité au moins un des deux mois de la période éligible ;

2. Avoir été créée au moins deux ans avant le premier jour de la période éligible, c'est-à-dire :

    - avant le 31 décembre 2018 pour une demande d'aide au titre de la première période éligible de janvier et février 2021 ;

    - avant le 28 février 2019 pour une demande d'aide au titre de la période éligible de mars et avril 2021 ;

    - avant le 30 avril 2019 pour une demande d'aide au titre de la période éligible de mai et juin 2021 ;

    - avant le 30 juin 2019 pour une demande d'aide au titre de la période éligible de juillet et août 2021.

3. Avoir une perte de chiffre d'affaires d'au moins 50 % sur la période dite éligible (c'est-à-dire sur la période de deux mois) par rapport au chiffre d'affaires réalisé sur la période de référence correspondant aux deux mêmes mois de l'année 2019 ;

4. Avoir un Excédent Brut d'Exploitation Coûts Fixes (EBE coûts fixes) négatif sur la période éligible ;

5. Avoir un chiffre d'affaires (CA) mensuel de référence supérieur à un million d'euros pour au moins un des deux mois de la période éligible, ou avoir réalisé en 2019 un CA annuel supérieur à douze millions d'euros, ou

faire partie d'un groupe dont le CA annuel 2019 est supérieur à douze millions

d'euros, ou faire partie d'un groupe dont le CA mensuel est supérieur à un million d'euros (nouvelle condition) sous réserve d'être dans une des situations suivantes :

* avoir été interdite d'accueil du public au cours d'au moins un mois calendaire parmi les deux mois de la période éligible ;

* ou exercer son activité principale dans le commerce de détail et avoir au moins un de ses magasins de vente situé dans un centre commercial comportant un ou plusieurs bâtiments dont la surface commerciale utile est supérieure ou égale à vingt mille mètres carrés, ayant fait l'objet d'une interdiction d'accueil du public sans interruption sur au moins un mois calendaire parmi les deux mois de la période éligible ;

* ou exercer son activité principale dans un secteur mentionné à l'annexe 1 du décret du 30 mars 2020 relatif au fonds de solidarité dans sa rédaction en vigueur au 12 avril 2021 ; o ou exercer son activité principale dans un secteur mentionné à l'annexe 2 du décret du 30 mars 2020 relatif au fonds de solidarité dans sa rédaction en vigueur au 12 avril 2021 ;

* ou exercer son activité principale dans le commerce de détail, à l'exception des automobiles et des motocycles, ou la location de biens immobiliers résidentiels, et être domiciliée dans une commune mentionnée à l'annexe 3 du décret du 30 mars 2020.

ou

* sans condition de chiffre d'affaires, sous réserve d'exercer son activité principale dans l'un des secteurs prioritaires suivants : restauration traditionnelle domiciliée dans une commune mentionnée à l'annexe 3 du décret du 30 mars 2020 relatif au fonds de solidarité ou dont le siège social est domicilié hors d'une commune mentionnée à l'annexe 3 et dont l'intégralité du chiffre d'affaires est réalisé dans une commune mentionnée à l'annexe 3 du décret n° 2020-371 du 30 mars 2020 précité ;

- Hôtels et hébergements similaires domiciliés dans une commune mentionnée à l'annexe 3 du décret du 30 mars 2020 relatif au fonds de solidarité ou dont le siège social est domicilié hors d'une commune mentionnée à l'annexe 3 et dont l'intégralité du chiffre d'affaires est réalisé dans une commune annexe 3 du décret n° 2020-371 du 30 mars 2020 précité) ;

- Hébergements touristiques et autres hébergements de courte durée dans une commune mentionnée à l'annexe 3 du décret du 30 mars 2020 relatif au fonds de solidarité ou dont le siège social est domicilié hors d'une commune mentionnée à l'annexe 3 et dont l'intégralité du chiffre d'affaires est réalisé dans une commune mentionnée à l'annexe 3 du décret n° 2020-371 du 30 mars 2020 précité ;

- Salles de sport, Salles de loisirs intérieurs, Jardins et parcs zoologiques, Thermalisme, Activités des parcs d'attractions et parcs à thèmes, Location et location-bail d'articles de loisirs et de sport ou commerce de détail d'articles de sport en magasin spécialisé lorsqu'au moins 50 % du chiffre d'affaires est réalisé dans la vente au détail de skis et de chaussures de ski, Les discothèques et bars à ambiance dansante, Gestion de monuments historiques. A noter que les salles de loisirs intérieurs regroupent les activités récréatives exercées dans un lieu clos : jeux de tir au laser, bowling, foot en salle, parcs fermés pour enfants, salles d'évasion, salles de réalité virtuelle...

Appréciation des critères à la maille mensuelle : la période éligible est la période d'un mois (ce critère a été mis en œuvre à compter de mars 2021 soit le premier mois de la deuxième période éligible).

1. Avoir perçu le fonds de solidarité au cours du mois éligible ;
2. Avoir été créée avant le 28 février 2019 s'agissant de la deuxième période éligible (aide au titre de mars et avril), avant le 30 avril 2019 s'agissant de la troisième période éligible (aide au titre de mai et juin), avant le 30 juin 2019 s'agissant de la quatrième période éligible (aide au titre de juillet et août) ou avant le 30 août 2019 s'agissant de la cinquième période éligible (aide au titre de septembre) ;

3. Avoir une perte de chiffre d'affaires d'au moins 50 % au cours du mois éligible par rapport au chiffre d'affaires réalisé au cours du même mois lors de l'année 2019 ;

4. Avoir un Excédent Brut d'Exploitation coûts fixes (EBE coûts fixes) négatif au cours du mois éligible ;

5. Avoir un chiffre d'affaires (CA) mensuel de référence supérieur à un million d'euro, ou avoir réalisé en 2019 un CA annuel supérieur à douze millions d'euros, ou faire partie d'un groupe dont le CA annuel 2019 est supérieur à douze millions d'euros, ou faire partie d'un groupe dont le CA mensuel est supérieur à un million d'euros sous réserve d'être dans une des situations suivantes :

- avoir été interdite d'accueil du public au cours d'au moins un mois calendaire parmi les deux mois de la période éligible ;

- ou exercer son activité principale dans le commerce de détail et avoir au moins un de ses magasins de vente situé dans un centre commercial comportant un ou plusieurs bâtiments dont la surface commerciale utile est supérieure ou égale à vingt mille mètres carrés, ayant fait l'objet d'une interdiction d'accueil du public sans interruption sur au moins un mois calendaire parmi les deux mois de la période éligible ;

- ou exercer son activité principale dans un secteur mentionné à l'annexe 1 du décret du 30 mars 2020 relatif au fonds de solidarité dans sa rédaction en vigueur au 30 juin 2021 ;

- ou exercer son activité principale dans un secteur mentionné à l'annexe 2 du décret du 30 mars 2020 relatif au fonds de solidarité dans sa rédaction en vigueur au 30 juin 2021 ;

- ou exercer son activité principale dans le commerce de détail, à l'exception des automobiles et des motocycles, ou la location de biens immobiliers résidentiels, et être domiciliée dans une commune mentionnée à l'annexe 3 du décret du 30 mars 2020.

ou

Sans condition de chiffre d'affaires, sous réserve d'exercer son activité principale dans l'un des secteurs prioritaires suivants : o Restauration traditionnelle domiciliée dans une commune mentionnée à l'annexe 3 du décret du 30 mars 2020 relatif au fonds de solidarité ou dont le siège social est domicilié hors d'une commune mentionnée à l'annexe 3 et dont l'intégralité du chiffre d'affaires est réalisé dans une commune mentionnée à l'annexe 3 du décret n° 2020-371 du 30 mars 2020 précité ;

- Hôtels et hébergements similaires domiciliés dans une commune mentionnée à l'annexe 3 du décret du 30 mars 2020 relatif au fonds de solidarité ou dont le siège social est domicilié hors d'une commune mentionnée à l'annexe 3

- Hébergements touristiques et autres hébergements de courte durée dans une commune mentionnée à l'annexe 3 du décret du 30 mars 2020 relatif au fonds de solidarité ou dont le siège social est domicilié hors d'une commune mentionnée à l'annexe 3 et dont l'intégralité du chiffre d'affaires est réalisé dans une commune mentionnée à l'annexe 3 du décret n° 2020-371 du 30 mars 2020 précité ;

- Salles de sport, Salles de loisirs intérieurs, Jardins et parcs zoologiques, Thermalisme, Activités des parcs d'attractions et parcs à thèmes, Location et location-bail d'articles de loisirs et de sport ou commerce de détail d'articles de sport en magasin spécialisé lorsqu'au moins 50 % du chiffre d'affaires est réalisé dans la vente au détail de skis et de chaussures de ski, les discothèques et bars à ambiance dansante, Gestion de monuments historiques.

La gestion des monuments historiques ainsi que la condition d'avoir un siège social domicilié hors d'une commune de montagne et dont l'intégralité du chiffre d'affaires est réalisé dans une commune dite de montagne pour les trois premiers secteurs de l'annexe 1 ont été ajoutés par le décret n° 2021-1086 du 16 août 2021, sans caractère rétroactif.

Les entreprises exerçant à titre principal une activité de société de holding ne sont pas éligibles à l'aide « coûts fixes ». Les entreprises détenues par une holding et qui remplissent l'ensemble des critères prévus par le décret du 24 mars 2021 sont éligibles.

Le calcul du chiffre d'affaires

Qu'entend-t-on par chiffre d'affaires de la période éligible et par chiffre d'affaires de la période de référence?

- Le calcul du chiffre d'affaires pour l'aide complémentaire appréciée à la maille bimestrielle :

L'entreprise doit avoir perdu au moins 50 % de son chiffre d'affaires pendant la période dite éligible (y compris le chiffre d'affaires réalisé sur les activités de vente à distance, avec retrait en magasin ou livraison, ou sur les activités de vente à emporter) par rapport à la période de référence.

La perte de chiffre d'affaires est la différence entre, d'une part, le chiffre d'affaires constaté au cours de la période considérée et, d'autre part, le chiffre d'affaires de référence défini comme le chiffre d'affaires réalisé durant la même période de l'année 2019.

Il n'est pas possible de choisir la moyenne mensuelle 2019 comme c'est le cas pour le fonds de solidarité.

- Le calcul du chiffre d'affaires pour l'aide complémentaire appréciée à la maille mensuelle :

L'entreprise doit avoir perdu au moins 50 % de son chiffre d'affaires pendant le mois éligible (y compris le chiffre d'affaires réalisé sur les activités de vente à distance, avec retrait en magasin ou livraison, ou sur les activités de vente à emporter) par rapport au mois de référence correspondant au même mois de l'année 2019.

Il n'est pas possible de choisir la moyenne mensuelle 2019 comme c'est le cas pour le fonds de solidarité.

J'ai créé mon entreprise en 2019, suis-je éligible à l'aide « coûts fixes » ?

Je suis éligible à condition de pouvoir justifier d'un chiffre d'affaires de référence en 2019 conformément à la décision de la Commission européenne. Je dois donc avoir créé mon entreprise avant le 1er jour de la période 2019 correspondant à celle de 2021 au titre de laquelle je demande l'aide, soit :

- Pour être éligible à l'aide au titre des mois de janvier – février 2021, je dois avoir créé mon entreprise avant le 31 décembre 2018 inclus ;

- Pour être éligible à l'aide au titre des mois de mars – avril 2021, je dois avoir créé mon entreprise avant le 28 février 2019 inclus ;

- Pour être éligible à l'aide au titre des mois de mai – juin 2021, je dois avoir créé mon entreprise avant le 30 avril 2019 inclus ;

- Pour être éligible à l'aide au titre des mois de juillet – août 2021, je dois avoir créé mon entreprise avant le 30 juin 2019 inclus.

- Pour être éligible à l'aide au titre du mois de septembre, je dois avoir créé mon entreprise avant le 31 août 2019 inclus.

Les entreprises créées après le 1er septembre 2019 ne sont donc pas éligibles à l'aide « coûts fixes ».

Le chiffre d'affaires est-il entendu comme hors taxes ?

La notion de chiffre d'affaires s'entend comme le chiffre d'affaires hors taxes ou, lorsque l'entreprise relève de la catégorie des bénéfices non commerciaux, comme les recettes nettes hors taxes.

Est-il tenu compte des aides perçues dans le cadre du COVID ?

L'aide correspond à 70 % (ou 90 % pour les petites entreprises) de l'opposé de l'EBE coûts fixes qui permet de tenir compte des autres aides perçues dans le cadre de la crise du Covid et d'éviter une surcompensation, en application de la décision de la Commission européenne. En effet, les autres aides viennent améliorer l'EBE coûts fixes, soit en minorant certaines charges d'exploitation (ex : exonérations de charges sociales, activité partielle), soit en majorant les produits d'exploitation (ex : fonds de solidarité, aides des collectivités territoriales, aide billetterie, aide au nourrissage...). L'EBE coûts fixes, obligatoirement négatif, pour pouvoir bénéficier de l'aide « coûts fixes », est ainsi amélioré par la prise en compte des autres aides, et le montant de l'aide « coûts fixes » est mécaniquement réduit.

Toutefois depuis le décret n°2021-1086 en date du 16 août 2021, l'annexe 2 a été amendée pour exclure l'aide « coût fixes » du calcul de l'EBE coûts fixes. L'annexe 2 précise bien que les subventions d'exploitation dont il est tenu compte pour le calcul de l'EBE coûts fixes comprennent notamment les aides perçues au titre du fonds de solidarité durant la période concernée mais pas les aides coûts fixes perçues ou demandées.

Modalités de calcul et de versement de l'aide

Quels sont les coûts fixes visés ?

Il s'agit des coûts fixes d'exploitation encourus par les entreprises au cours de la période/mois éligible qui ne sont pas couverts par la contribution aux bénéfices (c'est-à-dire les recettes moins les coûts variables) au cours de la même période/du même mois et qui ne sont pas couverts par d'autres ressources, notamment par les aides publiques.

Ces coûts fixes non couverts sont approchés par la notion d'excédent brut d'exploitation dont la formule est précisée à l'annexe 2 du décret du 24 mars 2021 et ci-après nommée « EBE coûts fixes ».

Comment calculer l'Excédent Brut d'Exploitation coûts fixes?

L'EBE coûts fixes révèle le montant des coûts fixes non couverts par les recettes et produits assimilés. L'EBE coûts fixes correspond à la ressource d'exploitation dégagée par une entreprise. Il ne prend en compte ni les produits et charges exceptionnels, ni les dotations aux amortissements, ni la politique de financement de l'entreprise et son incidence sur le résultat net, ni l'impôt sur les sociétés.

Chiffre d'affaires net (**compte P.C.G. 70***)

Subventions d'exploitation (**compte P.C.G. 74***)

Redevances pour concessions, brevets, licences, marques, procédés, logiciels, droits et valeurs similaires (**compte P.C.G. 751***)

TOTAL DES PRODUITS D'EXPLOITATION (I)

Achats consommés (**compte P.C.G. 60***)

Autres achats et charges externes (**compte P.C.G. 61* et 62***)

Impôts, taxes et versements assimilés (**compte P.C.G. 63***)

Salaires, traitements et charges sociales (**compte P.C.G. 64***)

Redevances pour concessions, brevets, licences, marques, procédés, logiciels, droits et valeurs (**compte P.C.G. 651***)

TOTAL DES CHARGES D'EXPLOITATION (II)

EXCÉDENT BRUT D'EXPLOITATION COUTS FIXES (I–II)

L'excédent brut d'exploitation coûts fixes est calculé, pour chaque période éligible concernée / chaque mois concerné de la période éligible de deux mois, par un expert-comptable, tiers de confiance, ou par l'entreprise avec vérification par le commissaire aux comptes, à partir du grand livre de l'entreprise ou de la balance générale sur la base de la formule ci-dessus.

Attention deux nouveaux éléments ont été ajoutés à l'annexe 2 afin de permettre le calcul de l'EBE coûts fixes à compter de mars 2021 et donc de la deuxième période éligible :

- Le compte 751(dans les produits d'exploitation) : Redevances pour concessions, brevets, licences, marques, procédés, logiciels, droits et valeurs similaires.

- Le compte 651 (dans les charges d'exploitation) : Redevances pour concessions, brevets, licences, marques, procédés, logiciels, droits et valeurs.

- Enfin, la variation de stocks peut inclure, au choix de l'entreprise pour le mois de mars ou le mois d'avril 2021, la perte de valeur des stocks calculée en multipliant le stock présent en fin de période par le taux de dépréciation des stocks tel qu'il résulte des comptes approuvés lors de la clôture du dernier exercice.

En outre, le décret n°2021-1086 en date du 16 août 2021 a également modifié l'annexe 2 pour exclure les aides « coût fixes » perçues ou demandées du calcul de l'EBE coûts fixes.

Quel est l'Excédent Brut d'Exploitation pris en compte pour l'attribution de l'aide ?

Pour l'aide calculée à la **maille bimestrielle**, l'EBE coûts fixes permettant le calcul de l'aide est calculé sur chaque période éligible de deux mois.

Pour l'aide calculée à la **maille mensuelle**, l'EBE coûts fixes permettant le calcul de l'aide est calculé sur le mois concerné.

Suis-je éligible si mon EBE coûts fixes est positif sur un des deux mois de la période et négatif sur l'autre ?

- Dans le cadre du calcul à la maille bimestrielle, l'aide n'est versée que si l'EBE coûts fixes cumulé sur les deux mois est négatif.

Exemple : Je suis une entreprise ayant un chiffre d'affaires mensuel de 1,5 million d'euros par mois. Mon EBE Coûts Fixes, en mars 2021, était de 150 000 euros. Pour le mois d'avril 2021, mon EBE Coûts Fixes était de – 200 000 euros. Au titre de la période éligible mars – avril 2021, la somme de mes EBE Coûts Fixes étant négative (-50 000 euros), mon entreprise est éligible – sous réserve du respect des autres critères – à l'aide « coûts fixes ».

- Dans le cadre du calcul à la maille mensuelle, l'aide est versée dès lors que l'EBE coûts fixes sur le mois considéré est négatif.

L'entreprise qui a déposé une première demande d'aide coûts fixes au titre de la première période éligible (janvier-février 2021) avec des modalités de calcul de l'aide basée sur une base bimestrielle peut changer de méthode de calcul à compter de mars 2021 et choisir de vérifier son éligibilité selon une maille mensuelle.

Comment s'apprécie le critère d'effectifs qui permet de déterminer le pourcentage de calcul de l'aide (70 % ou 90 % de l'opposé mathématiques de l'EBE pour les entreprises de moins de 50 salariés) ?

Le critère d'effectif s'apprécie au niveau du groupe.

Imputation comptable : comment inscrire le fonds de solidarité et l'aide coûts fixes par exemple ?

Il convient de se rapprocher de l'expert-comptable ou du commissaire aux comptes pour toute question d'imputation comptable. A noter toutefois que l'aide du fonds de solidarité est inscrite en subvention d'exploitation (compte 74) dès lors que l'entité en a fait la demande et estime respecter les conditions d'octroi de cette aide.

Le conseil supérieur de l'ordre des experts comptables (CSOEC) a par ailleurs, dans un avis n°2021-03 du 17 mars 2021, apporté un certain nombre de précisions en matière comptable et notamment :

- Prise en charge de la variation de stocks :

L'EBE négatif pris en compte pour l'obtention de l'aide « coûts fixes » dont l'expert-comptable ou le commissaire aux comptes atteste le montant, intègre dans son calcul la variation des différentes natures de stocks détenus par une entité.

Les modalités de calcul de la variation des stocks sont déterminées de la manière suivante :

- si l'entreprise dispose d'un outil de suivi informatique lui permettant de tenir un inventaire permanent, elle s'appuie sur les données dont elle dispose pour calculer la variation des stocks ;

- si l'entité ne tient pas un inventaire permanent de ses stocks et décide de procéder à un inventaire physique, elle communique alors à son expert-comptable un inventaire détaillé à l'ouverture et à la clôture de la période bimestrielle ;

Le cas échéant et par simplification, le CSOEC recommande de recourir à une méthode reposant sur un calcul de la variation de stocks à partir du taux de marge commerciale du dernier bilan arrêté dès lors qu'il est considéré par le dirigeant que cette méthode d'approximation est fiable et peut suppléer l'absence de réalisation d'un inventaire physique.

Au-delà de la nature des diligences de l'expert-comptable sur la variation des stocks, ce dernier peut être amené à demander un état des stocks (quantité et/ou valeur) à l'entreprise.

- prise en charge des aides

Toutes les aides dont l'entreprise a pu bénéficier, qu'elles aient été comptabilisées sous la forme d'un produit ou d'une réduction de charges, doivent être prises en compte dans le calcul de l'EBE (dès lors qu'elles se rattachent à l'exploitation de l'entreprise).

Si les aides sont passées par un compte de transfert de charge, le CSOEC recommande qu'elles soient réintégrées dans le calcul de l'EBE.

Le décret n°2021-1086 en date du 16 août 2021, a exclu l'aide « coût fixes » du calcul de l'EBE coûts fixes.

- Attention particulière sur les traitements et salaires :

Il est rappelé que pour le calcul de l'EBE, les rémunérations et les charges prises en compte sont nettes des aides reçues, telles que le chômage partiel ou les remises accordées par l'URSSAF, ou les organismes sociaux ou de retraites.

Le CSOEC recommande qu'une attention particulière soit portée en cas d'évolution récente et anormale du salaire pris en considération au titre de la période de déclaration ou le maintien d'un niveau de salaire élevé alors que l'activité est interrompue.

Il conviendra alors que le dirigeant soit en mesure de justifier que la rémunération octroyée a fait l'objet d'une décision dûment autorisée et formalisée, dès lors que cela est requis par les textes.

Il en est ainsi pour l'ensemble des rémunérations versées par l'entreprise.

- Proratisation des charges et des produits :

Lors du calcul de l'EBE au titre d'une période bimestrielle, le CSOEC recommande de proratiser les charges et les produits qui interviennent annuellement, via le mécanisme des comptes de régularisation (charges et produits constatés d'avance...) comme s'il s'agissait d'établir un arrêté intermédiaire.

Il en est ainsi, par exemple, d'un impôt faisant l'objet d'un bordereau d'appel annuel unique au cours de l'exercice, impôt qui ne pourrait pas être pris en compte pour la totalité de son montant au titre du calcul de l'EBE relatif à la période bimestrielle « janvier-février 2021 ».

Les amortissements sont-ils pris en compte dans l'EBE coûts fixes ?

Conformément à la décision de la Commission en date du 9 mars 2021, les amortissements ne sont pas retenus dans le calcul de l'EBE coûts fixes.

Quel est le plafond de l'aide ?

L'aide est plafonnée à 10 M€ sur l'année 2021.

Une entreprise peut atteindre ce plafond dès sa première demande d'aide pour la période janvier – février 2021 ou sur les deux premières périodes (janvier – février et mars – avril) ou sur toute la période de 8 mois ou 9 mois.

Le plafond est calculé au niveau du groupe.

Une co-entreprise détenue à 50% par le groupe A et à 50% par le groupe B peut-elle choisir le groupe dont elle utilise les « droits de tirage » et donc le plafond ?

La notion de groupe pour l'aide « coûts fixes » est liée à celle du droit européen des aides d'Etat. La notion d'entreprise unique telle que définie à l'article 2 du règlement 1407/2013 relatif aux aides *de minimis* s'applique bien au régime temporaire, soit :

« Aux fins du présent règlement, une « entreprise unique » se compose de toutes les entreprises qui entretiennent entre elles au moins l'une des relations suivantes :

a) une entreprise a la majorité des droits de vote des actionnaires ou associés d'une autre entreprise ;

b) une entreprise a le droit de nommer ou de révoquer la majorité des membres de l'organe d'administration, de direction ou de surveillance d'une autre entreprise ;

c) une entreprise a le droit d'exercer une influence dominante sur une autre entreprise en vertu d'un contrat conclu avec celle-ci ou en vertu d'une clause des statuts de celle-ci ;

d) une entreprise actionnaire ou associée d'une autre entreprise contrôle seule, en vertu d'un accord conclu avec d'autres actionnaires ou associés de cette autre entreprise, la majorité des droits de vote des actionnaires ou associés de celle-ci.

Les entreprises qui entretiennent au moins une des relations visées au premier alinéa, points a) à d) à travers une ou plusieurs autres entreprises sont également considérées comme une entreprise unique. »

Concernant une coentreprise détenue à 50/50 par deux partenaires, il faudrait s'assurer qu'il n'existe pas dans ses statuts ou par voie contractuelle une primauté de décision à l'un des deux associés. Si tel n'est pas le cas, la coentreprise ne fait pas partie de « l'entreprise unique » au sens du règlement 1407/2013 et peut ainsi bénéficier d'un plafond de 10 M€ pour elle-même.

Certaines filiales de groupes n'effectuent pas systématiquement de clôture mensuelle, n'étant pas un groupe coté. Comment faire dans ce cas ?

Il n'est pas nécessaire d'effectuer une clôture mensuelle des comptes pour demander le bénéfice de l'aide « coûts fixes » pour l'une des trois périodes éligibles et renseigner le formulaire d'attestation de l'expert-comptable ou du commissaire aux comptes. Les seules informations demandées sont : l'EBE de la période éligible, le chiffre d'affaires pour chacun des mois de la période éligible et le chiffre d'affaires de chacun des mêmes mois de l'année 2019. Ces éléments sont calculés ou vérifiés par l'expert- comptable à l'occasion d'une mission d'assurance de niveau raisonnable effectuée selon les normes de la profession ou par le commissaire aux comptes vérifiant les éléments fournis par l'entreprise dans le respect des dispositions du Titre II du Livre VIII du code de commerce, de la réglementation européenne et des principes définis par le code de déontologie de la profession.

Les informations figurant sur l'attestation devront être cohérentes avec les déclarations faites à l'administration fiscale.

Le fonds de solidarité touché est-il ensuite déduit de ce que l'entreprise reçoit ?

Non, les aides touchées au titre du fonds de solidarité ne sont pas déduites. En revanche les aides perçues (activité partielle, exonérations de charges, fonds de solidarité, aide au nourrissage...) augmentent l'excédent brut d'exploitation et diminuent l'assiette de l'aide. En revanche les aides « coût fixes » perçues ou demandées au titre des périodes éligibles antérieur ou de la nouvelle période éligible au titre de laquelle l'aide est demandée sont exclues du calcul de l'EBE coûts fixes.

Sur quel compte bancaire l'aide est-elle versée ?

L'aide « coûts fixes » originale (comme l'aide « coûts fixes saisonnalité ») est versée sur le même compte bancaire que celui fourni par l'entreprise pour le versement du fonds de solidarité. C'est pour cela qu'il n'est pas demandé à l'entreprise de déclarer de nouvelles coordonnées bancaires.

Modalités de depôt de la demande

Quelle que soit la maille (bimestrielle ou mensuelle), les modalités de dépôts ne changent pas et la demande est faite tous les deux mois (sauf pour l'aide au titre de la période de septembre 2021).

Comment l'entreprise peut-elle déposer sa demande pour bénéficier de l'aide « coûts fixes » originale ?

L'entreprise effectue dans un premier temps sa demande de versement du fonds de solidarité au titre du deuxième mois de la période éligible.

Premier cas de figure avec une maille bimestrielle :

 - Mon entreprise est éligible au fonds de solidarité en avril 2021 : l'entreprise ne peut demander l'aide « coûts fixes » tant que cette demande n'est pas effectuée et que l'aide n'est pas versée. L'entreprise dispose désormais de 45 jours à compter du versement de l'aide d'avril pour déposer son dossier.

- Mon entreprise n'est pas éligible au fonds de solidarité en avril mais en a bénéficié en mars : l'entreprise a désormais 45 jours suivant le deuxième mois de la période éligible pour déposer sa demande.

Si l'entreprise choisit une maille mensuelle, cela ne change pas les dates et délais de dépôts, soit 45 jours à compter du versement de l'aide fonds de solidarité.

Ensuite :

- L'expert-comptable tiers de confiance, mandaté par l'entreprise vérifie les informations requises, calcule l'EBE coûts fixes et les différents soldes demandés et rédige une attestation, grâce au modèle type disponible sur le site des impôts. Il fournit également à l'entreprise les pièces utiles (voir le détail des pièces ci-dessous) permettant de vérifier les calculs et le montant d'EBE coûts fixes inscrit dans l'attestation au titre de la période éligible considérée ;

- L'entreprise dépose sa demande d'aide complémentaire « coûts fixes » sur son espace «Professionnel» Impots.gouv.fr, en y joignant les différentes pièces. Le dépôt est effectué dans un délai de 45 jours suivant le versement du fonds de solidarité, ou dans un délai de 45 jours à compter de l'expiration de la période éligible (par exemple à compter du 30 avril s'agissant de la deuxième période éligible) ;

- La demande est ensuite examinée par les services de la DGFiP, qui décident du versement de l'aide et qui l'avertissent du sens de la décision prise via la messagerie sécurisée ;

- L'entreprise reçoit l'aide «coûts fixes» (un deuxième message de la DGFIP via la messagerie sécurisée informe l'entreprise de la date de mise en paiement).

Depuis l'entrée en vigueur du décret n°2021-625 du 20 mai 2021, les entreprises dont les comptes sont audités par un commissaire aux comptes (CAC) peuvent choisir entre l'attestation de l'expert-comptable ou une attestation du CAC. Si elles choisissent comme tiers de confiance le Commissaire aux comptes elles doivent alors à l'appui de leur demande déposer les documents suivants :

- Une attestation remplie par l'entreprise, en général par le directeur financier, calculant l'EBE coûts fixes et fournissant l'ensemble des différents soldes demandés. Le modèle type se trouve sur le site des impôts.

- Une fiche de calcul à remplir et signer. Le modèle type se trouve sur le site des impôts.

- Une attestation du CAC confirmant qu'il a vérifié l'ensemble des calculs. Le modèle type se trouve également sur le site des impôts.

- Les autres pièces jointes ne changent pas que le dossier soit préparé par l'expert-comptable ou par le commissaire aux comptes.

Quelles sont les pièces à fournir en complément de la demande ?

Les documents à fournir sont les suivants que l'aide « coûts fixes » dite originale soit sur une maille mensuelle ou bimestrielle :

- Une attestation d'un expert-comptable (modèle sur le site www.impots.gouv.fr)

ou

une attestation de l'entreprise + une attestation d'un commissaire aux comptes, tiers de confiance (modèles sur le site des impôts) ;

- Une déclaration sur l'honneur attestant que l'entreprise remplit les conditions prévues par le décret pour bénéficier de l'aide « coûts fixes » ;

- La balance générale pour les années 2021 et 2019 (période de référence, une balance par mois) ;

- Le calcul de l'EBE coûts fixes (fiche de calcul mise à disposition sur le site des impôts).

En cas de demande déposée sur une maille mensuelle, il convient de remplir une attestation au titre de chaque mois.

A noter que pour les entreprises exerçant leur activité principale dans la location et la location-bail d'articles de loisirs et de sport ou du commerce de détail d'articles de sport en magasin spécialisé (ligne 9 de l'annexe 1 du décret n°2021-310 du 24 mars 2021), il convient de joindre également une attestation de l'expert-comptable, tiers de confiance, confirmant que l'entreprise réalise au moins 50 % du chiffre d'affaires dans la vente au détail de skis et de chaussures de ski.

De même, pour les entreprises exerçant leur activité principale dans un secteur mentionné aux lignes 1 à 3 (Restauration traditionnelle; Hôtels et hébergements; Hébergements touristiques et autres hébergements de courte durée similaires) dont le siège social est domicilié hors d'une commune mentionnée à l'annexe 3 du décret du 30 mars 2020, il convient de joindre également une attestation de l'expert-comptable, tiers de confiance, confirmant que l'entreprise réalise l'intégralité de son chiffre d'affaires dans une telle commune.

Seul l'expert-comptable est compétent pour délivrer une telle attestation.

Que doit contenir l'attestation de l'expert-comptable ?

L'expert-comptable vérifie les informations requises, calcule les montants demandés et rédige son attestation, grâce au modèle type disponible sur le site www.impots.gouv.fr. Cette attestation contient :

- L'excédent brut d'exploitation coûts fixes pour la période de deux mois au titre de laquelle l'aide est demandée (ou d'un mois en cas de maille mensuelle alors une attestation par mois, pour septembre 2021 pour l'aide demandée au titre de la cinquième période éligible) ;
- - Le chiffre d'affaires pour chacun des deux mois de la période 2021 au titre de laquelle l'aide est demandée (ou d'un mois en cas de calcul à la maille mensuelle, pour septembre 2021 pour l'aide demandée au titre de la cinquième période éligible) ;
- Le chiffre d'affaires de référence pour les mêmes mois 2019 (ou du mois en cas de calcul à la maille mensuelle, pour septembre 2019 pour l'aide demandée au titre de la cinquième période éligible) ;

- Le numéro de formulaire de l'aide reçue en application du décret du 30 mars 2020 pour chacun des deux mois de la période considérée ou une attestation d'inéligibilité au titre d'un des deux mois (pour septembre 2021 pour l'aide demandée au titre de la cinquième période éligible).

En cas d'appartenance à un groupe, une mention spéciale est apportée sur l'attestation. L'expert-comptable ou le commissaire aux comptes fournit également à l'entreprise les pièces utiles permettant de vérifier les calculs et le montant d'EBE coûts fixes inscrit dans l'attestation au titre de la période éligible considérée.

Pour calculer l'EBE coûts fixes, l'expert-comptable utilise un formulaire de calcul qui est mis à disposition par la Direction générale des Finances publiques sur le site www.impots.gouv.fr.

En cas du recours au commissaire aux comptes tiers de confiance, que doit contenir l'attestation de l'entreprise et celle du commissaire aux comptes ?

L'entreprise (en général le directeur financier) vérifie les informations requises, calcule les montants demandés et rédige son attestation, grâce au modèle type disponible sur le site www.impots.gouv.fr. Cette attestation contient :

- L'excédent brut d'exploitation coûts fixes pour la période de deux mois au titre de laquelle l'aide est demandée (ou d'un mois en cas de maille mensuelle ; il y a alors lieu de remplir une attestation par mois, pour septembre 2021 pour l'aide demandée au titre de la cinquième période éligible) ;

- Le chiffre d'affaires pour chacun des deux mois de la période 2021 au titre de laquelle l'aide est demandée (ou d'un mois en cas de calcul à la maille mensuelle, pour septembre 2021 pour l'aide demandée au titre de la cinquième période éligible) ;

- Le chiffre d'affaires de référence pour les mêmes mois 2019 (ou du mois en cas de calcul à la maille mensuelle, pour septembre 2019 pour l'aide demandée au titre de la cinquième période éligible) ;

- Le numéro de formulaire de l'aide reçue en application du décret du 30 mars 2020 pour chacun des deux mois de la période considérée ou une attestation d'inéligibilité au titre d'un des deux mois (pour septembre 2021 pour l'aide demandée au titre de la cinquième période éligible) ;

- Le cas échéant, pour les entreprises exerçant leur activité principale dans le commerce de détail d'articles de sport en magasin spécialisé (ligne 9 de l'annexe 1 du décret n°2021-310 du 24 mars 2021), une attestation de l'expert-comptable, tiers de confiance, confirmant que l'entreprise réalise au moins 50 % du chiffre d'affaires dans la vente au détail de skis et de chaussures de ski. Les entreprises exerçant leur activité principale dans la location et la location-bail d'articles de loisirs et de sport figurant à la même ligne 9 de l'annexe 1 ne sont pas soumises à la condition de réaliser au moins 50 % du chiffre d'affaires dans la vente au détail de skis et de chaussures de ski.

En cas d'appartenance à un groupe, une mention spéciale est apportée sur l'attestation.

Le commissaire aux comptes fournit alors à l'entreprise l'attestation confirmant qu'il a vérifié l'ensemble des éléments figurant dans l'attestation de l'entreprise.

Pour calculer l'EBE coûts fixes, l'entreprise utilise une fiche de calcul qui est mise à disposition par la Direction générale des Finances publiques sur le site www.impots.gouv.fr.

A noter que le décret n°2021-625 du 20 mai 2021 introduit cette possibilité d'avoir recours au commissaire aux comptes mais une entreprise dont les comptes sont audités par un commissaire aux comptes conserve le choix entre l'attestation de l'expert-comptable et la double attestation de l'entreprise et du commissaire aux comptes.

Si votre entreprise n'est pas éligible au fonds de solidarité au titre d'un des mois de la période éligible, peut-elle tout de même bénéficier de l'aide « coûts fixes »?

Si l'entreprise n'est pas éligible au fonds de solidarité au titre d'un des deux mois de la période éligible, l'attestation de l'expert-comptable ou de l'entreprise doit en faire état. L'entreprise reste éligible, sous réserve des autres critères, à l'aide « coûts fixes », et elle peut déposer sa demande, dès que l'attestation est prête, dans les délais présentés *supra*. L'attestation mentionne expressément que le requérant n'est pas éligible à l'aide du fonds de solidarité pour le mois considéré.

Comment puis-je déposer ma demande si je n'ai ni expert-comptable ni commissaire aux comptes ?

Seul un expert-comptable ou un commissaire aux comptes peut fournir l'attestation qui doit être déposée à l'appui de la demande d'aide « coûts fixes ». Si l'entreprise n'a pas d'expert-comptable attitré, elle peut recourir à l'annuaire des experts comptables.

Que se passe-t-il si j'ai déposé une demande au titre de la première période éligible avec la maille bimestrielle ? Suis-je obligé de continuer à choisir les mêmes critères ou ai-je le droit de changer et de passer à une maille mensuelle au titre de la deuxième et troisième période éligible?

Le décret n°2021-625 du 20 mai 2021 n'est pas rétroactif et n'entre en vigueur que pour la deuxième période éligible (à compter de mars 2021).

Par conséquent, à compter de la deuxième période éligible (mars et avril 2021), les entreprises ont deux options :

- Soit continuer à calculer l'aide selon une maille bimestrielle ;

- Soit calculer l'aide de manière mensuelle à partir du mois de mars 2021 tant pour la perte

de 50 % de chiffre d'affaires que pour le calcul de l'EBE coûts fixes.

Pourra t'il y avoir matière à remboursement a posteriori de l'aide perçue ?

L'aide « coûts fixes » (y compris les aides « coûts fixes saisonnalité » et aides « coûts fixes groupe » décrites supra) est une subvention qui ne doit être remboursée que si les comptes annuels font apparaître des écarts avec ce qui avait été calculé au moment de la demande de l'aide, révélant que l'entreprise ne remplissait pas, en fait, les conditions nécessaires pour bénéficier de l'aide sur l'une des périodes d'éligibilité, ou que la base de calcul de l'aide était erronée.

Si votre entreprise est soumise à l'obligation de faire auditer annuellement ses comptes par un commissaire aux comptes

Au moment de l'audit annuel des comptes, le commissaire aux comptes devra vérifier le résultat net sur l'ensemble de la période au titre de laquelle l'aide « coûts fixes » (originale, saisonnalité ou groupe) a été touchée. Ainsi, par exemple, il délivrera une attestation avec le résultat net sur janvier et février si l'entreprise n'a touché l'aide qu'au cours de la première période éligible, sur les 4 premiers mois de 2021 si l'entreprise a touché l'aide au titre des deux premières périodes éligibles, ou sur les six (ou huit ou neuf) premiers mois de 2021 si l'entreprise a touché l'aide pour les trois (ou quatre) périodes éligibles.

D'autres cas de figure sont possibles, par exemple des aides touchées pour la première et la troisième périodes éligibles, ou pour la deuxième et la troisième, ou une aide touchée seulement pour la deuxième période éligible, ou encore une aide touchée seulement pour la troisième. Dans tous les cas, le commissaire aux comptes vérifiera le résultat net sur l'ensemble des périodes éligibles au titre desquelles l'entreprise aura touché l'aide « coûts fixes ».

Si, sur l'ensemble des périodes éligibles au titre desquelles l'entreprise aura touché l'aide « coûts fixes », le résultat net est supérieur à l'excédent brut d'exploitation, l'entreprise transmet l'attestation du commissaire aux comptes à la Direction générale des Finances publiques, au plus tard trois mois après sa signature par le commissaire aux comptes.

Sur la base de cette attestation, la Direction générale des Finances publiques constate un indu qui est égal à la différence entre, d'une part, la somme des aides perçues au titre des articles 1er (aide « coûts fixes originale »), 7 (aide « coûts fixes saisonnalité ») et 12 (aide « coûts fixes groupe »), et, d'autre part, 70 %, (taux porté à 90 % pour les petites entreprises), de l'opposé mathématique du résultat net de la période éligible, si ce résultat net est négatif, ou à la somme des aides « coûts fixes » perçues par l'entreprise y compris l'aide versée au titre régime saisonnalité et groupe, si ce résultat net est positif.

Cet indu donne lieu à l'émission d'un titre de perception recouvré comme en matière de créances étrangères à l'impôt et au domaine.

Exemple :

Lors du dépôt de sa demande d'aide au titre de la période éligible janvier – février 2021, une entreprise fournit une attestation de l'expert-comptable mentionnant un EBE coûts fixes négatif de -80 000 € en janvier et de -40 000 € en février (aide égale à 70 % de l'opposé de l'EBE coûts fixes sur la période éligible, soit 84 000 €). Elle n'est plus éligible à l'aide « coûts fixes » sur la période mars – avril 2021, mais le redevient sur la période mai – juin 2021, pour laquelle elle fournit une attestation de l'expert-comptable mentionnant un EBE coûts fixes positif de + 20 000 € en mai, mais un EBE coûts fixes négatif de -20 000 € en juin (aide égale à 70 % de l'opposé de l'EBE coûts fixes sur la période éligible en utilisant la maille mensuelle pour juin, soit 14 000 €). Sous réserve du respect des autres critères, l'entreprise peut bien prétendre à nouveau à l'aide « coûts fixes » au titre de la période éligible juin 2021 (calcul à la maille mensuelle), dès lors que son EBE coûts fixes est négatif (-20 000 €) sur cette période.

L'EBE coûts fixes sur l'ensemble des périodes éligibles au titre desquelles l'aide « coûts fixes » aura été touchée, ensemble composé des mois de janvier – février d'une part, et du mois de juin d'autre part, était ainsi, d'après les calculs de l'expert-comptable réalisés au fil de l'eau à la fin de chaque période éligible bimestrielle, est de -140 000 €.

Au moment de l'audit annuel des comptes 2021, soit au premier semestre 2022, la vérification du commissaire aux comptes aboutit aux résultats nets mensuels suivants : -100 000 € en janvier 2021, -

20 000 € en février 2021 et -10 000 € en juin 2021. Le résultat net sur l'ensemble des périodes au titre desquelles l'aide « coûts fixes » aura été touchée est finalement de -130 000 €.

Dans ce cas de figure, sur l'ensemble des périodes au titre desquelles l'aide « coûts fixes » aura été touchée, le résultat net (-130 000 €) s'avère finalement, au moment de l'audit annuel des comptes, supérieur à l'EBE coûts fixes (-140 000 €).

Il y a dès lors matière à remboursement de l'indu, qui correspond à la différence entre la somme des aides « coûts fixes » perçues d'une part et d'autre part 70 % de l'opposé du résultat net sur l'ensemble des périodes au titre desquelles l'entreprise aura touché l'aide « coûts fixes », soit à 7 000 € dans notre exemple : 98 000 € – (70 % x 130 000 €) = 7 000 €

L'entreprise aura reçu une aide totale sur la période de 98 000 € -7 000 €=91 000 €.

Si votre entreprise n'est pas soumise à l'obligation de faire auditer ses comptes

L'entreprise, une fois ses comptes 2021 approuvés, devra procéder à la vérification des informations définitives par rapport à ce qui figure dans les attestations de l'expert-comptable fournies pour chaque période éligible.

Si, sur l'ensemble des périodes éligibles pour lesquelles l'entreprise aura bénéficié de l'aide « coûts fixes », le résultat net est supérieur à la somme des excédents bruts d'exploitation des mêmes périodes, l'entreprise transmet l'information à la Direction générale des Finances publiques.

La Direction générale des Finances publiques constate un indu qui est égal à la différence entre, d'une part, la somme des aides perçues au titre des articles 1er (aide « coûts fixes » originale), 7 (aide « coûts fixes saisonnalité ») et 12 (aide « coûts fixes groupe »), et, d'autre part, 70 %, (taux porté à 90 % pour les petites entreprises), de l'opposé mathématique du résultat net de la période éligible, si ce résultat net est négatif, ou à la somme des aides coûts fixes perçues par l'entreprise y compris l'aide versée au titre régime saisonnalité et groupe, si ce résultat net est positif.

Cet indu donne lieu à l'émission d'un titre de perception recouvré comme en matière de créances étrangères à l'impôt et au domaine.

Quelle est la définition du résultat net ?

On retrouve la définition à l'article 513-1 du règlement ANC n°2014-09 soit :

Le résultat de l'exercice est égal tant à la différence entre les produits et les charges qu'à la variation des capitaux propres entre le début et la fin de l'exercice sauf s'il s'agit d'opérations affectant directement le montant des capitaux propres.

Le résultat net est donc :

Résultat net comptable = le résultat d'exploitation + le résultat financier + le résultat exceptionnel - l'impôt sur les sociétés (IS).

Certaines charges comme les impositions locales doivent-elles être ventilées sur toute la période ou être inscrites selon la règle de la survenance ?

En lien avec l'expert-comptable ou le commissaire aux comptes, les charges comptables ponctuelles qui correspondent à des dépenses annuelles doivent être ventilées sur la période éligible au *prorata temporis*.

Une charge exceptionnelle doit-elle être inscrite sur la période de survenance ou ventilée sur l'année ?

En lien avec l'expert-comptable ou le commissaire aux comptes, les charges exceptionnelles peuvent être ventilées sur la période éligible au *prorata temporis*.

Suite à la parution du décret n°021-1338 en date du 14 octobre 2021 modifiant le décret n°2021-310 du 24 mars 2021 relatif à l'aide « coûts fixes » puis-je demander l'aide « coûts fixes saisonnalité » sur une période de 9 mois ?

Non, le décret n°2021-1338 en date du 14 octobre 2021 avec la création d'une nouvelle période éligible pour le mois de septembre 2021 n'a pas introduit la possibilité d'effectuer une demande pour l'aide « saisonnalité » sur 9 mois. Celle-ci reste donc calculée sur une période de 8 mois.

L'aide « coûts fixes » dite saisonnalité

Cette aide est prévue par le chapitre II du décret n° 2021-310 en date du 24 mars 2021, modifié par les décrets n°2021-625 du 20 mai 2021 et n°2021-1086 du 16 août 2021.

Pourquoi prévoir un dispositif d'aide dérogatoire ?

Certaines entreprises saisonnières étaient en effet exclues du dispositif car ne pouvant démontrer une perte de CA de 50 % quand elles sont à l'arrêt sur une partie de l'année ou en très faible activité. Le critère de perte de 50 % et le calcul de l'EBE coût fixes est alors appliqué sur cette période semestrielle. Ce schéma est ouvert à toutes les entreprises dès lors qu'elles subissent des variations importantes d'activité au cours de la période de référence.

A noter que le décret précité du 14 octobre 2021 ne modifie pas l'aide saisonnalité dont la période éligible reste de 8 mois maximum (janvier-août 2021).

Quelle est la période éligible ?

La période éligible devient le semestre, soit la période allant du 1er janvier au 30 juin 2021.

Par dérogation, le décret n°2021-1086 en date du 16 août 2021, a inclus la possibilité, si cette option est plus favorable, de demander l'aide au titre de la période de huit mois du 1er janvier 2021 au 31 août 2021 qui devient la période éligible.

Puis-je déposer une ou plusieurs demandes ?

Oui si une première demande a été déposée au titre de la période de 6 mois et qu'il est plus favorable à l'entreprise de la déposer au titre de la période de 8 mois.

Quels sont les critères d'éligibilité ?

Pour la période de 6 mois :

Les critères d'éligibilité sont les mêmes mais ils sont appréciés sur la période éligible de six mois soit avoir bénéficié au moins une fois du fonds de solidarité au titre d'un seul des mois du premier semestre 2021 et avoir subi une perte de chiffre d'affaires d'au moins 50 % (premier semestre 2021 par rapport au premier semestre 2019) et remplir une des deux conditions suivantes :

- Elles justifient pour au moins un des mois calendaire de la période semestrielle d'un chiffre d'affaires mensuel de référence, supérieur à un million d'euros, ou d'un chiffre d'affaires annuel 2019 supérieur à douze millions d'euros, ou elles font partie d'un groupe dont le chiffre d'affaires annuel 2019 est supérieur à douze millions d'euros ou dont le chiffre d'affaires mensuel de référence est supérieur à un million d'euros, et ont :

– été interdites d'accueil du public au cours d'au moins un mois calendaire de la période semestrielle éligible ;

– ou exercent leur activité principale dans un secteur mentionné à l'annexe 1 ou à l'annexe 2 du décret n°2020-371 du 30 mars précité dans sa rédaction en vigueur au 30 juin 2021 ;

– ou elles exercent leur activité principale dans le commerce de détail, à l'exception des automobiles et des motocycles, ou la location de biens immobiliers résidentiels, et sont domiciliées dans une commune, mentionnée à l'annexe 3 du décret n°2020-371 du 30 mars 2020 précité ;

- Elles exercent leur activité principale dans un secteur mentionné à l'annexe 1 du décret n°2021-310 du 24 mars 2021 dans sa rédaction en vigueur au 16 août 2021 ;

- avoir été créées avant le 1er janvier 2019 ;
- Avoir un excédent brut d'exploitation coûts fixes au cours de la période semestrielle négatif ;
- avoir réalisé, pendant au moins un mois de la période semestrielle de référence de 2019, un chiffre d'affaires mensuel inférieur à 5 % du chiffre d'affaires annuel 2019. Ce critère permet d'apprécier le caractère saisonnier de l'activité principale du demandeur.

Pour la période de huit mois :

- avoir bénéficié au moins une fois du fonds de solidarité au titre d'un seul des mois de la période allant du 1er janvier au 31 août 2021 ;
- avoir subi une perte de chiffre d'affaires d'au moins 50 % (période de huit mois en 2021 par rapport à la même période 2019) et remplir une des deux conditions suivantes :

- Elles justifient pour au moins un des mois calendaire de la période de 8 mois d'un chiffre d'affaires mensuel de référence, supérieur à un million d'euros, ou d'un chiffre d'affaires annuel 2019 supérieur à douze millions d'euros, ou elles font partie d'un groupe dont le chiffre d'affaires annuel 2019 est supérieur à douze millions d'euros ou dont le chiffre d'affaires mensuel de référence est supérieur à un million d'euros, et ont :

– été interdites d'accueil du public au cours d'au moins un mois calendaire de la période de 8 mois éligible ;

– ou exercent leur activité principale dans un secteur mentionné à l'annexe 1 ou à l'annexe 2 du décret n°2020-371 du 30 mars précité dans sa rédaction en vigueur au 30 juin 2021 ;

– ou elles exercent leur activité principale dans le commerce de détail, à l'exception des automobiles et des motocycles, ou la location de biens immobiliers résidentiels, et sont domiciliées dans une commune, mentionnée à l'annexe 3 du décret n°2020-371 du 30 mars 2020 précité ;

- Elles exercent leur activité principale dans un secteur mentionné à l'annexe 1 du décret n°2021-310 du 24 mars 2021 dans sa rédaction en vigueur au 16 août 2021 ;

- avoir été créées avant le 1er janvier 2019 ;
- Avoir un excédent brut d'exploitation coûts fixes au cours de la période de huit mois négatif ;

- avoir réalisé, pendant au moins un mois de la période de huit mois de référence de 2019, un chiffre d'affaires mensuel inférieur à 5 % du chiffre d'affaires annuel 2019. Ce critère permet d'apprécier le caractère saisonnier de l'activité principale du demandeur.

Les modalités de calcul de l'aide sont-elles les mêmes ?

Oui les modalités de calcul sont les mêmes mais l'EBE coûts fixes est calculé sur le semestre ou sur la période de huit mois. L'aide est égale à 70 % de l'opposé mathématique de l'excédent brut d'exploitation coûts fixes constaté au cours de la période semestrielle ou de huit mois (90 % pour les petites entreprises).

Ce dispositif change-t-il les règles d'éligibilité dépendant de la date de création de l'entreprise ?

Non car, pour l'aide saisonnalité, seules les entreprises créées avant le 1er janvier 2019 sont éligibles.

Quelles sont les modalités de calcul de l'EBE coûts fixes pour l'aide coûts fixes saisonnalité ?

Un seul EBE coûts fixes est calculé pour la période de six mois ou de huit mois.

Suis-je éligible si mon EBE coûts fixes est positif sur un des mois de la période semestrielle et négatif sur l'ensemble de la période de 6 mois ?

Oui je suis éligible. Pour l'aide « coûts fixes saisonnalité », seul compte l'EBE coûts fixes calculés sur la période de six mois allant du 1er janvier 2021 au 30 juin 2021 ou de huit mois allant du 1er janvier 2021 au 31 août 2021.

Le plafond de l'aide reste-t-il le même ?

Oui il reste le même : 10 M€ apprécié au niveau du groupe.

Si j'ai déjà touché l'aide « coûts fixes » originale s'agissant de la première période éligible (janvier-février 2021) que se passe-t-il ?

Si cela est plus favorable, l'entreprise dépose en fin de période une demande au titre du régime d'aide « coûts fixes saisonnalité ». L'aide « coûts fixes » originale éventuellement déjà versée au titre de la première période éligible sera déduite du montant total versé.

Sur quel compte bancaire l'aide est-elle versée ?

L'aide «coûts fixes saisonnalité», comme l'aide «coûts fixes» originale, est versée sur le compte bancaire fourni à l'appui de la demande du fonds de solidarité.

Quand devrai-je déposer ma demande ?

L'entrée en vigueur du décret du 16 août précité a rouvert les délais et les demandes peuvent être déposés jusqu'au 15 octobre 2021.

J'ai déjà bénéficié de l'aide au titre de la période semestrielle du 1er janvier 2021 au 30 juin 2021, puis-je bénéficier de l'aide au titre de la période de huit mois ?

Si l'entreprise a bénéficié de l'aide coûts fixes au titre de la période semestrielle du 1er janvier 2021 au 30 juin 2021, le montant d'aides coûts fixes déjà versé sera déduit du mondant d'aide coûts fixes auquel elle a droit pour la période de huit mois allant du 1er janvier 2021 au 31 août 2021.

Les pièces à fournir sont-elles les mêmes ou différentes ? Qu'est ce qui change ?

Les pièces sont les mêmes mais les informations sont remplies selon les cas soit au titre du semestre soit au titre de la période de huit mois. L'attestation de l'expert-comptable ou de l'entreprise doit de surcroît mentionner le chiffre d'affaires de l'année 2019 et doit préciser un mois de la période semestrielle (de huit mois) de référence de 2019 au cours duquel le chiffre d'affaires mensuel est inférieur à 5 % du chiffre d'affaires annuel 2019.

Le dispositif de remboursement s'applique-t-il aussi à cette aide « coûts fixes saisonnalité »

Oui il s'applique dans les mêmes conditions.

Pourquoi l'aide « coûts fixes saisonnalité » est-elle semestrielle (ou sur huit mois) alors que l'aide « coûts fixes » originale peut être obtenue pour quatre périodes éligibles bimestrielles ?

Car seule la période a minima du semestre permet d'intégrer les effets des activités saisonnières.

L'aide « coûts fixes » dite groupe

Cette aide est prévue par le chapitre III du décret n° 2021-310 en date du 24 mars 2021 tel qu'il a été modifié par le décret n°2021-625 du 20 mai 2021. Elle est destinée uniquement aux entreprises appartenant à des groupes :

- saturant le plafond mensuel de 200 000 euros du fonds de solidarité au moins un mois d'une des périodes éligibles ;

- atteignant le plafond visé au point (17) de la décision de la Commission européenne du 20 avril 20204 (plafond de 1,8 M€ pour les entreprises hors secteur agricole notamment).

Ces plafonds peuvent priver une des entités pourtant éligible au fonds de solidarité de la possibilité de déposer une demande d'aide au titre du fonds et en conséquence de bénéficier de l'aide « coûts fixes » au titre d'une période éligible.

Attention: l'aide «coûts fixes groupe» n'est pas une aide calculée au niveau du groupe. Il s'agit simplement de la possibilité par une entreprise d'un groupe de déposer une demande consolidée pour toutes les entités/filiales. Mais chaque entreprise/filiale du groupe doit elle-même respecter les critères de l'aide « coûts fixes ».

Eligibilité à l'aide dite « coûts fixes groupe »

Quels sont les critères d'éligibilité pour les entreprises ?

Afin de pouvoir être éligible à l'aide « coûts fixes groupe », l'entreprise doit remplir les conditions suivantes :

1. Appartenir à un groupe dont au moins une entreprise a obtenu le versement du fonds de solidarité au moins un des mois de l'une des périodes éligibles (ou en septembre 2021 pour la cinquième période éligible), et ayant atteint le plafond mensuel de 200 000 euros prévu dans le décret du 30 mars 2020 ;

    ou

    N'être ni contrôlée par une entreprise ni ne contrôler d'autres entreprises ou appartenir à un groupe qui a atteint le plafond « encadrement temporaire » visé au point (17) de la décision de la Commission européenne du 20 avril 2020 notifiée sous le numéro SA.56985 telle que modifiée par la décision de la Commission européenne du 16 mars 2021 notifiée sous le numéro SA.62102 ;

2. Etre éligible au fonds de solidarité au moins un des mois de l'une des périodes éligibles (ou en septembre 2021 pour la cinquième période éligible) mais ne pas y avoir eu droit du seul fait des critères de plafonnement précédemment évoqués (plafond mensuel de 200 000 euros au niveau

3. Avoir été créée au moins deux ans avant le premier jour de la période éligible ;

4. Avoir une perte de chiffre d'affaires d'au moins 50 % sur la période dite éligible par rapport au chiffre d'affaires réalisé sur la période de référence correspondant aux mêmes mois de l'année 2019 ;

5. Avoir un Excédent Brut d'Exploitation (EBE) coûts fixes négatif sur la période éligible ;

6. Avoir un chiffre d'affaires (CA) mensuel de référence supérieur à 1 M€ pour au moins un mois de la période éligible, ou avoir réalisé en 2019 un chiffre d'affaires annuel supérieur à douze millions d'euros, ou faire partie d'un groupe dont le chiffre d'affaires annuel 2019 est supérieur à douze millions d'euros, ou faire partie d'un groupe dont le chiffre d'affaire mensuel est supérieur à un million d'euros, sous réserve d'être dans une des situations suivantes :

- avoir été interdite d'accueil du public de manière ininterrompue au cours d'au moins un mois calendaire parmi les deux mois de la période éligible ;

- ou exercer son activité principale dans le commerce de détail et avoir au moins un de ses magasins de vente situé dans un centre commercial comportant un ou plusieurs bâtiments dont la surface commerciale utile est supérieure ou égale à vingt mille mètres carrés, ayant fait l'objet d'une interdiction d'accueil du public sans interruption sur au moins un mois calendaire parmi les deux mois de la période éligible ;

- ou exercer son activité principale dans un secteur mentionné à l'annexe 1 du décret du 30 mars 2020 relatif au fonds de solidarité dans sa rédaction en vigueur au 30 juin 2021 ;

- ou exercer son activité principale dans un secteur mentionné à l'annexe 2 du décret du 30 mars 2020 relatif au fonds de solidarité dans sa rédaction en vigueur au 30 juin 2021 ;

- ou exercer son activité principale dans le commerce de détail, à l'exception des automobiles et des motocycles, ou la location de biens immobiliers résidentiels, et être domiciliée dans une commune mentionnée à l'annexe 3 du décret du 30 mars 2020.

ou

Sans condition de chiffre d'affaires, sous réserve d'exercer son activité principale dans l'un des secteurs prioritaires suivants et domiciliée dans une commune mentionnée à l'annexe 3 du décret du 30 mars 2020 relatif au fonds de solidarité ou dont le siège social est domicilié hors d'une commune mentionnée à l'annexe 3 et dont l'intégralité du chiffre d'affaires est réalisé dans une commune mentionnée à l'annexe 3 du décret n° 2020-371 du 30 mars 2020 précité ;

- restauration traditionnelle

- Hôtels et hébergements similaires domiciliés dans une commune mentionnée à l'annexe 3 du décret du 30 mars 2020 relatif au fonds de solidarité ou dont le siège social est domicilié hors d'une commune mentionnée à l'annexe 3 du décretn°2020-371 du 30 mars2020

- Hébergements touristiques et autres hébergements de courte durée dans une commune mentionnée à l'annexe 3 du décret du 30 mars 2020 relatif au fonds de solidarité ou dont le siège social est domicilié hors d'une commune mentionnée à l'annexe 3 et dont l'intégralité du chiffre d'affaires est réalisé dans une commune mentionnée à l'annexe 3 du décret n° 2020-371 du 30 mars 2020 précité ;

- Salles de sport ; Salles de loisirs intérieurs6 ; Jardins et parcs zoologiques ; Thermalisme ; Activités des parcs d'attractions et parcs à thèmes ; Location et location-bail d'articles de loisirs et de sport ou commerce de détail d'articles de sport en magasin spécialisé lorsqu'au moins 50 % du chiffre d'affaires est réalisé dans la vente au détail de skis et de chaussures de ski ; Les discothèques et bars à ambiance dansante ; o Gestion de monuments historiques.

La gestion de monuments historiques ainsi que la condition d'avoir un siège social domicilié hors d'une commune de montagne et dont l'intégralité du chiffre d'affaires est réalisé dans une commune montagne pour les trois premiers secteurs ont été ajoutés par le décret n°2021-1086 en date du 16 août 2021, sans caractère rétroactif.

Je remplis toutes les conditions mais mon entreprise a saturé le plafond de 1,8 M€ des encadrements temporaires, mais elle ne fait pas partie d'un groupe, suis-quand même éligible à l'aide « coûts fixes groupe » ?

Oui votre entreprise est éligible à l'aide « coûts fixes groupe », le décret du 20 mai 2021 et notamment son chapitre III sur l'aide « coûts fixes groupe » visant les entreprises qui ne sont ni contrôlées par une entreprise ni ne contrôlent d'autres entreprises ou celles qui appartiennent à un groupe.

Quelles sont les périodes éligibles pour bénéficier de l'aide « coûts fixes groupe » ?

L'aide « coûts fixes groupe » peut être demandée au titre d'une, deux, trois, quatre ou cinq périodes éligibles suivantes :

- Première période éligible dite « période 1 » : janvier – février 2021
- Deuxième période éligible dite « période 2 » : mars – avril 2021 -
- Troisième période éligible dite « période 3 » : mai – juin 2021
- Quatrième période éligible dite « période 4 » : juillet – août 2021
- Cinquième période éligible dite « période 5 » : septembre 2021

S'agissant des quatre premières périodes éligibles, il est prévu un dépôt une seule fois, dès la publication du décret n°2021-625 du 20 mai 2021 et ce jusqu'au 30 septembre 2021.

S'il s'avère que certains groupes ont été dans l'obligation, en raison de tensions importantes de trésorerie, de déposer dès la publication du décret n° 2021-625 du 20 mai 2021 leur demande sans attendre juillet, le décret du 16 août 2021 a prévu la possibilité de déposer une nouvelle demande dès lors qu'elles n'ont pas atteint le plafond de 10 M€. Les demandeurs pourront déposer leurs demandes jusqu'au 30 septembre 2021. Le montant de l'aide coûts fixes déjà versé sera déduit du mondant d'aide coûts fixes auquel l'entreprise a droit sur la période du 1er janvier 2021 au 31 août 2021.

Le décret n° 2021-1338 du 14 octobre 2021 a enfin introduit la possibilité de déposer l'aide « groupe » sur 9 mois (au lieu de 8 mois ou 6 mois jusqu'alors). Si une demande d'aide « groupe » a déjà été déposée au titre d'une période éligible plus courte, les aides versées à ce titre sont alors déduites du nouveau montant d'aide calculé sur la période de 9 mois.

Modalités de calcul et de versement de l'aide

Comment est calculé le montant de l'aide « coûts fixes groupe »?

Rien ne change et pour chaque entreprise éligible à l'aide « coûts fixes groupe », le montant au titre de chaque période éligible est ainsi déterminé :

- Pour les entreprises de plus de 50 salariés : (- EBE coûts fixes) x 70 %

- Pour les microentreprises ou les petites entreprises : (- EBE coûts fixes) x 90 %

Le montant de l'aide « coûts fixes groupe », versée en une seule fois pour la période janvier-août 2021, représente la somme des aides dues à chaque entreprise éligible faisant partie du groupe pour une, deux, trois ou quatre périodes bimestrielles.

Le montant de l'aide « coûts fixes groupe » versée suite au dépôt d'une demande sur 9 mois représente la somme des aides dues à chaque entreprise éligible faisant partie du groupe pour une, deux, trois, quatre ou cinq périodes éligibles (4 premières périodes bimestrielle et et une période mensuelle pour septembre) minoré le cas échant de la somme des aides dues et versées à chaque entreprise éligible faisant partie du groupe pour une, deux, trois ou quatre périodes bimestrielles.

Quel est le plafond de l'aide ?

Le montant total des aides perçues par les entreprises d'un même groupe, ou par l'entreprise éligible, qu'il s'agisse de l'aide « coûts fixes » originale ou de l'aide « coûts fixes saisonnalité », est limité sur la période de six (ou huit/ ou neuf) mois à un plafond de 10 M€ calculé au niveau du groupe. Dans le cas où plusieurs entreprises sont éligibles aux aides susvisées, et lorsque le plafond de 10 M€ devient contraignant, l'attestation Groupe précise la répartition de l'aide demandée entre les différentes entreprises éligibles.

Le fonds de solidarité touché au cours de la période éligible est-il ensuite déduit de ce que l'entreprise reçoit ?

Non, les aides touchées au titre du fonds ne sont pas déduites. En revanche l'intégralité des aides perçues (activité partielle, exonérations de charges, fonds de solidarité, aide au nourrissage...) augmentent l'excédent brut d'exploitation et diminuent l'assiette de l'aide.

Sur quel compte bancaire l'aide est-elle versée ?

L'aide « coûts fixes groupe » est versée une fois pour l'entreprise ou l'ensemble des entreprises du groupe, sur le compte bancaire de la société qui fait la demande pour le compte du groupe. Ce compte est désigné dans l'attestation à joindre à la demande et disponible sur le site des impôts.

Modalités de dépôt de la demande

Quand et comment l'entreprise peut-elle déposer sa demande pour bénéficier de l'aide « coûts fixes Groupe » ?

Une seule demande est déposée par une des entreprises du groupe, au nom de l'ensemble des entités bénéficiaires de l'aide, au titre de l'ensemble des quatre périodes éligibles sur l'espace Professionnel du site Impots.gouv.fr. Suite à l'entrée en vigueur du décret du 14 octobre 2021 ajoutant une nouvelle période éligible (septembre 2021), la demande est déposée au plus tard avant le 15 novembre 2021.

Lors du dépôt de la demande réalisé pour le compte de l'ensemble du groupe sur l'espace professionnel de www.impots.gouv.fr, le demandeur :

- indique les coordonnées bancaires de la société sur le compte de laquelle l'aide « coûts fixes groupe » sera versée ;

- lorsque le plafond de 10 millions d'euros devient contraignant et dans le cas de plusieurs entreprises éligibles, le demandeur donne la répartition de l'aide demandée entre les différentes entreprises éligibles permettant de respecter le plafond de 10 millions d'euros.

- la demande est ensuite examinée par les services de la DGFiP, qui décident du versement de l'aide ;

- l'entreprise reçoit son aide « coûts fixes groupe ».

Quelle est l'entité qui doit déposer la demande d'aide « coûts fixes groupe »?

Le décret n° 2021-625 du 20 mai 2021 n'impose aucune contrainte : n'importe quelle filiale ou la tête de pont peut déposer la demande consolidée de l'aide « coûts fixes groupe ».

Quelles sont les pièces à fournir en complément de la demande ?

Les documents à fournir sont les suivants :

> - Une attestation dite « attestation groupe » d'un expert-comptable, ou une attestation de l'entreprise doublée d'une attestation du commissaire aux comptes, tiers de confiance ainsi qu'une fiche de calcul (modèles sur le site des impôts).

- Pour chaque entreprise du groupe qui n'a pu toucher le fonds de solidarité en raison de la saturation du plafond et pour chaque période éligible, l'ensemble des documents demandés dans le cadre du dispositif Aide « coûts fixes », c'est-à-dire :

* Une attestation ou des attestations (par exemple en cas de demande de l'aide « oûts fixes » originale à la maille mensuelle d'un expert-comptable, tiers de confiance ou une ou des attestations de l'entreprise et du commissaire aux comptes (modèles sur le site des impôts) ;

* Une déclaration sur l'honneur attestant que l'entreprise remplit les conditions prévues par le décret pour bénéficier de l'aide « coûts fixes » ;

* La balance générale pour les années 2021 et 2019 (période de référence, une balance par mois) ;

* Le calcul de l'EBE coûts fixes (fiches de calcul mise à disposition sur le site des impôts).

Que doivent contenir l'attestation groupe et le formulaire à remplir par l'expert-comptable/commissaire aux comptes tiers de confiance ?

L'expert-comptable ou le commissaire aux comptes vérifie les informations requises, calcule les montants demandés et rédige son attestation et le formulaire, grâce aux modèles types disponibles sur le site www.impots.gouv.fr. Ces documents apportent des informations sur les entreprises faisant partie du groupe, les aides déjà obtenues au titre du fonds de solidarité, les aides éventuellement déjà perçues ou à percevoir au titre de l'aide « coûts fixes » par les autres entreprises du groupe, l'excédent brut d'exploitation pour chaque mois de chaque période éligible en 2021, la répartition de l'aide entre les différentes entreprises en cas de dépassement du plafond de 10 millions d'euros.

Suite au communiqué de presse du ministère de l'Economie du 21 mai 2021 et aux tensions de trésorerie de mon entreprise, j'ai déposé une demande « coût fixes » sans atteindre le plafond. Puis-je effectuer une demande complémentaire ?

L'aide « groupe », qui permet notamment de rendre l'aide « coûts fixes » accessibles aux entreprises qui n'ont pas perçu le fonds de solidarité du fait de la saturation des plafonds au niveau du groupe, ne peut être demandée qu'une fois. Pour limiter les tensions de trésorerie, un communiqué de presse du Ministre avait le 21 mai 2021 indiquait toutefois aux entreprises d'effectuer une demande dès que nécessaire, une aide « complémentaire » pouvant ensuite être demandée pour la période non encore couverte.

Pour les entreprises ayant déjà déposé une demande d'aide « groupe », le décret du 16 août précité introduit la possibilité de déposer une aide complémentaire unique. Cette seconde demande concerne les périodes éligibles non encore couvertes par une demande (avril-août, mai-août, juin-août ou juillet- août selon les cas). Le montant déjà versé sera déduit du montant d'aide « coûts fixes » auquel ont droit les entreprises sur la période de huit mois du 1er janvier 2021 au 31 août 2021.

A noter que le décret n° 2021-1338 du 14 octobre 2021 a introduit la possibilité de déposer l'aide « groupe » sur 9 mois (au lieu de 8 mois ou 6 mois jusqu'alors). Si une demande d'aide « groupe » a déjà été déposée au titre d'une période éligible plus courte, les aides versées à ce titre sont alors déduites du nouveau montant d'aide calculé sur la période de 9 mois.

L'EBE coûts fixes ou le CA sont-ils calculés au niveau du groupe ?

Même dans le cadre de l'aide « coûts fixes groupe », l'EBE coûts fixes pris en compte pour calculer le montant de l'aide est apprécié au niveau de l'entreprise, personne morale.

La notion de groupe n'est utilisée, s'agissant du calcul du montant de l'aide, que pour vérifier que la tête de groupe et ses filiales ne dépassent pas le plafond total de 10 M€ fixé par la Commission. Il faut distinguer :

- l'assiette de l'aide : c'est l'EBE coûts fixes de l'entreprise (tête de groupe ou filiale), entité juridique ;

- le plafonnement de l'aide : le plafond de 10 M€ s'apprécie au niveau de l'ensemble du groupe (tête de groupe et filiales).

S'agissant du chiffre d'affaires, dans tous les cas, la perte de chiffre d'affaires, est appréciée au niveau de l'entreprise, personne morale.

La notion de groupe intervient au niveau du critère de chiffre d'affaires, pour les entreprises qui ne sont éligibles à l'aide « coûts fixes » qu'en raison de leur chiffre d'affaires et de leur appartenance soit à la catégorie des entreprises interdites d'accueil du public, soit S1 ou S1bis (annexes 1 et 2 du décret n°2020- 371), soit domiciliées dans une station de montagne (annexe 3 du décret n°2020-371), soit commerce de détail ayant un magasin de vente fermé dans un centre commercial de plus de 20 000 m2 subissant une interdiction d'accueil du public

Ces entreprises doivent justifier d'un chiffre d'affaires mensuel de référence supérieur à un million d'euros, ou d'un chiffre d'affaires annuel 2019 supérieur à douze millions d'euros, ou faire partie d'un groupe dont le chiffre d'affaires annuel 2019 est supérieur à douze millions d'euros ou dont le chiffre d'affaires mensuel de référence défini au II de l'article 3 est supérieur à un million d'euros.

Pourra t'il y avoir un remboursement de l'aide ?

L'aide « coûts fixes groupe » est une subvention qui ne doit être remboursée que si les comptes annuels font apparaître des écarts avec ce qui avait été calculé au moment de la demande de l'aide, révélant que l'entreprise ne remplissait pas, en fait, les conditions nécessaires pour bénéficier de l'aide sur l'une des périodes d'éligibilité, ou que la base de calcul de l'aide était erronée.

Les modalités de remboursement des indus sont celles du droit commun et en vertu du décret n°2021-310 du 24 mars 2021 elles s'appliquent pour chaque entreprise pour laquelle une demande d'aide au titre de l'aide coûts fixes groupe a été déposée.

Aide « reprise fonds de commerce 2020 »

Le décret du 20 mai a créé une aide coûts fixes spécifique pour les entreprises qui ont repris un fonds de commerce en 2020, qui ont subi une interdiction d'accueil du public entre novembre 2020 et mai 2021 et qui ne sont pas éligibles au fonds de solidarité en l'absence de chiffre d'affaires de référence.

Les entreprises éligibles à cette aide doivent remplir les conditions suivantes :

- avoir été créées au plus tard le 31 décembre 2020 ;
- avoir acquis un fonds de commerce, entre le 1er janvier 2020 et le 31 décembre 2020 ;
- être toujours propriétaire du fonds de commerce lors du dépôt de la demande ;
- avoir conservé la même activité principale après l'acquisition (par exemple, un restaurant reprenant un restaurant) ;
- l'activité du fonds de commerce doit avoir fait l'objet d'une interdiction d'accueil du public sans interruption entre le 1er novembre 2020, ou la date d'acquisition du fonds, et le 1er mai 2021 ;
- n'avoir généré aucun CA (ou recettes pour les titulaires de BNC) en 2020 ;
- n'être ni contrôlée par une autre entreprise, ni ne contrôler une autre entreprise.

Remarque : cette aide est prise en compte dans le plafond de 1,8 M€, soit le plafond des aides de montant limité par la Commission européenne.

Aide « nouvelle entreprise »

Une aide « nouvelle entreprise » a été mis en place par un décret du 16 juillet 2021 pour les entreprises, qui en raison de leur date de création postérieure au 1er janvier 2019, n'étaient pas éligibles à l'aide « coûts fixes ». Ainsi, les entreprises créées entre le 1er janvier 2019 et le 31 janvier 2021 dont l'activité est particulièrement affectée par la crise sanitaire et qui remplissent les conditions de l'aide « classique » peuvent bénéficier d'une aide « nouvelle entreprise » similaire couvrant 70 % des pertes d'exploitation (ou 90 % pour les PME de moins de 50 salariés).

Remarque : cette aide est prise en compte dans le plafond de 1,8 M€, soit le plafond des aides de montant limité par la Commission européenne.

CHAPITRE 5

Les délais de paiement des créances fiscales et sociales

Comment reporter ses échéances fiscales ?

Le service des impôts des entreprises (SIE) demeure l'interlocuteur privilégié : en cas de difficulté, il peut accorder au cas par cas des délais de paiement des impôts et taxes.

Ce dispositif s'adresse aux entreprises concernées par une interruption ou une restriction de leur activité liée à une mesure de fermeture ou lorsque leur situation financière le justifie. Les demandes sont examinées au cas par cas.

Si les entreprises ont reporté des échéances fiscales et qu'elles n'ont pa encore pu être payées, le service des impôts des entreprises est également là pour apporter une aide : **des plans de règlement « spécifiques Covid-19 »** peuvent être proposés afin d'accompagner au mieux les entreprises. Ces plans de règlement visent à échelonner le paiement de vos impôts dus pendant la crise sur une durée de **12, 24** voire **36 mois**, en fonction du niveau d'endettement de l'entreprise.

Pour les entreprises (ou les experts-comptables qui interviennent pour des clients dans cette situation), il est possible de demander au service des impôts des entreprises le report sans pénalité du dépôt des liasses fiscales et autres déclarations assimilées et du règlement de leurs prochaines échéances d'impôts directs (acompte d'impôt sur les sociétés, taxe sur les salaires, CVAE).

Si elles ont déjà réglé leurs échéances, elles ont peut-être encore la possibilité de s'opposer au prélèvement SEPA auprès de leur banque en ligne. Sinon, elles ont également la possibilité d'en demander le remboursement auprès de leur service des impôts des entreprises (SIE), une fois le prélèvement effectif.

Pour les travailleurs indépendants, il est possible de moduler à tout moment le taux et les acomptes de prélèvement à la source. Il est aussi possible de reporter le paiement de leurs acomptes de prélèvement à la source sur leurs revenus professionnels d'un mois sur l'autre jusqu'à trois fois si leurs acomptes sont mensuels, ou d'un trimestre sur l'autre si leurs acomptes sont trimestriels.

Pour les contrats de mensualisation concernant le paiement de la contribution foncière des entreprises (CFE) ou de la taxe foncière (TF), il est possible de le suspendre sur le site impots.gouv ou en contactant le Centre prélèvement service : le montant restant sera prélevé au solde, sans pénalité.

Pour faciliter l'ensemble des démarches, la DGFiP met à disposition un modèle de demande à adresser au service des impôts des entreprises.

Toutes ces démarches sont accessibles via « l'espace particulier » sur le site impots.gouv rubrique "Gérer mon prélèvement à la source". Toute intervention avant le 22 du mois sera prise en compte pour le mois suivant.

Bénéficier d'une extension des plans de règlement pour les dettes fiscales

Le 1er avril 2021, le dispositif de plans de règlement permettant aux entreprises d'étaler, sur une durée pouvant atteindre trois ans, le paiement de leurs impôts dus jusqu'au 31 décembre 2020, a été prolongé et étendu.

Quelles entreprises peuvent en bénéficier ?

Ces plans de règlement visent à soutenir les TPE-PME particulièrement touchées par la crise sanitaire et ses conséquences économiques.

Ils s'adressent aux commerçants, artisans et professions libérales ayant débuté leur activité au plus tard en 2019, quel que soit le statut – société, entrepreneur individuel – et leur régime fiscal et social – y compris micro-entrepreneurs, sans condition de secteur d'activité ou de perte de chiffre d'affaires.

Quels impôts sont concernés ?

Impôts directs et indirects recouverts par la Direction générale des finances publiques, sauf ceux résultant d'un contrôle fiscal, dont le paiement devait intervenir au plus tard le 31 décembre 2020. Il s'agit ainsi :

- de la TVA
- de la CVAE
- de la CFE
- du prélèvement à la source
- de l'impôt sur les sociétés
- de la taxe foncière sur les entreprises propriétaires

Parmi cette dette fiscale, l'entreprise doit être redevable, au jour de la demande de plan, d'impôts dont la date d'échéance de paiement est intervenue, ou aurait dû intervenir avant décision de report au titre de la crise sanitaire, entre le 1er mars 2020 et le 31 décembre 2020.

Quelles sont les caractéristiques de ces plans de règlement ?

Ces plans sont d'une durée de 12, 24 ou 36 mois, calculée par l'administration fiscale en fonction de l'endettement fiscal et social de l'entreprise. Pour les plans d'une durée inférieure ou égale à 24 mois, l'entreprise n'a pas à fournir de garanties.

Comment en bénéficier ?

L'entreprise fait sa demande, au plus tard le 30 juin 2021, à l'aide d'un formulaire de demande de plan de règlement « Covid 19 » disponible sur le site impots.gouv.fr, depuis la messagerie sécurisée de son espace professionnel ou à défaut par courriel ou courrier adressé à son service des impôts et des entreprises.

Comment moduler ses acomptes d'impôt sur les sociétés (IS) ?

Les modalités de paiement des acomptes d'impôt sur les sociétés (IS) sont adaptées.

Pour prendre en compte la baisse des résultats des entreprises résultant de la crise sanitaire, le 1er acompte d'impôt sur les sociétés (IS) dû au 15 mars 2021 a pu être modulé et correspondre, à titre exceptionnel, à **25 %** du montant de l'IS prévisionnel de l'exercice clos le 31 décembre 2020 (et non le 31 décembre 2019), avec une marge d'erreur de 10 %.

Dans ce cas, le montant du 2ème acompte versé au 15 juin 2021 a du être calculé pour que la somme des deux premiers acomptes soit égale à 50% au moins de l'IS de l'exercice clos le 31 décembre 2020.

Ces modalités particulières de calcul s'appliqueront également aux acomptes de contribution sociale sur l'IS du 15 mars et du 15 juin 2021.

Cette faculté assouplie de modulation reste optionnelle. Les entreprises qui n'y recourent pas doivent continuer d'observer les règles du droit actuel.

Comment bénéficier de l'exonération et de l'aide au paiement des cotisations sociales ?

L'Urssaf a déclenché des mesures exceptionnelles pour accompagner les entreprises et les travailleurs indépendants présentant de sérieuses difficultés de trésorerie suite à la crise sanitaire.

L'Urssaf avait reconduit le report de tout ou partie du paiement des cotisations salariales et patronales pour les échéances de juin, juillet 2021.

En revanche, pour août 2021 les modalités de report avaient évoluées et les entreprises ont dû s'acquitter des cotisations sociales aux dates d'exigibilité, à savoir le 5 ou le 16 août.

En septembre et octobre 2021, selon la situation géographique, les entreprises et les travailleurs indépendants devront s'acquitter des cotisations salariales et patronales.

En novembre 2021, les cotisations sociales des échéances du mois de novembre seront exigibles pour les employeurs et les travailleurs indépendants situés en métropole, à La Réunion et à Mayotte, sans possibilité de report de paiement.

En revanche, les prélèvements pour les paiements des échéances restent suspendus pour les employeurs et les travailleurs indépendants de la Martinique, Guyane, et Guadeloupe.

A qui s'adresse le dispositif ?

Les employeurs (entreprises de moins de 50 salariés) dont la date d'échéance Urssaf intervient le 15 du mois peuvent reporter tout ou partie du paiement de leurs cotisations salariales et patronales.

De même pour les employeurs (entreprises de plus de 50 salariés) dont la date d'échéance Urssaf intervient le 5 du mois peuvent reporter tout ou partie du paiement de leurs cotisations salariales et patronales.

Pour les travailleurs indépendants, les échéances mensuelles ou trimestrielles peuvent être reportées, elles ne seront pas été prélevées et donc il n'y a pas de paiement à effectuer.

En complément de cette mesure, les travailleurs indépendants et les professions libérales peuvent :

- solliciter un ajustement de leur échéancier de cotisations pour tenir compte d'ores et déjà d'une baisse de leur revenu, en réévaluant le revenu 2020 sans attendre la déclaration annuelle,

- solliciter les services des impôts pour bénéficier de l'aide prévue par le fonds de solidarité.

Echéances de novembre 2921

Les employeurs :

En métropole, à la Réunion et à Mayotte : les cotisations sociales des échéances du mois de novembre 2021 seront exigibles, à savoir le 5 ou le 15 novembre, sans possibilité de report de paiement.

Les cotisations qui ne seront pas payées à l'échéance pourront faire l'objet de majorations de retard.

En Guadeloupe, en Martinique et en Guyane : au regard de la situation actuelle dans ces territoires, les entreprises dont l'activité est encore limitée par les conséquences de la crise sanitaire pourront reporter le paiement de leurs cotisations pour les échéances du 5 ou du 15 novembre en formulant une demande préalable.

Les travailleurs indépendants :

En métropole : le prélèvement automatique du paiement des cotisations et contributions sociales personnelles reprend pour les travailleurs indépendants trimestriels relevant des secteurs S1 et S1 bis.

A partir du mois de novembre et jusqu'à la fin de l'année, l'Urssaf contactera l'ensemble des travailleurs indépendants relevant des secteurs S1 et S1 bis (voir liste en annexe du châpitre 2) pour proposer un plan d'apurement permettant d'échelonner le paiement de l'arriéré de cotisations. Cet accompagnement est systématique, aucune démarche à engager auprès de l'Urssaf pour en bénéficier.

A la réunion : pour les travailleurs indépendants mensuels ou trimestriels, le prélèvement automatique du paiement des cotisations et contributions sociales personnelles reprend à compter du 5 novembre 2021 (mensuels et trimestriels) ou du 20 novembre 2021 (mensuels).

En Guadeloupe, en Martinique et en Guyane : les prélèvements pour les paiements des échéances restent suspendus pour les travailleurs indépendants dont l'activité principale relève des secteurs impactés par la crise :

- les travailleurs indépendants relevant du secteur dit S1 (tourisme, hôtellerie, restauration, sport, culture, transport aérien, événementiel),
- les travailleurs indépendants relevant du secteur dit S1bis, dont l'activité dépend fortement de celle des secteurs S1.

Quelle démarche à suivre ?

- Auprès de quel organisme

En Guadeloupe, en Martinique et en Guyane, les entreprises dont l'activité est encore limitée par les conséquences de la crise sanitaire pourront reporter le paiement de leurs cotisations pour les échéances du 5 ou du 15 novembre 2021 en formulant une demande préalable.

Pour bénéficier du report, l'entreprise remplit en ligne un formulaire de demande préalable. En l'absence de réponse de l'Urssaf dans les deux jours ouvrés suivants le dépôt du formulaire, la demande de report est considérée comme acceptée.

Les artisans commerçants peuvent réaliser leurs démarches :

- par internet sur secu-independants.fr, « mon compte »
- par courriel en choisissant l'objet «Vos cotisations», motif «Difficultés - Coronavirus»,
- par téléphone au 3698 (service gratuit + prix appel).

Les professions libérales peuvent réaliser leurs démarches :

- par internet, sur leur espace en ligne sur urssaf.fr en adressant un message via la rubrique « Une formalité déclarative » > «Déclarer une situation exceptionnelle»,
- par téléphone, en contactant l'Urssaf au 3957 (0,12 € / min + prix appel) ou au 0806 804 209 (service gratuit + prix appel) pour les praticiens et auxiliaires médicaux.

L'entreprise peut minorer son paiement de tout ou partie des cotisations patronales (au travers du bloc paiement de la DSN si elle a opté pour le télérèglement, ou via l'ajustement du montant du virement si elle utilise ce mode de paiement). Dans tous les cas, les cotisations sont à renseigner en DSN (parties 78, 81, 22 et 23).

Pour suivre la méthode de déclaration du chiffre d'affaires réel avec paiement (total, partiel ou absent), consultez le mode opératoire étape par étape sur le site auto-entrepreneur.

Les travailleurs indépendants qui rencontrent des difficultés de paiement, peuvent contacter leur Urssaf/CGSS ou faire opposition au prélèvement. Dans tous les cas, un éventuel impayé ne donnera lieu à aucune pénalité ou majoration de retard et leur Urssaf/CGSS reprendra contact avec eux ultérieurement pour leur proposer un échéancier de paiement.

Toutefois, si les travailleurs indépendants ont la possibilité de procéder au paiement de tout ou partie de leurs cotisations, il peuvent le faire :

- soit par virement : ils doivent contacter l'Urssaf via leur espace s'il ne connaissent pas les coordonnées bancaires de l'Urssaf dont ils dépendent,
- soit par chèque : à l'ordre de l'Urssaf/CGSS en précisant, au dos du chèque, l'échéance concernée ainsi que le numéro de compte TI (qui figure sur toutes les correspondances avec l'Urssaf).

CHAPITRE 6
Les remises gracieuses des créances fiscales

l'Administration fiscale peut accorder à la demande du contribuable :

- des remises totales ou partielles d'impôts **directs** (toute remise d'impôts **indirects**, en particulier la T.V.A. est impossible) ou de majorations d'impôts lorsque ces pénalités et, le cas échéant, les impositions auxquelles elles s'ajoutent ne sont pas définitives (c'est-à-dire qu'elles peuvent encore être contestées le délai de prescription n'étant pas intervenu).

Au regard des critères de droit commun, la remise ou la modération est un abandon – pur et simple ou conditionnel – consenti par un créancier à son débiteur et portant sur tout ou partie de la créance. Le terme « remise » est seul employé lorsque l'abandon consenti porte sur la totalité de la créance. Si cet abandon n'est que partiel, le terme « modération » est plus spécialement utilisé.

Conformément à la règle selon laquelle « le contentieux tient le gracieux en l'état », la remise ou la modération qui est un abandon unilatéral, ne peut normalement intervenir qu'autant que la créance fiscale est devenue définitive.

La remise ou la modération s'applique seulement pour des motifs de « gêne ou d'indigence » c'est-à-dire mettant les contribuables dans l'impossibilité de se libérer envers le Trésor.

En matière gracieuse il peut être conclu entre les redevables d'impôts et l'administration une « transaction » qui est un contrat écrit par lequel les parties terminent une contestation née ou préviennent une contestation à naître.

Elle suppose donc, contrairement à la remise ou modération qui constitue un acte unilatéral d'abandon de créance, des concessions réciproques faites par le créancier et le débiteur sur leurs droits respectifs.

Compte tenu de sa nature propre, la transaction n'a de raison d'être que dans la mesure où elle s'applique à une créance fiscale (impôt et pénalité ou pénalité seulement) contestée ou encore susceptible de contestation. Elle se justifie également dans les cas où, en l'absence de toute possibilité de contestation de la créance fiscale devant le juge de l'impôt, elle a pour effet, soit de mettre fin à une action déjà entreprise devant les tribunaux correctionnels en vue d'obtenir une condamnation à des sanctions fiscales, soit d'interdire l'engagement d'une telle action.

En droit fiscal, la transaction ne peut, en aucun cas, conduire à une atténuation de l'impôt principal (droit, taxe, prélèvement, redevance, etc.), quelle que soit sa nature. Elle s'applique lorsque l'Administration consent au redevable une atténuation des pénalités prononcées ou simplement encourues et, le cas échéant, renonce à porter l'affaire devant les tribunaux.

En contrepartie, le contribuable bénéficiaire de la transaction s'engage à verser au Trésor, à titre de sanction, en sus des droits et des frais éventuellement exigibles, une somme fixée par le service, inférieure aux pénalités qu'il a encourues ou qui ont été prononcées contre lui et renonce à toute procédure contentieuse – née ou à naître – visant les pénalités ou les droits qu'elles concernent.

Les décisions de la juridiction gracieuse ne peuvent, en principe, intervenir que sur demande des contribuables.

La présentation d'une telle demande n'est pas exigée dans les cas où le service est autorisé à accorder des transactions ou des remises ou modérations d'office,

Où adresser la demande ?

Les demandes en vue d'obtenir, à titre gracieux, soit une transaction, soit une remise ou modération, doivent être adressées au service des impôts dont dépend le lieu d'imposition.

En ce qui concerne les impositions établies par une Direction du Contrôle Fiscal (DIRCOFI) ainsi que par une direction fiscale nationale ou spécialisée, la demande doit être adressée au directeur chargé de cette Direction.

Les demandes gracieuses peuvent porter sur la totalité ou une partie des impôts directs et des pénalités quel que soit l'impôt en cause.

Il est précisé que la demande gracieuse n'ouvre pas droit au sursis de paiement. Le comptable est donc autorisé à engager des poursuites pour vous réclamer le paiement de l'impôt.

Comment adresser la demande ?

La demande, qui doit contenir les informations nécessaires pour identifier l'entreprise ainsi que l'imposition, est adressée, soit oralement (dans ce cas, une fiche de visite est rédigée par le service des impôts et signée par le représentant de l'entreprise), soit par courrier ou par courriel ou directement sur le site www,impots,gouv,fr .

La demande peut également être faite par une personne qui a reçu de la part de l'entreprise un mandat à cet effet. Certaines personnes peuvent en faire la demande sans avoir reçu de mandat formel. Il s'agit, par exemple, des avocats, de chacun des époux pour les impositions relatives aux biens qu'il administre et les impôts dont il est solidairement responsable, des héritiers pour le compte du contribuable décédé, de chacun des membres d'une indivision pour le compte de l'indivision.

Pour permettre au service des impôts d'apprécier la situation, il est recommandé d'accompagner la demande du questionnaire formulaire 4805-SD accessible via le moteur de recherche et des pièces justificatives correspondantes.

Comment est traitée la demande ?

La demande est appréciée en fonction de la situation personnelle de l'entreprise qui peut avoir pour origine :

- un décalage de la période de paiement de l'impôt ;
- une perte imprévisible des revenus (chômage) ;
- des circonstances exceptionnelles (décès du conjoint, séparation, invalidité) ou ayant occasionné des dépenses anormalement élevées (maladie) ;
- une disproportion entre l'importance de la dette fiscale et votre niveau de revenus (accumulation d'arriérés ou rappels suite à contrôle).

L'appréciation de cette situation relève toujours d'une approche individualisée qui prend en compte l'ensemble des particularités du dossier, ainsi que du comportement fiscal habituel en matière de déclaration et de paiement, le respect des engagements pris, et les efforts déjà fournis pour se libérer de la dette fiscale.

En pratique, les capacités réelles de paiement sont appréciées sur les critères suivants, pour les entreprises individuelles :

- en tenant compte du patrimoine et de l'ensemble des ressources des personnes vivant avec le contribuable, actuelles, imposables ou non (allocations sociales, aides municipales, RSA...), permanentes ou temporaires ;
- en prenant en considération les dépenses indispensables à la vie courante du foyer familial : nourriture, santé, assurance, logement (loyer ou équivalent si emprunt bancaire, chauffage, éclairage), frais de transport domicile - lieu de travail. Ces dépenses doivent être justifiées ou réellement établies ;
- en s'assurant que les dépenses sont en rapport avec vos ressources et la composition de votre foyer. Les raisons pour lesquelles les dépenses excèdent les capacités financières sont examinées (événements particuliers ou choix de mode de vie, cette dernière raison excluant toute remise ou modération) ;

- en évaluant l'étendue de la dette fiscale : l'administration s'assure que l'octroi de délais de paiement ne peut suffire à apurer la dette. Elle tient compte, le cas échéant, de l'origine et de la nature des dettes autres que fiscales, notamment en cas de situation de surendettement.

Une approche de nature identique, mais bien sûr adaptée, est retenue pour apprécier les capacités réelles d'une entreprise de capitaux : montant et nature de l'actif et passif social, nature et montant de l'endettement, investissements, évolution du chiffre d'affaires et des bénéfices ou déficits, mesures de gestion mises en œuvre, perspectives de paiement, comportement fiscal déclaratif et de paiement habituel, mesures gracieuses accordées antérieurement.

Quelle est la durée de traitement de la demande ?

L'administration s'efforce de répondre à toutes les demandes dans le meilleur délai possible. Si l'administration n'a pas répondu dans le délai de 2 mois, la demande est considérée comme rejetée. Ce délai est porté à 4 mois si la complexité de la demande le justifie. L'administration doit, dans ce cas, informer de ce délai supplémentaire avant l'expiration du délai de 2 mois.

Quelles sont les décisions de l'administration sur la demande ?

À l'issue de l'examen des différents critères d'appréciation, la demande peut donner lieu à :

- une décision de rejet ;
- une décision de remise ou de modération pure et simple ;
- une décision de remise ou de modération conditionnelle.

Les décisions prises en matière de juridiction gracieuse ne sont pas motivées, c'est-à-dire que l'administration n'a pas à expliquer les raisons de son choix. Ce principe s'applique quel que soit le sens et la portée de la décision.

L'octroi de la remise ou de la modération peut être subordonné :

- au paiement préalable des impositions restant à charge ;
- au dépôt d'une déclaration si les obligations déclaratives ne sont pas à jour ;
- à la renonciation à tout contentieux visant les impôts concernés par la demande.

Quelle est la suite aux décisions gracieuses de l'administration ?

Les décisions de rejet total ou partiel prises par les directeurs et les agents délégataires sur les demandes gracieuses des contribuables peuvent être soumises au ministre chargé du budget. Ces recours sont spécialement désignés sous le nom de « pourvois ».

Dans un souci de simplification et de déconcentration des travaux du contentieux, les directeurs des finances publiques et les directeurs chargés d'une direction spécialisée ou d'un service à compétence nationale peuvent prendre eux-mêmes les décisions sur les pourvois formés contre les décisions initiales prises par les agents délégataires.

Si, après instruction du pourvoi, le directeur estime que la demande initiale aurait dû être accueillie, en tout ou en partie, il revient sur la décision et il la notifie au contribuable qui a, ainsi, un nouveau droit de recours.

Par ailleurs, le ministre peut être saisi de recours contre toutes les décisions des directeurs (directeurs des finances publiques ou directeurs chargés d'une direction spécialisée ou d'un service à compétence nationale) intervenues sur les demandes ressortissant à la juridiction gracieuse, que celles-ci tendent à obtenir une transaction ou une remise ou modération.

Quant aux décisions relevant de la compétence du ministre, elles peuvent faire l'objet d'un pourvoi devant cette même autorité, mais seulement si des faits nouveaux sont apparus.

Enfin, ce n'est que dans des cas très exceptionnels qu'une décision refusant une remise gracieuse peut être déférée à la juridiction administrative.

Quel recours devant la juridiction administrative ?

La juridiction administrative n'est pas compétente pour prononcer directement des remises ou modérations gracieuses non plus que des transactions sur pénalités.

Seule l'Administration peut prendre des décisions de cette nature mais elle n'y est pas tenue et n'a pas à motiver les décisions qu'elle notifie aux contribuables dans l'exercice de la juridiction gracieuse.

Par ailleurs, ces décisions ne peuvent pas être contestées devant le juge de l'impôt dans le cadre général du « plein contentieux » mais seulement dans celui, plus restreint, du « contentieux de l'annulation », c'est-à-dire par la voie du recours pour excès de pouvoir.

CHAPITRE 7

Les crédits d'impôts

Vous souhaitez créer une entreprise, embaucher, faire des dépenses pour innover ? Vous pouvez peut-être bénéficier d'allégements fiscaux par le biais de crédits d'impôts multiples et variés.

En outre, les sociétés qui bénéficient d'un ou de plusieurs crédits d'impôt **restituables en 2021** peuvent **dès à présent** demander le remboursement du solde de la créance disponible, **sans attendre** la liquidation de l'I.S., ni le dépôt de la **liasse fiscale**.

En effet, en temps ordinaire, les entreprises ont l'obligation de transmettre par voie électronique en même temps que la liasse fiscale une déclaration 2069-RCI des réductions et crédits d'impôt dont elles bénéficient au titre de la période fiscale concernée (déclaration récapitulative qui se substitue à certaines déclarations spéciales).

En pratique, voici quels sont les **crédits d'impôt concernés :**

1. Crédit de T.VA.
2. Crédit d'impôt recherche (CIR)
3. Crédit d'impôt innovation (CII)
4. Crédit d'impôt apprentissage

5. Crédit d'impôt pour rachat d'une société par ses salariés
6. Crédit d'impôt pour investissement en Corse
7. Crédit d'impôt pour investissements productifs dans les DOM
8. Crédit d'impôt pour dépenses de prospection commerciale
9. Crédit d'impôt pour une agriculture biologique
10. Crédit d'impôt pour les exploitations agricoles certifiées de haute valeur environnementale
11. Crédit d'impôt en faveur des entreprises agricoles qui n'utilisent plus de produits à base de glyphosate
12. crédit d'impôt pour abandons de loyers
13. Crédit d'impôt pour dépenses de formation des dirigeants
14. Crédit d'impôt cinéma et audiovisuel
15. Crédit d'impôt pour la production de films
16. Crédit d'impôt pour dépenses de production de spectacles vivants
17. Crédit d'impôt de production phonographique (musique)
18. Crédit d'impôt en faveur des créateurs de jeux video
19. Crédit d'impôt « métiers d'art » (CIMA)
20. Crédit d'impôt maître restaurateur
21. réduction d'impôt mécenat
22. Crédit d'impôt famille (CIF)
23. Crédit d'impôt pour la mise en place d'une flotte « vélos »

1. Crédit de TVA

Les entreprises dont le montant de la TVA déductible est supérieur au montant de la TVA collectée peuvent choisir de se faire rembourser tout ou partie du crédit de TVA dont elles disposent, sous réserve de respecter certains seuils. Les règles du remboursement du crédit de TVA dépendent du régime d'imposition à la TVA de l'entreprise.

2. Crédit d'impôt recherche

Pour leurs dépenses de recherche et développement ou encore d'innovation, les entreprises peuvent bénéficier du crédit d'impôt recherche, lequel couvre **30 %** des dépenses de recherche et développement éligibles jusqu'à 100 millions d'euros et 5 % au-delà.

Déclaration 2069-A à établir et à joindre à la liasse fiscale + report sur déclaration 2069-RCI.

Grâce au simulateur des services fiscaux, l'entreprise peut obtenir rapidement une première évaluation de son crédit d'impôt pour les dépenses de recherche ou d'innovation.

3. Crédit impôt innovation (CII)

Le crédit d'impôt innovation complète le crédit d'impôt recherche (CIR). **Il est exclusivement réservé aux PME** qui engagent des dépenses spécifiques pour innover. Le taux et le plafond de ce crédit sont différents du CIR. Le taux du CII est fixe et égal à **20 %** des dépenses engagées par l'entreprise dans la limite d'un plafond de 400 000 €.

4. Le crédit d'impôt apprentissage

Le crédit d'impôt apprentissage a été supprimé pour les exercices ouverts à partir du 1er janvier 2019. Dorénavant, le crédit d'impôt apprentissage a fusionné avec l'aide TPE jeune apprenti, la prime régionale à l'apprentissage pour les TPE et l'aide au recrutement d'un apprenti supplémentaire pour créer l'**aide unique à l'apprentissage.**

5. Crédit d'impôt pour rachat d'une société par ses salariés

Le **crédit d'impôt en faveur du rachat d'une entreprise par ses salariés** est prévu par les articles 220 nonies et 220 R du CGI.

Il permet aux sociétés qui ont été constituées par des salariés afin de racheter l'intégralité ou une partie de l'entreprise de leur employeur de bénéficier d'un crédit d'impôt.

Ce crédit d'impôt est en principe égal au montant de l'impôt sur les sociétés dû par la société rachetée pour l'exercice précédent, au prorata du taux de détention du capital de ladite société par les salariés.

Ce crédit d'impôt est toutefois limité au montants des intérêts dûs par la société cessionnaire à raison des prêts nécessaires au rachat de l'entreprise.

Par ailleurs, la société doit être au minimum constituée par 15 salariés ou au moins 30% de l'effectif si la société compte moins de 50 salariés au jour de son rachat.

Dispense de déclaration spéciale, montant à reporter sur la déclaration 2069-RCI.

6. Crédit d'impôt pour investissement en Corse

Certaines PME (régime IR et IS) peuvent opter pour un crédit d'impôt dans le cadre d'investissements réalisés, en dehors de ceux liés à des remplacements, et qui ne sont pas financés par une aide publique d'au moins **25 %** de leur montant, réalisés jusqu'au 31.12.2020 et exploités en Corse.

Déclaration 2069-D à établir et à joindre à la liasse fiscale + report sur déclaration 2069-RCI.

7. Crédit d'impôt pour investissements productifs dans les DOM

Les sociétés IS et IR peuvent bénéficier d'un crédit d'impôt pour leurs investissements productifs neufs mis en service dans un DOM jusqu'au 31 décembre 2022.

Le crédit d'impôt est fixé à 38,25 % de ces dépenses pour les entreprises relevant de l'IR et 35 % pour les entreprises soumises à l'IS. Le taux de 38,25 % est porté à 45,9 % pour les investissements réalisés en Guyane et à Mayotte (à l'exception des navires de croisière).

Déclaration 2079-CIOP à établir et à joindre à la liasse fiscale + report sur déclaration 2069-RCI.

8. Crédit d'impôt pour dépenses de prospection commerciale

Le crédit d'impôt pour dépenses de prospection commerciale est encadré par les articles 244 quater H, 220 I et 199 ter G du Code Général des Impôts.

Ce crédit d'impôt est réservé aux **PME** (sous conditions) employant une personne affectée au développement des exportations.

Le montant du crédit d'impôt pour dépenses de prospection commerciale est de 50% des dépenses exposées 2 ans après l'embauche de ce salarié. Ce crédit d'impôt est par ailleurs limité à 40.000 € (sauf exceptions).

Ce crédit d'impôt n'est utilisable qu'une seule fois par entreprise et ne peut donc pas être mis en place à l'occasion de chaque embauche de salarié affecté à l'exportation.

9. le crédit d'impôt pour une agriculture biologique

L'Etat a mis en place le crédit d'impôt à destination des agriculteurs bio depuis 2006. Il a été reconduit en décembre 2020 pour les exercices 2021 et 2022 (déclarations d'impôts réalisées en 2022 et 2023). Il s'agit d'une aide forfaitaire d'un montant de 3.500€. Cette aide bénéficie de la transparence GAEC jusqu'à 4 parts.

- Conditions d'attribution :

Il est possible d'en faire la demande lors de la déclaration d'impôt, même en cas de situation de non imposition. Il est nécessaire que 40% du chiffre d'affaire de l'exploitation découle d'activités ayant fait l'objet d'une certification en agriculture biologique, et que la somme des aides bio conversion ou maintien et du crédit d'impôt ne dépasse pas 4.000 €.

- précision :

Le Crédit d'impôt est une aide dite « *de minimis* », c'est à dire une aide publique nationale intervenant de manière dérogatoire par rapport aux aides européennes. Ces aides « de minimis » sont plafonnées à 20.000 € sur 3 ans glissants. Ainsi, une de ces aides de minimis pourrait se trouver bloquée si le cumul dépassait exceptionnellement ce plafond.

Parmi les autres aides de minimis, on peut citer : le crédit d'impôt lié au service de remplacement, des exonérations de charges MSA suite à des problèmes climatiques, certaines aides installation attribuées par des collectivités, l'exonération de la taxe sur le foncier non bati pour les parcelles en bio sur certaines communes…. Ainsi, par exemple, si vous avez bénéficié du Fonds d'allègement des charges à hauteur de 13.000€ en 2016 et 2017, il ne vous reste plus que 7.000€ d'aides *de minimis* à mobiliser pour l'année 2018.

10. le crédit d'impôt pour les exploitations agricoles certifiées de haute valeur environnementale

Il s'agit d'un Crédit d'Impôt accordé 1 seule fois (en 2021 ou 2022)
au titre de l'Impôt sur le Revenu (IR) ou de l'Impôt sur les Sociétés (IS), selon si l'exploitation est soumise à l'IS ou à l'IR.
Il est attribué à toutes les exploitations certifiées, que la certification soit gérée dans un cadre individuel ou collectif a condition que l'exploitation dispose d'un certificat en cours de validité au 31/12/2021 ou d'un certificat délivré en cours d'année 2022. Il est cumulable avec le Crédit d'Impôt Bio mais pas avec le Crédit d'impôt incitatif à la sortie du glyphosate.

11. crédit d'impôt en faveur des entreprises agricoles qui n'utilisent plus de produits à base de glyphosate

Le crédit d'impôt destiné aux agriculteurs qui n'utilisent plus d'herbicide à base de glyphosate est une disposition rattachée à la loi de finances pour 2021. Ce texte concerne les entreprises agricoles - à l'exception des pépinières, terres arables hors surfaces en jachère ou sous serres - qui "n'utilisent pas de produits phytopharmaceutiques contenant la substance active du glyphosate au cours des années 2021 et 2022".

Présentée fin 2020 sous forme d'amendement au projet de loi de finances pour 2021, cette mesure octroie un crédit d'impôt d'un montant forfaitaire de 2.500 euros pour les exploitations agricoles qui renoncent à utiliser du glyphosate en 2021. Elle s'applique non seulement au secteur des grandes cultures, mais également à l'arboriculture et la viticulture, ainsi qu'aux exploitations d'élevage présentes de manière significative dans au moins une de ces productions végétales, selon le ministère de l'Agriculture.

12. crédit d'impôt pour abandons de loyers

Il concerne sous conditions les loyers du mois de novembre abandonnés par les propriétaires bailleurs (se reporter châpitre 2).

13. Crédit d'impôt pour dépenses de formation des dirigeants (EI, société de personne, SARL, SAS...)

Le crédit d'impôt pour dépenses de formation des dirigeants d'entreprise est un dispositif visant à soutenir les entreprises qui investissent dans la formation de leurs dirigeants au titre de la formation professionnelle continue. Il s'adresse à toutes les entreprises relevant d'un régime réel d'imposition sur les bénéfices, quel que soit leur forme juridique et leur secteur d'activité.

Le crédit d'impôt Formation du chef d'entreprise est susceptible d'être accordé aux entreprises quels que soient leur mode d'exploitation (entreprise individuelle, société de personnes, SARL, société anonyme…) et la nature de leur activité (industrielle, commerciale, artisanale, libérale ou agricole).

Le crédit d'impôt est égal au produit du taux horaire du Smic par le nombre d'heures passées par les dirigeants en formation, plafonné à 40 heures par année civile. Soit jusqu'à **406 €** en 2020.

Dispense de déclaration spéciale, montant à reporter sur la déclaration 2069-RCI (sociétés IR et IS).

14. Crédits d'impôt cinéma et audiovisuel

(Uniquement pour les entreprises IS)

Sur agrément, les entreprises de production cinématographique ou audiovisuelle, soumises à l'impôt sur les sociétés (et elles seules), peuvent, sous certaines conditions bénéficier de crédits d'impôt représentant **20 % voire 30 %** des dépenses éligibles, plafonnés suivant les cas.

Dispense de déclaration spéciale, montant à reporter sur la déclaration 2069-RCI.

Le crédit d'impôt cinéma et audiovisuel est encadré par les articles 220 sexies et 220 F du CGI.

Ce crédit d'impôt est réservé aux entreprises soumises à l'IS dont les tournages s'effectuent principalement en France (sauf exception) avec le concours de partenaires (acteurs, auteurs, etc.) français ou européens. Préalablement à la mise en oeuvre de ce crédit d'impôt, un agrément spécifique doit être demandé auprès du CNC (centre national du cinéma).

Le montant du crédit d'impôt est égal à **20%** des dépenses engagées par la société pour ses besoins techniques. Ce taux est majoré :

- à 25% pour les oeuvres de fiction ;
- à 30% pour les oeuvres d'animation.

L'oeuvre concernée doit être réalisée en langue française (ou langue régionale utilisée en France) à l'exception des oeuvres d'animation (sous conditions).

Les documentaires peuvent aussi bénéficier de ce crédit d'impôt cinéma et audiovisuel à condition que le montant des dépenses techniques soit supérieur à 2.000 € par minute produite.

Le montant du crédit d'impôt ne peut en outre pas être supérieur à 50% du budget de l'oeuvre et ne peut pas avoir pour conséquence de porter à plus de 50% le montant total des aides d'Etat reçues par l'oeuvre dans le cadre de sa production.

15. Le crédit d'impôt pour la production de films

Le crédit d'impôt pour la production de films est encadré par les articles 220 quaterdecies et 220 Z bis du CGI.

Ce crédit d'impôt est réservé aux entreprises de production exécutive soumises à l'impôt sur les sociétés. L'entreprise concernée doit accomplir des missions en France pour la réalisation d'œuvres de fiction ou d'animation produites par des entreprises établies hors de France.

Le montant du crédit d'impôt pour la production de films est égal à 30 % des dépenses exposées jusqu'au 31 décembre 2019.

Les œuvres produites dans ce cadre doivent par ailleurs être agréées par le président du CNC et comporter, dans leur contenu dramatique, des éléments rattachés à la culture, au patrimoine ou au territoire français.

16. Crédit d'impôt pour dépenses de productions de spectacles vivants

Ce crédit d'impôt est institué en faveur des entreprises soumises à l'impôt sur les sociétés exerçant l'activité d'entrepreneur de spectacles vivants au titre des dépenses de création, d'exploitation et de numérisation d'un spectacle vivant musical égal à **15 % (30% pour les PME)** du montant total des dépenses éligibles plafonné à 750 000 € par entreprise et par exercice.

Dispense de déclaration spéciale, montant à reporter sur la déclaration 2069-RCI.

17. Crédit d'impôt de production phonographique (musique)

Sur agrément, les entreprises de production phonographique soumises à l'impôt sur les sociétés peuvent bénéficier, sous certaines conditions, d'un crédit d'impôt égal à **15 %(30% pour les PME)** des frais de production et de développement d'enregistrements musicaux ou de vidéos musicales.

Crédit d'impôt plafonné à 1,1 M€ par entreprise et par exercice.

Déclaration 2079-DIS à établir et à joindre à la liasse fiscale + report sur déclaration 2069-RCI.

18. Crédit d'impôt en faveur des créateurs de jeux vidéo

(Uniquement pour les entreprises IS)

Sur agrément, les entreprises de création de jeux vidéo soumises à l'impôt sur les sociétés peuvent sous certaines conditions bénéficier d'un crédit d'impôt égal à **30 %** des dépenses éligibles (plafonné à 6 M€) par entreprise et par exercice. Pour être éligible, le projet doit avoir un coût de développement supérieur ou égal à 100 000 € et le jeu doit être destiné à une commercialisation effective auprès du public.

Déclaration 2079-VIDEO à établir et à joindre à la liasse fiscale + report sur déclaration 2069-RCI.

19. Crédit d'impôt « métiers d'art »

Les entreprises relevant des métiers d'art (industrielles, commerciales, artisanales, libérales…) peuvent bénéficier d'un crédit d'impôt égal à 10 % des dépenses de création d'ouvrages uniques réalisés en un seul exemplaire ou en petite série exposées jusqu'au 31 décembre 2022. Le régime est réservé aux entreprises dont les charges de personnel afférentes aux salariés qui exercent un « métiers d'art » représentent au moins 30 % de la masse salariale totale.

Les entreprises portant le label « entreprise du patrimoine vivant » peuvent également bénéficier également du dispositif . Pour ces entreprises, le taux du crédit d'impôt est porté à 15 %.

Déclaration N°2079-ART à établir et à joindre à la liasse fiscale + report sur déclaration 2069-RCI.

20. Le crédit d'impôt maître-restaurateur

L e crédit d'impôt maître-restaurateur est un crédit d'impôt encadré par les article 244 quater Q, 220 U et 199 ter P du code général des impôts.

Ce crédit d'impôt est réservé aux entreprises de restauration (sous conditions) dont un des dirigeants ou un des salariés a obtenu le titre de maître-restaurateur jusqu'au 31 décembre 2017.

L e crédit d'impôt maitre-restaurateur est égal à 50% des dépenses permettant la mise aux normes (accueil de la clientèle, modifications des accès pour les personnes à mobilité réduite, etc.).

Lesdites dépenses doivent être engagées dans les deux ans de l'obtention du titre de maître restaurateur est sont prises dans la limite de 30.000 €.

21. Réduction d'impôt mécénat - dons aux associations et autres organismes d'intérêt général

Le mécénat est un dispositif de soutien matériel et financier apporté par une entreprise à un organisme sous forme de don. L'objectif est de soutenir une œuvre d'intérêt général ou l'acquisition d'un bien culturel déclaré «trésor national». En contrepartie, l'entreprise donatrice peut bénéficier d'une réduction de son montant d'impôt dû lors de l'année des versements (impôt sur le revenu ou impôt sur les sociétés, selon le cas). La réduction d'impôt est plafonnée, quel que soit le nombre de dons.

Ainsi, les versements effectués à ce titre peuvent ouvrir droit à une réduction d'impôt. Il s'agit d'une réduction d'impôt égale à **60 %** des dons versés dans la limite de soit 10 000 € soit 5 pour mille du chiffre d'affaires si ce critère est plus élevé. Pour les versements effectués au cours des exercices clos à compter du 31 décembre 2020:

- la fraction des versements supérieure à 2 M € ouvre droit à une réduction d'impôt au taux de 40 %,
- la limite de prise en compte des dons est de 20 000 € ou de 5 pour mille du chiffre d'affaires lorsque ce dernier montant est plus élevé.

Le montant de la réduction d'impôt non imputée n'est pas remboursable immédiatement mais peut être utilisée pour le paiement de l'impôt des 5 exercices suivants.

Dispense de déclaration spéciale, montant à reporter sur la déclaration 2069-RCI (déclaration détaillée à fournir pour les sociétés versant plus de 10 000€ de dons).

22. Crédit d'impôt "famille"

Le crédit d'impôt famille vise à inciter les entreprises aux dépenses permettant à leur personnel de mieux concilier vie familiale et vie professionnelle. Les entreprises qui engagent des dépenses de mise en place de crèches ou d'aide versée aux salariés et aux dirigeants sociaux peuvent bénéficier du CIF en les déduisant de leur impôt (impôt sur les sociétés ou impôt sur le revenu) sous certaines conditions.

Le crédit d'impôt famille est destiné aux sociétés industrielles, commerciales ou agricoles et les membres des professions libérales imposés selon un régime réel. Le taux du crédit d'impôt est de :

- 25% des dépenses d'aides financières aux services à la personne (CESU),
- 50% pour des dépenses d'accueil d'enfants de moins de trois ans (crèches, garderies).

Le crédit d'impôt est plafonné à 500 000€ par société.

Déclaration N°2069-FA à établir et à joindre à la liasse fiscale + report sur déclaration 2069-RCI.

23. Réduction d'impôt pour la mise en place d'une flotte de vélos

(Uniquement pour les sociétés IS)

Nouveauté au 1er janvier 2016, la mise en place d'une réduction d'impôt pour l'employeur qui met en place une flotte de vélos à disposition de ses salariés pour leurs déplacements entre leur domicile et leur lieu de travail. Le montant de la réduction d'IS est limité à **25 %** du prix d'achat de la flotte de vélos ou de location.

Le remboursement anticipé des crédits d'impôt

Pour soutenir les entreprises en difficulté du fait de la crise sanitaire, le gouvernement a reconduit, pour 2021, la possibilité de demander un remboursement accéléré des crédits d'impôt sur les sociétés auxquels elles ont droit. Autrement dit, une société qui bénéficie d'un ou de plusieurs crédits d'impôt restituables en 2021 peut, dès à présent, sans attendre le dépôt de sa déclaration de résultats, solliciter le remboursement du solde de la créance disponible.

Cette procédure concerne tous les crédits d'impôts, en particulier les nouveaux crédits d'impôt en faveur des bailleurs qui consentent des abandons de loyers et relatif à la rénovation énergétique des locaux des PME au titre de l'exercice 2020.

La démarche reste inchangée. Elle doit être réalisée sur le site www.impots.gouv.fr, dans l'espace professionnel de l'entreprise, en télédéclarant la demande de remboursement de crédit d'impôt (formulaire n° 2573), la déclaration justifiant du crédit d'impôt (formulaire n° 2069-RCI ou déclaration spécifique, sauf si celle-ci a déjà été déposée antérieurement) et, à défaut de déclaration de résultat, le relevé de solde de l'impôt sur les sociétés (formulaire n° 2572) permettant de liquider l'impôt dû et de constater la créance de crédit d'impôt restituable pour 2021.

Les crédits d'impôt concernés

Ce dispositif s'applique pour tous les crédits d'impôt sur les sociétés **restituables en 2021**, comme le solde de CICE (crédit d'impôt pour la compétitivité et l'emploi) et le CIR (crédit d'impôt recherche pour la partie dont le remboursement arrive à échéance cette année

Par ailleurs, sont également concernés les crédits d'impôt institués depuis la crise, tel que le crédit d'impôt bailleurs et le crédit d'impôt **rénovation énergétique pour les PME** au titre de l'exercice 2020 (tous deux créés par la loi de finances pour 2021).

Les démarches à effectuer

Pour bénéficier de ce remboursement, il faut se rendre dans l'espace professionnel sur le site impots.gouv.fr et télédéclarer les documents suivants :

- la demande de remboursement de crédit d'impôt (formulaire n°2573-SD),
- la déclaration permettant de justifier du crédit d'impôt (déclaration n°2069-RCI-SD ou déclaration spécifique, sauf si celle-ci a déjà été déposée antérieurement),
- à défaut de déclaration de résultat, le relevé de solde d'impôt sur les sociétés (formulaire n°2572-SD) permettant de liquider l'impôt dû et de constater la créance restituable pour 2021.

Attention : si la demande de remboursement au titre du crédit d'impôt bailleur ou du crédit d'impôt rénovation énergétique pour les PME concerne la période avant le 1er avril 2021, on ne peut pas utiliser le formulaire en ligne n° 2069-RCI. Dans ce cas, le crédit d'impôt est à déclarer auprès du service gestionnaire sous format papier, à l'aide du formulaire n° 2069-RCI millésime 2021 disponible sur le site www.impots.gouv.fr.

CHAPITRE 8

Le report des déficits des sociétés soumises à l'impôt sur les sociétés

Le déficit subi pendant un exercice est considéré comme une charge déductible du bénéfice des exercices suivants sans limitation dans le temps.

Il n'y a pas à demander le report en avant, ce régime est appliqué automatiquement à un compte de résultat déficitaire lors de la déclaration de résultat.

Dans un contexte où l'incertitude se mêle à l'inconnu, une chose est malheureusement sûre : beaucoup de sociétés vont réaliser des pertes cette année.

La gestion des déficits fiscaux des sociétés imposées à l'impôt sur les sociétés devient alors un enjeu substantiel pour atténuer l'impact de ces mauvais résultats et, in fine, mieux surmonter les difficultés pouvant en résulter.

Se pose plus particulièrement une question : que faire des déficits fiscaux constatés à la clôture des exercices 2019 et 2020 ? La solution : les reporter. Certainement, mais comment ?

Deux modalités de report des déficits

Les sociétés peuvent, bien évidemment, imputer les déficits constatés à la clôture de l'exercice (2019, 2020 par exemple) sur les bénéfices des exercices suivants, et ce, sans limite de temps (2020, 2021, etc.). Cette imputation n'améliore pas immédiatement la situation financière de la société.

Autre possibilité, retenue moins couramment, mais pouvant être préférable dans le contexte actuel, le report en arrière des déficits (ou « carry-back ») permet d'imputer le déficit constaté au titre d'un exercice clos, sur le bénéfice fiscal de l'exercice précédent à hauteur d'un million d'euros (CGI, Art. 220 quinquies).

Le report en avant des déficits

L'imputation du déficit sur l'exercice suivant est plafonnée. Elle est limitée à 1 million € par an, majoré de 50 % de la fraction du bénéfice supérieure à ce plafond.

Exemple :

Résultat déficitaire en N-1 : 1 500 000 €

Résultat excédentaire en N : 1 050 000 €

Part de N-1 à reporter en N : 1 000 000 € + 50% x (1 050 000 - 1 000 000) = 1 025 000 €

25 000 € restent soumis à l'impôt sur les sociétés en N.

Part de N-1 restant à reporter sur les exercices postérieurs à N : 1 500 000 - 1 025 000 = 475 000 €

Pour les sociétés en difficulté, la limite de l'imputation du déficit sur l'exercice suivant est plus haute. Elle est majorée du montant des abandons de créances consentis dans le cadre d'une procédure de conciliation en application d'un accord homologué ou dans le cadre d'une procédure de sauvegarde. Un abandon de créance correspond à l'acte d'un créancier qui renonce à demander le paiement de tout ou partie d'une dette.

Cela ne vaut que pour l'entreprise qui a bénéficié des abandons, c'est-à-dire l'entreprise en difficulté.

Si une partie du déficit n'a pas pu être reportée sur l'exercice suivant, elle pourra être reportée sur les exercices futurs dans les mêmes conditions. Cela arrive lorsque le bénéfice de l'exercice suivant n'est pas assez important pour reporter la totalité du déficit ou lorsque la limite de déduction a été atteinte.

Exemple :

Si une entreprise soumise à l'IS est déficitaire à hauteur de 50 000 € sur l'exercice 2019, elle peut reporter ce déficit sur les exercices suivants.

Si, en 2020, elle réalise un bénéfice de 10 000 €, sur lequel elle peut imputer le déficit de 2019, son résultat imposable est nul et elle ne paie pas d'IS. Son déficit en instance de report à la clôture de l'exercice 2020 est alors de 40 000 €.

Si, en 2021, elle réalise un résultat bénéficiaire de 60 000 €, son résultat imposable à l'IS est alors de 20 000 € (60 000 - 40 000). Le déficit constaté en 2019, réduit de celui qui a été déjà imputé en 2020, est déduit du bénéfice 2021.

Attention : le changement de régime fiscal et d'activité de la société font perdre le droit au report. Par exemple, si une entreprise à l'activité commerciale est transformée en holding, elle change d'activité et elle ne pourra pas imputer le déficit de son activité précédente sur son résultat présent.

Un report en arrière (ou « carry-back ») limité par la loi

Concrètement le déficit des exercices clos en 2019 ou en 2020 peut diminuer le résultat imposable des exercices clos respectivement en 2018 et en 2019 dans la limite d'un million d'euros.

A noter cependant que le bénéfice fiscal sur lequel peut s'imputer le déficit (autrement appelé bénéfice d'imputation) n'est pas le résultat fiscal constaté, mais un bénéfice devant être retraité.

D'une part, seul est pris en compte le bénéfice ayant donné lieu à un paiement effectif d'impôt sur les sociétés. Ainsi, le résultat fiscal, certes imposé, mais le cas échéant acquitté grâce aux crédits d'impôt, est exclu.

D'autre part, ce bénéfice est diminué du montant de sa fraction éventuellement distribuée.

Une amélioration immédiate de la situation comptable de la société et de la trésorerie à moyen terme

La société détient alors une créance sur le Trésor égale à l'impôt sur les sociétés (hors contributions additionnelles) calculé au taux en vigueur à la clôture de l'exercice au cours duquel le bénéfice d'imputation a été réalisé.

Comptabilisée en produit (non imposable), cette créance améliore le résultat de la société, ses capitaux propres et plus généralement l'image globale de ses comptes. Toutefois, cette créance ne peut pas, en principe, être remboursée immédiatement.

Elle peut être soit mobilisée par cession Dailly, soit conservée pour être imputée sur l'impôt sur les sociétés dû au titre des exercices arrêtés au cours des cinq années suivant celle de la clôture de l'exercice au titre duquel l'option pour le report en arrière a été exercée. Ce n'est qu'au terme de ce délai que la créance devient remboursable.

Par exception, les entreprises faisant l'objet d'une procédure de sauvegarde, de redressement ou de liquidation judiciaire sont en droit de demander son remboursement immédiatement et ce, dès l'ouverture de la procédure collective.

Une option simple à exercer ...

En pratique, l'option doit être exercée dans le délai de dépôt des déclarations de résultat sur le formulaire 2058-A. Par ailleurs, la société doit joindre le formulaire 2039-SD à son relevé de solde d'impôt sur les sociétés (CGI, Annexe III, Article 46 quater-0 W).

Dans les groupes d'intégration fiscale, l'option est exercée par la société mère, les filiales intégrées n'étant plus en mesure de reporter en arrière leur déficit (CGI, Art. 223 G). C'est ici l'occasion de rappeler que, dans une décision récente, le Conseil d'Etat a jugé que la société mère ne peut pas imputer le déficit fiscal d'ensemble d'un nouveau groupe d'intégration sur le bénéfice d'ensemble d'un ancien groupe d'intégration ayant cessé et dont elle était à l'époque tête de groupe. Dès lors, le déficit d'ensemble du nouveau groupe ne peut être reporté en arrière que sur son bénéfice propre (CE 3 -8 ch. 2-12-2019 n 420910, min. c/ Sté Courant SAS).

... dans des délais impératifs

Attention, la société qui n'aurait pas exercé l'option dans les délais perdrait définitivement le droit de reporter en arrière le déficit de l'exercice concerné (BOI-IS-DEF-20-10, n° 260). Précisons en outre que les sociétés en procédure collective ne peuvent plus reporter en arrière leur déficit une fois la procédure ouverte (CGI, Art. 220 quinquies, II)].

Toutefois, la société peut demander, par voie de réclamation, le report en arrière du déficit d'un exercice sur le bénéfice d'un exercice redressé. De manière symétrique, lorsqu'à la suite d'un contrôle, un déficit est majoré (ou est constaté), il est possible de demander, par voie de réclamation, l'imputation du surplus de déficit sur le bénéfice d'un exercice antérieur (CE 10e -9e s.-s. 19-12-2007 n° 285588 et 294358, SA Vérimédia ; BOI-IS-DEF-20-10, n°50 et 60).

Les enseignements de la crise de 2008 : un assouplissement des modalités de remboursement en 2021

Bien que le dispositif soit intéressant, les contraintes très strictes auquel il est soumis nuisent à son efficacité.

En particulier, le délai de remboursement des créances ne permet pas à la plupart des entreprises de combler leur besoin de trésorerie à court terme. Et lorsqu'elles peuvent enfin obtenir la restitution d'impôt, il est déjà bien tard pour celles qui rencontrent des difficultés financières sans pour autant faire l'objet d'une procédure collective.

C'est notamment pour cette raison que le législateur avait permis le remboursement immédiat des créances de carry-back dans le cadre de son plan de relance de l'économie adopté à la suite de la crise de 2008.

Ainsi, les entreprises ont été autorisées à demander en 2009 le remboursement immédiat des créances non utilisées nées de l'option pour le report en arrière des déficits des exercices 2004 à 2008 inclus (Loi n° 2008-1443 du 30 décembre 2008 de finances rectificative pour 2008 (1), Art. 94). Il s'agissait, ce faisant, de permettre aux entreprises de reconstituer leur trésorerie en accélérant le remboursement de leurs créances de carry-back.

Elles ont pu en outre exercer l'option pour le report en arrière des déficits dès le deuxième jour ouvré suivant la clôture de l'exercice sans attendre la liquidation de l'impôt sur les sociétés, sur la base d'une estimation du déficit en cause moyennant une marge d'erreur tolérée de 20 %.

Pour limiter les conséquences économiques de l'épidémie de coronavirus, le gouvernement a assoupli également pour 2021 les règles de remboursement des créances de carry-back. Ainsi, les entreprises soumises à l'IS peuvent demander le remboursement immédiat de leurs créances de « carry back » non encore utilisées.

Notez que ne sont pas concernées par cette possibilité les créances ayant fait l'objet d'une cession de créance professionnelle au profit d'un établissement de crédit par l'intermédiaire du bordereau dit « Dailly ».

Les entreprises qui souhaitent bénéficier de ce remboursement immédiat doivent déposer une demande en ce sens au plus tard à la date limite de dépôt de la déclaration de résultats de l'exercice clos au 31 décembre 2020.

Les entreprises qui estiment pouvoir en bénéficier au titre d'un exercice clos pour lequel le montant de l'impôt dû n'a pas encore été déterminé peuvent exercer une option en ce sens, dès le lendemain de la clôture de l'exercice.

Retenez que si le montant de la créance remboursée au titre de cette option excède de plus de 20 % le montant de la créance déterminée à partir de la déclaration de résultats déposée au titre de l'exercice, l'entreprise devra s'acquitter d'un intérêt de retard calculé sur l'excédent indûment remboursé.

L'option pour le carry-back doit être considérée avec soin en cette période de récession et de difficultés financières, car elle offre aux entreprises l'opportunité de mieux tirer parti de leurs déficits que le seul report en avant.

CHAPITRE 9

L'accompagnement économique et social des entreprises en difficulté

La Banque Publique d'Investissement (BPI)

L'organisme BPI propose aux entreprises une multitude de dispositifs de financement suivant les projets de l'entreprise. Le financement BPI pourra notamment être accordé pour accompagner les projets d'innovation, les projets de développement ou encore les projets de développement à l'international de l'entreprise.

En partenariat avec les banques et les organismes de capital investissement, la BPI finance la croissance des PME et soutient les entreprises en période de crise. Elle propose des prêts à taux 0, des avances remboursables sur le crédit d'impôt recherche ou encore des subventions. Les critères d'éligibilité sont spécifiques et le suivi est rigoureux.

Quelques exemples de la diversité des offres

Le contrat de développement innovation

Cette aide BPI sert à financer les investissements immatériels et les besoins en fonds de roulement liés à un programme d'innovation ou de modernisation, d'une entreprise de plus de 3 ans.

Le montant de cette aide est compris entre 40 000 et 300 000 euros, est limité au fonds propres et quasi-fonds propres de l'entreprise, et est remboursable sur 6 ans. Il faut obligatoirement que cette aide soit accompagnée d'un emprunt bancaire.

Garantie aux banques

Bpifrance garantit, à hauteur de 50 à 70 % (*) de leur montant, les prêts consentis aux nouveaux entrepreneurs. Les financements concernés sont ceux qui couvrent les investissements matériels et immatériels, achat de fonds de commerce, besoin en fonds de roulement, découvert notifié, délivrance de cautions sur marchés France et export.

Une garantie est une couverture en risque qui couvre une partie de la perte finale de la banque (ou d'un organisme de financement) en cas de défaillance de l'emprunteur, moyennant une commission payée directement par la banque ou par l'emprunteur.

- Intérêt pour la banque : une partie significative du risque associé au financement est transféré sur l'organisme de garantie, ce qui a pour effet de faciliter sa décision.
- Intérêt pour l'entreprise : la garantie ainsi apportée limite en général la demande de garanties personnelles et protège votre résidence principale.

Aides, concours et labels :

Pour un projet de création d'entreprise innovante BPI finance jusqu'à 60 % des dépenses éligible (dans la limite de 600 k€) sous forme de subvention dans le cadre de l'organisation d'un concours.

Peut participer à ce concours toute personne physique ayant pour projet la création sur le territoire français d'une entreprise de technologies innovantes, quels que soient sa nationalité, son statut ou sa situation professionnelle, sous réserve qu'elle remplisse les conditions légales et réglementaires requises pour la création d'une entreprise.

L'entreprise portant le projet ne doit pas avoir été créée plus de deux ans avant la participation au concours.

Sont concernés :

- Tous les projets collaboratifs impliquant au moins deux participants indépendants implantés dans deux pays membres du réseau EUREKA
- Indirectement tous les partenaires de ces projets.

Ce type d'opération a également pour objectif de :

- Attribuer un label EUREKA de qualité à des projets collaboratifs transnationaux de Recherche, Développement et Innovation (RDI) ciblant un produit, procédé ou service innovant proche du marché, tous domaines technologiques confondus.
- Faciliter l'accès à des financements nationaux pour les partenaires impliqués dans ces projets.
- Contribuer à la notoriété internationale des participants et de leur offre.

Participation au capital :

- Investisseur direct (innovation et capital développement) et indirect (fonds de fonds) en fonds propres et quasi-fonds propres, Bpifrance accompagne le développement des champions français, de la start-up au grand groupe.
- Actionnaire minoritaire actif, Bpifrance intervient en tant qu'investisseur minoritaire aux côtés d'autres actionnaires familiaux, industriels ou financiers. Pour des prises de participation directe, Bpifrance s'implique dans la gouvernance des sociétés (conseil de surveillance, conseil d'administration, etc). Pour l'activité fonds de fonds, Bpifrance investit aux côtés d'investisseurs principalement privés et avec un rôle actif dans la gouvernance.
- Positionnement long terme, en direct, Bpifrance peut accompagner les entrepreneurs sur des durées longues, en adaptant notre durée d'investissement à la durée de l'entreprise ou du cycle économique, afin de stabiliser le capital des entreprises et soutenir leur stratégie. En fonds de fonds, Bpifrance construit des relations d'affaires avec l'ambition de générer un retour sur investissement soutenable à long terme.

Mise en relation d'entrepreneurs :

Le service BPIFRANCE dit « excellence »

- Qu'est-ce que la mise en relation ?

Mettre en relation, c'est rompre la solitude du chef d'entreprise et lui offrir des occasions de rencontrer ses pairs pour améliorer les performances de son activité. La mise en relation peut prendre plusieurs formes, par exemple :

- via une plateforme en ligne adaptée
- via des événements dédiés
- via des rendez-vous one-to-one

Le réseau Bpifrance Excellence, regroupe aujourd'hui près de 3 000 dirigeants sélectionnés parmi les clients de Bpifrance présentant de bonnes perspectives de croissance. Appartenir à ce réseau offre une forte visibilité et un label reconnaissant la qualité et l'ambition de ses membres. Elle donne également accès à une multitude de services d'information et de formation, et des participations à des événements dédiés.

Les entreprises du réseau Bpifrance Excellence réalisent près de 150 milliards d'euros de CA, dont 20 % à l'export, et emploient plus de 600 000 salariés.

La bourse de la transmission :

La Bourse de la Transmission, lancée en 2006, permet de consulter des milliers d'annonces d'affaires à reprendre. Elle facilite la recherche de repreneurs, qu'il s'agisse de personnes physiques ou morales. 250 000 visiteurs ont utilisé ce service en 2015 (+22 % par rapport à 2014), parmi lesquels 15 000 ont créé un compte pour pouvoir être alertés sur toute nouvelle affaire à vendre correspondant à leurs critères.

Programme d'accompagnement :

L'Accompagnement de Bpifrance s'adresse aux startups, TPE, PME et ETI. L'objectif : inscrire les entreprises dans des trajectoires de croissance pérenne.
Être accompagné par Bpifrance, c'est :

- Prendre de la hauteur pour déverrouiller le potentiel de croissance de votre entreprise ;
- Structurer et solidifier votre entreprise ;
- S'adapter aux enjeux de demain ;
- Échanger entre pairs sur vos problématiques communes.

La méthode repose sur 3 piliers : **Conseil - Université - Mise en réseau** Un programme intensif d'un à deux ans combine conseil individuel sur mesure, formation en collectif et des temps forts pour toute la promotion.

Mise en réseau :

Des conventions de délégation signées avec les réseaux d'accompagnement permettent de monter un dossier de financement bancaire en amont pour le présenter ensuite aux partenaires bancaires.

Grâce aux partenariats conclus avec les Régions et les banques, Bpifrance offre une forte capacité à partager les risques et procure un effet de levier maximum à ces interventions. Cette capacité à faire levier permet d'optimiser les ressources, tout en offrant un cadre simplifié et efficace aux créateurs d'entreprise.

Université :

- l'e-parcours transition énergétique et écologique (TEE)

Il s'agit d'un nouveau parcours de formation en ligne gratuit, d'une durée indicative de 20 heures, composé de modules e-learning, webinaires live et replay, digital guides, podcasts...Ce e-parcours permet de mesurer l'impact de l'activité de l'entreprise sur l'environnement avec le Climatomètre, comprendre ce qu'est la TEE et ses enjeux dans l'entreprise, opérer une TEE au sein de l'entreprise, identifier les solutions TEE dans le secteur d'activité.

- formations en ligne ciblées

Les dirigeants d'entreprises, prennent chaque jour des décisions pour assurer le développement de leur société. Pour cela, ils doivent mobiliser des connaissances sur des thématiques d'une grande diversité : stratégie, finance, international, innovation, juridique… Bien sûr, ils s'appuient sur leur équipe et sur des conseils extérieurs. Mais l'accès direct et immédiat à un ensemble de connaissances fiables est nécessaire pour orienter les réflexions, challenger les interlocuteurs et, en définitive, conforter les décisions prises et à prendre.

Le portail e-learning Bpifrance Université apporte les ressources pour aider les dirigeants d'entreprises à résoudre les problématiques de pilotage. Pour chaque thème, des modules sont proposés, comportant des séquences vidéo d'une durée de quelques minutes. Pour créer ces ressources, BPI s'appuie sur les meilleurs experts : professeurs de grandes écoles, associations professionnelles, consultants spécialisés, experts internes Bpifrance…

Les prêts :

Acquérir un nouvel équipement, investir en actifs immatériels, financer l'augmentation du besoin en fonds de roulement lié à la croissance, maintenir sa trésorerie, les besoins des entreprises sont variés et BPI peut proposer les aides adaptées.

Dans la plupart des cas :

- les prêts BPI ne nécessitent pas de garanties personnelles du dirigeant ou de garantie sur les actifs de l'entreprise.
- suivant les formules, ces prêts ont pour la plupart une durée comprise entre 5 et 7 ans, et intègrent généralement un différé de remboursement d'1 à 2 années.
- ils doivent s'accompagner d'un financement bancaire ou d'un apport en fonds propres, d'un montant au moins équivalent.

En règle générale, il s'agit d'un cofinancement BPI et ses partenaires bancaires. En effet, le rôle essentiel affirmé par BPI est de faire un effet de levier dans les plans de financement, d'inciter, et d'apporter au bon moment les ressources indispensables afin de contribuer aux côtés des banques à la bonne réussite des projets.

BPIFRANCE est ainsi partenaire de l'ensemble des banques avec un objectif principal : partager le « risque », car de la création d'entreprise à la conquête des marchés à l'international, par exemple, avec un produit innovant, le parcours de l'entrepreneur n'est pas sans risques.

BPIFRANCE participe au montage des prêts de de trésorerie accordés par les banques privées en octroyant une garantie jusqu'à 90 % des prêts ou des prêts à moyen et long terme destinés à accroître les capacités de production de l'entreprise, renouveler ses équipements ou encore réaliser une croissance externe.

Le contrat de développement participatif BPI :

L'objectif de ce dispositif est de consolider la structure financière de l'entreprise dans un programme de développement ou d'investissement.

Le contrat de développement participatif BPI est réservé aux sociétés de plus de trois ans, ayant une bonne situation financière et une croissance d'au moins 5% de leur chiffre d'affaires.

Le montant de cette aide peut aller jusqu'à 3 M d'euros, est limité aux fonds propres et quasi-fonds propres de l'entreprise, et est remboursable sur 7 ans avec un différé de 2 ans. De plus, cette aide doit être accompagnée :

- Soit d'un prêt bancaire deux fois plus important :
- Soit d'un apport en fonds propres égal à son montant

Thématiquement, voici de façon plus détaillée les principales offres

- garanties et assurances

assurance crédit export :

Favoriser et soutenir les exportations françaises en assurant des risques, non assurables par le marché privé, au bénéfice des entreprises qui prospectent les marchés à l'exportation et commercialisent des produits et services dont l'origine est majoritairement française.

l'Assurance Caution Export garantit les émetteurs de cautions à hauteur de 80% (pour les entreprises dont le chiffre d'affaires est inférieur ou égal à 150 M€, 50% pour les autres), contre le risque de défaillance de l'exportateur en situation de carence ou d'insolvabilité judiciaire.

assurance crédit export pour les grands projets industriels et d'infrastructures :

Dans le cadre de grands projets industriels ou d'infrastructures (énergie, transport, télécommunications, environnement, mines, etc…) réalisés par des sociétés « projets » de droit privé en cours de constitution (ou de constitution récente) et dont le service de la dette doit être assuré par les recettes du projet lui-même, les prêteurs ne disposent de recours que contre la société projet et/ou de recours limités contre les actionnaires de celle-ci.

Certaines règles relatives aux financements traditionnellement garantis en assurance-crédit (carence, remboursement du principal en versements égaux et réguliers et durée de crédit maximum) ont été adaptées pour offrir, pour ces opérations, plus de flexibilité.

Les règles spécifiques aux financements de projet, telles que définies dans l'Arrangement OCDE permettent de mieux répondre aux besoins du modèle économique de ces transactions :

•durée de crédit maximum de 14 ans (ramenée à 10 ans pour les projets localisés dans un pays à haut revenu de l'OCDE si le soutien public par des agences de crédit à l'exportation de l'OCDE excède 35 % de la syndication (1).

•carence maximale de 24 mois (après PDC) pour le premier remboursement du principal, qui devra au minimum être égal à 2 % du principal du crédit; la première échéance d'intérêt devra intervenir au plus tard 6 mois à compter du PDC, avec des échéances maximales de remboursement de 12 mois.

- aucun remboursement en principal ne devra sur une période de six mois excéder 25 % du principal du crédit.

- la durée moyenne pondérée de la durée de remboursement ne devra pas excéder 7 ans ¼ (ramenée à 5 ans ¼ pour les projets dont la durée de crédit est limitée à 10 ans, cf. supra). Pour les financements de projets localisés dans un pays à haut revenu de l'OCDE la garantie Bpifrance Assurance Export ne peut être accordée que si sa part comptée collectivement avec celles d'autres agences de crédit à l'exportation de l'OCDE ne dépasse pas 50 % de la syndication.

Assurance change :

L'assurance change contrat permet de figer un cours de change avant la signature du contrat commercial ou au plus tard dans les quinze jours de sa signature pour des montants à garantir maximum de 15 M€.

Il s'agit de protéger des risques encourus au titre de l'exécution du contrat ou de son paiement

assurance prospection :

Assurer les entreprises contre le risque d'échec commercial d'une action de prospection à l'étranger.
L'avance de l'assurance prospection est portée de façon exceptionnelle à 70 % pendant toute l'année 2021.

fonds de garantie « ligne de crédit confirmé covid » :

Ce fonds de garantie "Ligne de Crédit Confirmé" vise à garantir la mise en place ou le renouvellement de lignes de crédit court terme confirmé, destinées au financement du cycle d'exploitation des entreprises.

Cette garantie s'adresse à des entreprises rencontrant ou susceptibles de rencontrer des difficultés de trésorerie qui ne sont pas d'origine structurelles.

Peuvent bénéficier de ce fonds les PME et les Entreprises de taille intermédiaire (ETI), quelle que soit leur date de création. Par dérogation à la définition européenne des PME, sont éligibles à ce dispositif spécifique toutes les PME ou ETI, quel que soit le niveau de détention de leur capital par une ou plusieurs sociétés de capital-risque ou de capital investissement.

Cette garantie n'est renouvelable qu'une seule fois par entreprise et sous conditions (se renseigner auprès de BPIFRANCE).

Les concours garantis sont les nouveaux crédits à court terme (découverts, facilités de caisse, escomptes, Dailly, Mobilisations de Créances Nées à l'Export – MCNE) obligatoirement confirmé sur une durée de 12 mois minimum à 18 mois maximum.

La durée de la garantie est égale à la durée de la ligne de crédit confirmée.

Sont exclues de la garantie les entreprises en difficulté au sens de la réglementation européenne en vigueur.

Sont exclus les engagements par signature (toutes cautions, garanties à première demande, Credocs, etc.).

La franchise pour la mise en jeu de la garantie est de 4 mois ; elle est annulée pour les entreprises créées depuis moins de 3 ans et répondant aux critères d'éligibilité du fonds création.

Aussi bien pour les PME que les ETI, la quotité peut être portée à 90%.

Plafond de risques maximum (encours toutes banques confondues) :

- 5 M€ sur une même entreprise ou groupe d'entreprises pour les PME,
- 30 M€ sur une même entreprise ou groupe d'entreprises pour les ETI.

le prêt participatif à l'amorçage :

Le prêt participatif d'amorçage de BPI a pour objectif de consolider la structure financière d'une entreprise afin de faciliter et de préparer une première levée de fonds qui permettra de finaliser un projet d'innovation.

Le montant de ce prêt est compris entre 50 000 et 75 000 euros, et est remboursable sur 8 ans avec un différé de 3 ans. Il est plafonné aux apports en fonds propres effectué le jour de l'accord du crédit, et au montant de l'aide à l'innovation obtenue.

Le prêt « industries créatives » :

Il a pour objet d'aider les Industries Créatives et Culturelles (ICC) à trouver des solutions de financement pour se lancer et se développer.

Ce prêt est soutenu par l'instrument de garantie des industries créatives et culturelles du Fonds d'Investissement Européen, avec le soutien financier de l'Union Européenne dans le cadre du programme Europe Créative.

Il est
- compris entre 50 k€ et 2000 k€,
- dans la limite des fonds propres et quasi-fonds propres de l'entreprise,
- d'une durée de 7 ans dont 2 ans de différé d'amortissement en capital,
- avec échéances trimestrielles à terme échu avec amortissement linéaire du capital.

Aucune sûreté sur les actifs de l'entreprise, ni sur le patrimoine du dirigeant n'est demandée. Une assurance décès-invalidité sur la tête du dirigeant peut être demandée.
Le prêt est prioritairement associé à un financement extérieur, à raison de 1 pour 1 :

- d'apports en capital des actionnaires et/ou de sociétés de capital-investissement et/ou des apports en quasi fonds propres (prêts participatifs, obligations convertibles en actions) ;
- de concours bancaires d'une durée de 5 ans minimum ;
- de financement participatif (crowdfunding).

Il concerne les PME selon la définition européenne en vigueur :

- créées depuis plus de 3 ans ;
- financièrement saines ;
- répondant à l'un des critères suivants :
qui ont un des codes NAF suivants :
1811,1812,1813,1814,1820,3220,3319,4649,4741,4761,4762,4763,4778,4779,5811,5813,5814,5819,5821,5911,5912,5913,5914,5920,6010,6020,6201,6311,6391,7111,7410,7420,7430,7490,7729,7810,8542,8552,9001,9002,9003,9004,9101,9102,9103,9412,9499,9529.

ou ayant reçu un prix ou un label en lien avec la création et la culture, dont le label EPV (Entreprises du Patrimoine Vivant),

ou qui bénéficient de crédits d'impôt ou qui payent des taxes liés aux Industries Créatives et Culturelles (ICC).

Le prêt doit être destiné à financer les :

- Dépenses de développement (dépenses de design, création d'une collection, d'un prototype, d'un spectacle, etc.) et investissements immatériels ;
- Équipements, mobiliers, matériels, équipements numériques liés à ces développements ;
- Financement du Besoin en Fonds de Roulement (BFR) lié au cycle de création ;
- Dépenses de recrutement de personnes clés pour développer l'activité ;
- Protection des marques ;
- Dépenses liées à la relation client (site internet, logiciel CRM, etc.) au lancement /soutien de la marque ; réponse aux appels d'offre ;
- Dépenses de communication et marketing, campagnes, défilés, expositions, réseaux sociaux, etc ;
- Projets de croissance externe ;
- Besoins de trésorerie et augmentation exceptionnelle du BFR générés par des difficultés conjoncturelles (et non structurelles) dans l'attente d'un retour à des conditions normales d'exploitation.

Prêt tourisme mesure covid :

Il concerne les ETI-TPE-PME de :
• l'hôtellerie (sous toutes les formes de gestion d'hébergement),

• de la restauration,

• du bien-être (thalassothérapie et thermalisme),

• du voyage et des transports touristiques,

• des villages vacances,

• des musées ou des infrastructures touristiques de divertissement et autres parcs de loisirs,

• d'une manière générale, l'ensemble des solutions participants à la nouvelle économie du secteur.

Il permet de répondre aux Besoins de trésorerie liés à la situation conjoncturelle mais permet aussi de financer :
• Les investissements immatériels : dépenses de communication, de recrutement et de formation, coûts de mise aux normes ou de rénovation, notamment dans une démarche écoresponsable, etc.

• l'Augmentation du Besoin en Fonds de Roulement générée par le projet de développement.

• Les investissements corporels à faible valeur de gage : équipements, matériels, mobiliers, etc. et notamment ceux liés à une démarche de développement durable ou de transformation digitale.

• Les opérations de transmission (y compris croissance externe) : acquisition de fonds de commerce ou achat de titres permettant de devenir majoritaire à l'issue de l'opération.

Son Montant est de 50 000 à 2 000 000 € ans garantie sur les actifs de l'entreprise, ni caution personnelle du dirigeant.

Il s'agit d'un prêt sur 2 à 10 ans, à taux fixe :
- Un remboursement allégé les deux premières années grâce au différé d'amortissement du capital de 24 mois maximum.
- Suivi de maximum 32 échéances trimestrielles à terme échu avec un amortissement linéaire du capital.

Prêt d'honneur création-reprise :

BPIFRANCE lance le prêt d'honneur Création-Reprise, en partenariat avec les réseaux d'accompagnement Initiative France, France Active, Réseau Entreprendre et l'Adie, afin d'accroître les moyens financiers dédiés aux créateurs/repreneurs d'entreprise.

Ce prêt d'honneur s'inscrit dans le cadre du Plan France Relance et a pour objectifs de :
- renforcer les moyens mis à disposition des porteurs de projet via les réseaux d'accompagnement cités ci-dessus,
- soutenir et de financer la création d'entreprise dans chaque territoire.

Ce prêt d'honneur Création-Reprise concerne les porteurs de projets (personnes physiques résidentes fiscales françaises) afin d'obtenir un financement de leurs besoins professionnels.

Ce prêt est octroyé dans le cadre de projets de création, de développement ou de reprise d'entreprise.

Les porteurs de projets doivent répondre aux conditions suivantes :
- bénéficier d'un prêt d'honneur de leur opérateur d'accompagnement,
- être actionnaire de l'entreprise (et non uniquement le représentant légal),

- ne pas être inscrits au fichier des incidents de remboursement des crédits aux particuliers.
- être accompagnés par un opérateur désigné par la région du porteur de projet, cet accompagnement allant de l'instruction du dossier jusqu'au financement, constitue un réel soutien pour les entrepreneurs dans la réussite de leur projet,
- en cofinancement avec un ou des prêts d'honneur d'un opérateur d'accompagnement à hauteur de 1/3 maximum du total des financements apportés par des prêts d'honneur (exceptionnellement en 2021 ce plafond est porté à 50 %).

L'entreprise doit répondre aux critères suivants :

- tout type d'entreprise (sociétés de capitaux, entreprise individuelle, y compris les microentreprises),
- entreprise ne faisant pas ou n'étant pas susceptible d'être l'objet d'une procédure collective d'insolvabilité.

Sont exclues de ce prêt :

- les associations,
- les fondations,
- les SCI.

Sont également exclus les secteurs :

- de l'exportation,
- de l'agriculture,
- la pêche et l'aquaculture,
- la promotion et location immobilière,
- l'intermédiation financière.

Il s'agit d'un prêt d'honneur à taux zéro, octroyé à la personne, d'un montant allant de 1 000 à 80 000 €, sans garantie sur les actifs de l'entreprise ou de son dirigeant.

Le montant du prêt peut notamment être utilisé par le porteur de projet comme apport personnel au côté d'un prêt bancaire pour son entreprise.

Ce prêt est d'une durée de 1 à 7 ans, avec un différé de 18 mois.

Prêt d'honneur renfort :

BPIFRANCE lance le prêt d'honneur Renfort, en partenariat avec les réseaux d'accompagnement Initiative France, France Active, Réseau Entreprendre et l'Adie.

Ce prêt s'inscrit dans le cadre du Plan France Relance et a pour objectif de consolider les quasi-fonds propres des jeunes entreprises. Il permet, dans le contexte actuel de crise sanitaire, de sécuriser les ressources nécessaires à l'activité de ces jeunes entreprises.

Ce prêt d'honneur Renfort concerne les jeunes entreprises de moins de 5 ans qui ont besoin de renforcer leurs fonds propres. Il s'adresse à tout type d'entreprise avec capitaux propres (SARL, EURL, SAS, SA) créée avant le 01/03/2020.

Les entreprises doivent préalablement être accompagnées et financées par l'un des réseaux partenaires cités ci-dessus (avoir bénéficié d'un financement ou d'une garantie par un réseaux du financement de la création - prêt d'honneur, garantie France Active, microcrédit Adie, prêt Resistance, prêt Résilience) entre le 01/01/2016 et le 31/12/2020 révolu.

Elles doivent également être financièrement saine et en règle vis-à-vis des obligations sociales.

L'entrepreneur doit être le représentant légal actionnaire ou actionnaire majoritaire de l'entreprise.

L'entrepreneur ne pas être inscrit au FICP (Fichier des incidents de remboursement des crédits aux particuliers).

Sont exclues de ce dispositif :

- certaines formes juridiques : comme les Entreprises Individuelles, SNC, associations et SCI,
- certains secteurs d'activité : comme l'exportation, l'agriculture, la pêche et l'aquaculture, la promotion et la location immobilière et l'intermédiation financière,
- toute entreprise faisant l'objet d'une procédure collective.

Le prêt d'honneur Renfort est un prêt à taux zéro, d'un montant allant de 1 000 à 30 000 €.

Aucune caution ni garantie ne sera demandée.

En cofinancement bancaire, ou assimilé, exigé d'un montant au moins égal au PH Renfort (ce cofinancement peut avoir été obtenu à compter du 01/03/2020 et est une des conditions suspensives à l'octroi du PH Renfort).

Ce prêt a une durée de 1 à 7 ans, avec un différé de 24 mois.

BPIFRANCE noue des parteniats avec les régions pour mettre en place en commun des aides et prêts adaptés au contexte local :

- Ainsi, la grande majorité des régions ont mis en place avec BPIFRANCE un « prêt rebond ». A titre illustratif voici les modalités du prêt rebond initié en région Grand Est :

Bénéficiaires :

PME selon la définition européenne en vigueur rencontrant un besoin de financement lié à une difficulté conjoncturelle (et non structurelle) ou une situation de fragilité temporaire (impact de la crise du COVID-19, contexte de marché défavorable ou en mutation, nécessité de faire évoluer le modèle économique (transition digitale, écologique…), BFR ne permettant pas des conditions d'exploitation normales)

- Créées depuis plus de 1 an et disposant d'un 1er bilan comptable.

- Exerçant l'essentiel de leurs activités sur le territoire de la Région ou s'y installant.
- Tout secteur d'activité, à l'exclusion :
  - des activités d'intermédiation financière (NAF : section K64 sauf 64-2 pour les achats d'entreprises),
  - des activités de promotion et de locations immobilières (NAF : section L68-1, L68-2 et F41-1),
  - des entreprises du secteur de la pêche ayant un code NAF 4638A, 0321Z,
  - des entreprises des secteurs agricoles ayant un code NAF section A01, et A02 dont le chiffre d'affaires est inférieur à 750 000 €, à l'exception des codes NAF 02.20Z et 02.40Z (entreprises forestières)
- Bénéficiant d'une cotation Fiben jusqu'à 5.

Sont exclues du dispositif : les SCI et les affaires individuelles

Modalités :

L'assiette du Prêt « Rebond » est constituée prioritairement par :
- Les besoins de trésorerie liés à la situation conjoncturelle
- L'augmentation du besoin en fonds de roulement
- Des investissements immatériels : coûts de mise aux normes (environnement, sécurité), recrutement et formation de l'équipe commerciale, frais de prospection, dépenses de publicité…
- Des investissements corporels ayant une faible valeur de gage : matériel conçu/réalisé par l'entreprise pour ses besoins propres, matériel informatique, …

Les dépenses immobilières ou immobilières par destination, ainsi que l'acquisition de titres ou de Fonds de Commerce sont exclues de l'assiette.

Le montant du prêt est au plus, égal au montant des fonds propres et quasi fonds propres de l'emprunteur :

- Minimum : 10.000 €
- Maximum : 150.000 €

Sa durée est de :

- 7 ans, dont 2 ans de différé d'amortissement en capital.
- Amortissement financier du capital.

Le taux du Prêt Rebond est égal au TMO (taux moyen de rendement des obligations des sociétés privées émises au cours du semestre précédent), en vigueur l'avant dernier jour ouvré du mois précédant le décaissement, majoré de 1%.

Aucune garantie sur les actifs de l'entreprise, ni sur le patrimoine du dirigeant.

Une assurance décès-invalidité peut être proposée au dirigeant.
Le prêt doit être associé à un partenariat financier, à raison de 1 pour 1, sous forme soit :

- de concours bancaire d'une durée de 4 ans minimum,
- d'apports des actionnaires et/ou des sociétés de capital-risque,
- d'apports en quasi fonds propres (Prêts Participatifs, obligations convertibles en actions).

Ces partenariats financiers ne peuvent pas être constitués par une aide directe de la Région. Ils doivent porter sur le même programme de développement réalisé depuis moins de 6 mois, ce délai pouvant exceptionnellement être porté à 12 mois sur dérogation.
Les financements bancaires associés pourront bénéficier d'une intervention en garantie de Bpifrance Financement. Le montant total du financement (prêt rebond et cofinancement(s)) devra être inférieur ou égal à 500 000 €.

- A noter la formule, unique, de prêt de « revitalisation » mis en place avec la région Hauts de France en partenariat avec BPIFRANCE :

Le Prêt Régional de Revitalisation Hauts-de-France a pour objet de soutenir les projets de développement créateurs d'emploi des entreprises du territoire. Il s'adresse aux PME et les entreprises de taille intermédiaire (ETI) indépendantes, implantées ou s'implantant dans ladite Région, créées depuis plus de 3 ans, de 10 à 500 salariés, dès lors qu'elles ne sont pas détenues par un groupe de plus de 5 000 salariés.

Le prêt finance les projets suivants : le développement de l'activité, la reprise d'établissement, le changement fondamental de procédé de production, la diversification de la production, le renforcement du fonds de roulement.

Le prêt ne s'applique pas :aux entreprises en difficulté au sens de la réglementation européenne, aux créations ex-nihilo, aux entreprises de moins de 3 ans, à l'exception de celles créées pour la reprise d'établissements sains de moins de 500 salariés.

Le montant du prêt est au plus égal au montant des fonds propres et quasi fonds propres de l'emprunteur. Il est au minimum compris entre 10 000 et 80 0000 € et au maximum de 400 000 €, dans la limite du montant d'aide autorisé, selon la réglementation européenne.

Il n'est demandé aucune garantie sur les actifs de l'entreprise ni sur le patrimoine du dirigeant. Pour les entreprises à coefficient personnel élevé, il sera demandé une assurance décès-invalidité sur la tête du dirigeant.

Le prêt se rembourse en 7 ans, dont 2 années de différé de remboursement du capital. Il intervient obligatoirement en co-financement avec un financement privé : concours bancaire d'une durée minimum de 4 ans, apports des actionnaires et/ou de sociétés de capital-investissement et/ou apports en quasi fonds propres (Prêts Participatifs, obligations convertibles en actions)

Le CODEFI

Présentation du dispositif

L'aide aux entreprises en difficultés du CODEFI (COmité Départemental d'Examen des problèmes de FInancement des entreprises) a pour but de mettre en oeuvre des mesures industrielles, sociales et financières pour assurer le redressement des entreprises, le maintien des emplois et leur contribution au développement économique.

Cette structure locale, présidée par le Préfet, assiste les entreprises dans l'élaboration et la mise en œuvre de solutions de redressement pérennes.

Il examine la situation des entreprises de moins de 400 salariés et intervient comme médiateur entre les administrations fiscales et sociales, et les banques. Il finance aussi les diagnostics, audits et plans de restructuration des entreprises.

A qui s'adresse le CODEFI ?

Sont concernées les entreprises de moins de 400 salariés qui rencontrent des problèmes de financement.

Sont également éligibles les entreprises suivantes :

- pour l'audit : entreprises commerciales in bonis à l'exclusion des entreprises individuelles, des EURL, des exploitations agricoles, des associations et professions libérales,
- pour le prêt FDES (fonds de développement économique et social) : celles éligibles à l'audit avec, comme exclusion complémentaire à celles précédemment citées, les entreprises des secteurs surcapacitaires : agriculture, pêche, commerce et transports (réglementation européenne).

Pour quel projet ?

L'aide peut prendre la forme :

- de démarches conciliatoires auprès de certains organismes publics ou parapublics pour l'accélération du règlement de certaines créances (ex : TVA),
- d'obtention de délais pour les dettes fiscales ou sociales par la transmission des demandes à la Commission des Chefs de Services financiers et des représentants des Organismes de Sécurité Sociale.
- d'interventions auprès des partenaires de l'entreprise (associés, banques) pour le maintien de leur soutien,
- d'aides financières à la restructuration : le CODEFI peut avoir recours à des audits (industriels, commerciaux, financiers).

Les audits doivent essentiellement permettre de :

- valider certains éléments de la situation de l'entreprise (situation financière et commerciale, savoir-faire industriel, capacité à dégager des marges, pertinence de l'outil industriel) ou les hypothèses de redressement économique ou financier,
- établir une situation de trésorerie et un prévisionnel.

Le CODEFI peut aussi financer la réalisation de plans de restructuration par des prêts sur le Fonds de Développement Economique et Social (FDES). Il peut s'agir de prêts ordinaires ou participatifs d'une durée de 5 à 10 ans (Ceux-ci sont réservés aux entreprises industrielles).

De quel type d'aide s'agit-il ?

La réalisation d'audits peut être financée à hauteur de 40 000 € TTC (sous conditions).

Le montant des prêts pour la réalisation de plans de restructuration peut atteindre 800 000 € dans la limite de :

- 2 000 € par emploi en contrat à durée indéterminée à l'issue de la restructuration,

- et cumulativement, 20 % du nouvel apport des fonds durables (fonds propres ou prêts à moyen terme d'origine privée).

Informations pratiques
- L'entreprise doit saisir le CODEFI dans le ressort duquel se situe son siège social. Pour cela, elle doit s'adresser, soit au secrétaire permanent du CODEFI à la Direction départementale des finances publiques, soit au commissaire au redressement productif (CRP) de sa région.
- L'aide doit être sollicitée avant le dépôt de bilan.
- Les dossiers sont instruits par le Secrétariat permanent du CODEFI, dans chaque DDFIP.

Source et références légales

Circulaires du 25 et 26/11/2004 relatives à l'action de l'Etat dans la prévention et le traitement des difficultés des entreprises.

La commission des chefs de services financiers (CCSF)

En cas de **difficultés à régler une échéance fiscale ou sociale**, la CCSF, dont le secrétariat permanent est assuré par la Direction départementale des Finances publiques (DDFiP), peut être saisie.

Cet organisme réunit les représentants des créanciers publics : Directeur des Finances publiques, de l'Urssaf et des représentants des différents régimes de Sécurité Sociale obligatoires de base. Elle est présidée par le Directeur départemental des finances publiques.

La commission des chefs de services financiers, les organismes de Sécurité sociale et l'assurance chômage accordent aux entreprises qui rencontrent des difficultés financières, des délais de paiement pour leurs dettes fiscales et sociales (part patronale) en toute confidentialité.

Les personnes morales de droit privé, les commerçants, artisans, professions libérales ou les agriculteurs peuvent bénéficier de ce dispositif sous réserve d'être, en principe, à jour de leurs obligations déclaratives et de paiement de la part salariale des cotisations sociales.

La commission peut accorder :

- un échéancier de paiement concernant des dettes sociales (cotisations patronales URSAFF), fiscales professionnelles (contribution économique territoriale, T.V.A., impôt sur les sociétés), et d'assurance chômage ;
- voire des remises partielles de dettes dans le cadre d'une procédure collective ;
- à titre dérogatoire, des remises partielles ou intégrales des impôts directs et des pénalités ;
- Lorsque le plan est accordé, l'entreprise effectue chaque mois un virement unique auprès de la Direction départementale des finances publiques qui procède à la répartition entre les créanciers concernés.

Les échéanciers qu'elle accorde sont adoptés par décision collégiale de l'ensemble des membres pour une durée ne pouvant dépasser une année. Au-delà, les difficultés de l'entreprise nécessitent généralement un traitement judiciaire.

Les modalités de saisine de la CCSF

La commission peut être saisie soit directement à votre initiative, soit à l'initiative de l'un des membres de la commission, ou d'un comptable public dans le cadre de sa mission de détection-prévention.

En cas de demande de remise de dettes intervenant dans le cadre d'une procédure de conciliation, de sauvegarde ou de redressement judiciaire, le débiteur, le conciliateur, l'administrateur ou le mandataire ad hoc peut saisir la CCSF dans les 2 mois à compter de la date d'ouverture de la procédure.

La saisine s'effectue par courrier au secrétariat permanent de la CCSF (situé à la direction départementale des finances publiques ou au service des impôts des entreprises dont relève votre entreprise).

Le dossier doit :
- préciser le nom de votre entreprise, sa forme juridique, son adresse, le n° siren, le n° Urssaf, le nombre de salariés ;
- expliquer l'origine des difficultés financières et les mesures de redressement envisagées (fiabilité des garanties proposées : solvabilité de la caution, situation hypothécaire du bien affecté…) ;
- exposer la situation financière de votre entreprise.
- Il doit en outre comporter :
- une attestation sur l'honneur justifiant le paiement des parts salariales des cotisations de Sécurité sociale,
- votre dernière liasse fiscale,
- une attestation justifiant de l'état des difficultés financières et la situation actuelle de votre trésorerie,
- les états prévisionnels de chiffre d'affaires et de trésorerie pour les prochains mois,
- le dernier bilan clos.
- La commission peut éventuellement vous entendre, vous ou votre représentant.
- La CCSF n'étant pas investie d'un pouvoir décisionnel propre, le rejet de votre demande de délais ne constitue pas un acte susceptible de recours devant la juridiction administrative.

Obtenir un échéancier de la CCSF :
- la demande est recevable même si les cotisations patronales n'ont pas été intégralement réglées .En revanche, l'accord d'un échéancier est strictement conditionné au respect du paiement des échéances courantes.

- Pour pouvoir bénéficier d'une telle mesure, il faut être à jour du dépôt vos déclarations fiscales et sociales et du paiement des cotisations et contributions salariales, des majorations de retard et des pénalités si l'entreprise fait l'objet d'une reprise ou d'une restructuration financière.

Aucune publication n'est effectuée auprès du greffe du tribunal.

Le paiement s'effectue dans les conditions fixées par le plan d'apurement adopté par la commission.

Lorsque ce plan n'est pas respecté, les majorations et pénalités sont calculées selon les règles de droit commun.

Bon à savoir :

En cas de non-respect du plan, la commission constate sa résolution.

Toutefois, elle ne peut refuser un nouvel examen de la situation de l'entreprise dès lors :

- qu'une telle demande est déposée
- que les difficultés rencontrées sont purement conjoncturelles et ne sont pas, dans ce cas également, révélatrices d'un état avéré de cessation de paiement.

Les créanciers ne peuvent former une assignation en redressement ou liquidation judiciaire qu'après en avoir informé le président de la commission qui pourra leur demander de suspendre leur action pendant un délai de 15 jours, à compter de la date de dénonciation du plan, renouvelable une fois.

Le CIRI (Comité interministériel de restructuration industrielle)

Les entreprises en difficultés, de plus de 400 salariés, relèvent de la compétence du CIRI, dont le secrétariat général est assuré par la Direction générale du Trésor.

A l'instar du CODEFI, le CIRI aide les entreprises de plus de 400 salariés qui rencontrent des difficultés structurelles, à trouver des solutions pour assurer leur pérennité et leur développement.

Le Ciri propose des aides pour assurer la pérennité ou la reconversion de ces entreprises. Le comité peut aussi accorder des prêts sous certaines conditions, notamment l'élaboration d'un plan de redressement. Il peut aussi proposer un audit de l'entreprise ou une orientation vers la Commission des chefs de services financiers (CCSF) si l'entreprise a des dettes fiscales ou sociales. Le dirigeant de l'entreprise en difficulté peut adresser sa demande sans forme particulière au secrétariat général du Ciri, assuré par la Direction générale du trésor, au 01 44 87 72 58 ou par courriel à l'adresse ciri@dgtresor.gouv.fr

CHAPITRE 10

Les procédures de prévention pour les les entreprises en difficulté et les procédures collectives

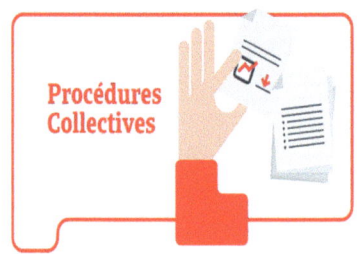

En raison de la crise sanitaire liée à l'épidémie de Covid-19, le Gouvernement a adapté temporairement, en mai 2020, certaines règles relatives aux procédures de prévention et de traitement des difficultés des entreprises, en facilitant notamment l'accès aux procédures de **sauvegarde** accélérée, de **liquidation judiciaire simplifiée et de rétablissement** personnel (Ord. 2020-596 du 20-5-2020 ; BRDA 12/20 inf. 26).

La persistance de cette crise et de ses conséquences économiques a conduit le Parlement à proroger, jusqu'au 31 décembre 2021 inclus, ces mesures qui devaient prendre fin à compter du 1er janvier ou du 18 juillet 2021 selon le cas. A notre avis, la prorogation s'applique tant aux procédures en cours au 9 décembre 2020 (date d'entrée en vigueur de l'article 124 de la loi 2020-1525) qu'à celles ouvertes après cette date.

Une exception cependant : les aménagements facilitant le **rachat de l'entreprise** en procédure collective **par son dirigeant** (Ord. 2020-596 art. 7) ne sont pas maintenus dans les procédures ouvertes ouvertes depuis le 1ᵉʳ janvier 2021.

A noter : la possibilité d'étendre à dix mois la durée de la procédure de conciliation ne disparaîtra qu'au 1ᵉʳ janvier 2022 (Ord. 2020-1443 du 25-11-2020).

Face aux difficultés : la solution des procédures préventives

Mais si les points d'alerte indiquent une situation très dégradée et que les aides actuelles liées à la crise sanitaire ne suffisent pas, il est alors primordial de ne pas mettre les difficultés de côté. Grâce à une réaction rapide, des outils tels que les procédures préventives peuvent sauver une entreprise de la faillite.

Il existe **deux procédures préventives** que sont le **mandat ad hoc** et la **conciliation**. Elles s'adressent aux entreprises qui ne sont pas en cessation des paiements et qui souhaitent trouver un accord amiable pour redresser la situation financière de la société.

Ainsi, le **mandat ad hoc** permet de faciliter la **recherche d'un accord** à l'aide d'un tiers dépourvu de tout pouvoir coercitif. Dans ce cadre, le tribunal de Commerce désigne un mandataire pour lui impartir une mission d'aide confidentielle, sans limitation de durée et relative à des difficultés très diverses (problématiques financières, immobilières, légales...).

D'autre part, la conciliation permet à l'entreprise de négocier avec ses créanciers par l'intermédiaire d'un conciliateur. Tout comme le mandataire, le conciliateur désigné par le Tribunal de Commerce doit trouver des solutions adaptées afin de satisfaire l'entreprise et les créanciers. Cependant, contrairement au mandat ad hoc, la conciliation ne peut durer que 5 mois maximum et n'est pas confidentielle. En effet, l'entreprise doit exposer les difficultés avérées ou prévisibles qu'elle traverse devant le Tribunal de Commerce.

Les procédures collectives

Pour les entreprises qui traversent des difficultés (financières ou de toute autre nature) il existe les procédures collectives qui sont des mesures judiciaires ayant pour but de garantir la poursuite de l'activité et de maintenir l'emploi, tout en respectant les droits des créanciers.

Ces mesures s'inscrivent dans la volonté de préserver le tissu économique des entreprises françaises. Préserver les entreprises en difficulté, c'est préserver l'écosystème qui l'entoure (fournisseurs, clients, prestataires…) mais c'est aussi **préserver les emplois** créés par ces entreprises.

Quel est le but d'une procédure collective?

Les procédures collectives permettent aux entreprises de gérer leurs difficultés grâce à des mesures judiciaires.

En effet, lorsqu'une entreprise est placée en procédure collective, deux mesures importantes s'appliquent:

- **le gel des poursuites individuelles des créanciers:** les créanciers de l'entreprise ne peuvent plus engager de procédures de recouvrement individuelles à l'encontre de la société. Les dettes de l'entreprise sont gérées de manière collective et non plus créancier par créancier.
- **le "gel" du paiement des dettes**: pendant toute la procédure collective, l'entreprise n'a pas le droit de payer les créanciers dont les dettes sont antérieures à la procédure. Cela permet à l'entreprise de reconstituer sa trésorerie tout en élaborant un plan de règlement de ses dettes.

L'objectif des procédures collectives est de trouver un équilibre entre la défense des intérêts des créanciers, la sauvegarde de l'entreprise et de l'emploi.

Quelles sont les différentes procédures collectives?

Il existe 3 formes de procédures collectives en fonction du degré des difficultés rencontrées par l'entreprise :

- la sauvegarde judiciaire :

elle est instaurée pour une durée maximum de 18 mois. La période d'observation est de 6 mois mais peut être renouvelée, sans pouvoir dépasser 18 mois. La sauvegarde intervient au moment où les difficultés ne sont pas encore trop "graves". Le but est de faciliter la réorganisation de l'entreprise afin qu'elle puisse apurer son passif, et notamment ses dettes.

Ainsi, la **procédure de sauvegarde** donne la possibilité à une entreprise, qui n'est pas encore en état de cessation des paiements, de se réorganiser, sous la protection de la justice. Pour cela, le tribunal procède à l'ouverture d'une période d'observation d'une durée maximale de 6 mois (renouvelable une fois). Durant cette période, le dirigeant conserve ses prérogatives dans la gestion de l'entreprise. Il y a également un arrêt des poursuites, une suspension des créances antérieures et une continuation des contrats en cours.

A la suite de cette période d'observation, si l'entreprise est considérée comme assez solide, le tribunal peut arrêter un plan de sauvegarde (d'une durée maximale de 10 ans pour la plupart des entreprises).

Mais lorsque les entreprises connaissent une cessation des paiements, une déclaration de cessation des paiements doit être déposée par le dirigeant dans un délai maximum de 45 jours suivant la date de cessation des paiements au Tribunal de commerce.

- la procédure de redressement judiciaire :

les sociétés en état de **cessation des paiements**, qui peuvent encore maintenir leur activité et l'emploi, vont se tourner vers la procédure de redressement judiciaire. Celle-ci est comparable à la procédure de sauvegarde. Toutefois, elle impose plus de contraintes et d'encadrements à la direction de l'entreprise. L'administrateur judiciaire peut donc effectuer une mission de surveillance, d'assistance ou de gestion complète à la place du dirigeant. La période d'observation peut se solder soit par la mise en place d'un **plan de redressement** (limité à 10 ans) si l'entreprise est viable, soit par une **cession partielle ou totale de l'activité**, soit par l'ouverture d'une **liquidation judiciaire** si la situation ne peut s'améliorer.elle intervient lorsque les difficultés sont avérées et que la société ne peut plus payer ses dettes. L'objectif est de créer un plan de redressement pour envisager la poursuite d'activité et la sauvegarde, le maintien de l'emploi et l'apurement du passif. Elle a une durée maximum de 18 mois (6 mois renouvelables trois fois maximum).

- le rétablissement professionnel :

il est réservé aux entrepreneurs individuels (hors EIRL) dont le redressement judiciaire est manifestement impossible et qui répondent à certaines conditions.

Il permet aux entrepreneurs individuels qui en font la demande de bénéficier d'une **suppression de la totalité de leurs dettes personnelles et professionnelles** après étude de leur dossier. Les poursuites judiciaires des créanciers ne sont pas automatiquement suspendues mais le juge peut en faire la demande et peut également accorder des délais de paiement au débiteur.

A noter : cette option est offerte lorsque le dépôt de bilan la micro-entreprise ou l'activité en nom propre est effectué.

- la procédure de liquidation judiciaire :

si aucune solution n'est trouvée, la procédure de liquidation judiciaire est mise en oeuvre : elle a pour objet de céder l'ensemble des actifs de l'entreprise débitrice pour permettre le paiement de ses créanciers.

Cette procédure intervient lorsque les difficultés sont trop importantes pour permettre le redressement. Dans ce cas, il y a un arrêt immédiat de l'activité. Les salariés sont licenciés et les actifs de la société sont vendus par un liquidateur afin de rembourser les créanciers.

Quand peut-on engager une procédure collective ?

Chaque procédure collective a ses propres règles de mise en oeuvre. Les procédures répondent à des degrés de difficultés différents et les conditions d'ouverture de procédure varient donc également en fonction des difficultés rencontrées par l'entreprise.

Bien souvent, les conditions d'ouverture d'une procédure collective ou préventive sont liées à l'état de cessation de paiement de l'entreprise. De quoi s'agit-il?

Une entreprise est en état de cessation des paiements lorsque son "actif disponible" n'est pas suffisant pour faire face au "passif exigible".

Concrètement, il s'agit du moment où l'entreprise n'a plus assez d'argent disponible immédiatement pour payer les dettes arrivées à échéance. Ainsi, le jour où une entreprise ne peut plus faire face à ses dettes, elle se trouve en état de cessation des paiements.

La date de cessation des paiements peut être déterminée à l'avance, à l'aide des indicateurs de pilotage de votre entreprise. Plus ce risque est détecté tôt, plus il sera simple de parer à cette difficulté.

Modalités de mise en œuvre des différentes procédures :

- conditions d'ouverture d'une sauvegarde judiciaire:

La demande doit être faite par le représentant de l'entreprise, et ;

- l'entreprise doit rencontrer des difficultés insurmontables mais
- elle ne doit **pas être en état de cessation des paiements**.

A noter: il existe une procédure de **sauvegarde accélérée** dans laquelle l'entreprise peut être en cessation des paiements tant qu'elle l'est depuis moins de 45

– comment déposer le bilan ?

Les démarches de dépôt de bilan en entreprise individuelle (en cas d'exercice d'une activité en nom propre) sont simples. Il faut remplir le formulaire Cerfa n°10530-01et le compléter avec les justificatifs suivants:

- un état de l'actif et du passif des sûretés et engagement hors bilan de moins de 7 jours;
- comptes annuels du dernier exercice;
- situation de trésorerie de moins d'un mois
- copie de la pièce d'identité de l'entrepreneur individuel.

- conditions d'ouverture d'un **redressement judiciaire ou d'une liquidation judiciaire**:

    - l'entreprise **doit être en état de cessation des paiements** ;
    - la demande peut être faite par le **représentant**, le **ministère public** ou par assignation en redressement judiciaire d'un **créancier** de l'entreprise ;

Bon à savoir: la liquidation judiciaire n'est envisageable que si le redressement de l'entreprise est manifestement impossible.

EPILOGUE

L'ampleur de la crise sanitaire qui a débuté début 2020 a amené l'Etat, les collectivités locales et tous autres organismes à se mobiliser et à mettre en place, notamment des aides et des prêts, qui ont permis d'amortir au mieux les conséquences économiques et financières pour les entreprises en termes de suppressions d'emplois, de faillites ou simplement d'endettement excessif.

Les dispositifs ont beaucoup évolué au fur et à mesure d'une relative meilleure maîtrise de la situation sanitaire générale du pays, dans un sens plus restrictif, et dès lors que l'activité économique a été préservée et se trouve même en phase de redémarrage à l'heure actuelle.

C'est la raison pour laquelle, dans ce contexte, il est essentiel d'actualiser en permanence les informations dont on dispose quand aux nouvelles mesures prises par les autorités nationales ou locales, les dispositifs nouveaux ou supprimés, et ceux qui sont adaptés.

Il s'agit sans doute pour une entreprise de la première démarche à adopter dans le contexte actuel.

Mais prévenir les difficultés bien en amont est également essentiel, les dirigeants d'entreprises se doivent de repérer et analyser certains signaux d'alerte pour adapter l'organisation de l'entreprise à la situation de crise actuelle.

Il s'agit donc d'anticiper mois après mois, par exemple, l'évolution de la trésorerie sur 12 mois glissants, en prenant en compte les éventuelles demandes de reports de paiement formulées (cotisations sociales, plan de règlement fiscal, reports de loyers, etc.).

En cas de difficultés majeures, il convient de recourir à des financements divers (PGE, prêt rebond, aide au titre de la prise en charge des coûts fixes, etc.). En l'absence d'obtention de ces sources de financements, il est toujours possible de faire appel au médiateur du crédit et de solliciter éventuellement un prêt participatif, solution de dernier recours mise en place par l'Etat.

Il est bien sûr également possible d'anticiper et d'envisager des solutions de restructuration d'entreprise, par exemple, en renégociant des loyers ou en envisageant une possible réduction d'effectifs.

Par ailleurs, la redéfinition de l'activité de l'entreprise, des marchés cibles ou de son organisation interne peut lui permettre de traverser un cap difficile plus aisément. Ces éléments peuvent ainsi orienter et adapter le **pilotage stratégique de l'entreprise** pour lui donner les moyens de faire face à la crise actuelle.

Toutes ces actions permettent de pallier des difficultés immédiates.

Toutefois, malheureusement on peut craindre que certaines entreprises soient, à terme, confrontées à un insurmontable mur de la dette lorsqu'il conviendra de commencer à rembourser les emprunts contractés.

Les réelles difficultés sont peut être devant nous …. mais refusons en l'augure !